Ernst Lohoff

DER DRITTE WEG IN DEN BÜRGERKRIEG

Jugoslawien und das Ende der nachholenden Modernisierung

edition krisis
HORLEMANN

Die Deutsche Bibliothek – CIP-Einheitsaufnahme

Lohoff, Ernst:
Der Dritte Weg in den Bürgerkrieg : Jugoslawien und das Ende
der nachholenden Entwicklung / Ernst Lohoff. - Orig.-
Ausgabe. - Unkel/Rhein ; Bad Honnef : Horlemann, 1996
(Edition Krisis)
ISBN 3-89502-055-9

Umschlagentwurf:
Karl Debus, Bonn

Bitte fordern Sie unser kosten-
loses Gesamtverzeichnis an:
Horlemann-Verlag
Postfach 1307
53583 Bad Honnef

Gedruckt in Deutschland

1 2 3 4 5 / 98 97 96

INHALT

Vorbemerkung

Es ist gerade einmal ein halbes Jahrzehnt her, daß sich die Anhänger von westlicher Demokratie und Marktwirtschaft ohne eigenes Zutun an das Ziel all ihrer historischen Wünsche versetzt glaubten. Mit dem Zusammenbruch des maroden Realsozialismus schien sich 1989 quasi über Nacht der ganze Planet den glorreichen Errungenschaften der westlichen pluralistischen Gesellschaft zu öffnen. Der amerikanische Pseudo-Hegel Fukujama brachte die damals grassierende Euphorie auf den Punkt, als er eilfertig das liberale »Ende der Geschichte« proklamierte.

Mittlerweile ist diese Endsieglaube allerdings verraucht, ja in ihr Gegenteil umgekippt. Angesichts der realen Entwicklung im nachsozialistischen Osteuropa hat sich Ernüchterung breitgemacht. Statt der prognostizierten »blühenden Landschaften« prägen Industriebrachen und Elendsquartiere das Bild sämtlicher »Transformationsstaaten«. Der vielbeschworene Aufschwung Ost will sich nicht einmal in der reichlich mit D-Mark gesponserten Ex-DDR einstellen und erweist sich in den übrigen Ländern des ehemaligen Ostblocks erst recht als Fata Morgana. Nichts hat die Sektlaune der jubilierenden öffentlichen Meinung aber so nachhaltig zerstört wie der Vormarsch neonationalistischer Strömungen in den Ländern des ehemaligen Warschauer Pakts und der Ausbruch von gewöhnlich als »ethnisch« apostrophierten bewaffneten Konflikten in den aus der Sowjetunion und Tito-Jugoslawien hervorgegangenen staatlichen Gebilden.

Ortsnamen wie Sarajevo und Vukovar gemahnen unmißverständlich daran, daß selbst in der unmittelbaren Nachbarschaft der europäischen Kernländer aus der Hoffnung auf Veränderung von 1989 ein Fluch geworden ist. Die neonationalistische Welle und insbesondere die Entwicklung im ehemaligen Jugoslawien haben den Traum von einer schönen neuen demokratisch-marktwirtschaftlichen Welt ad absurdum geführt. Der neue Nationalismus markiert aber nicht nur das Scheitern der westlichen Heilsbringer, er dient ihnen gleichzeitig als Alibi und hat für ihr apologetisches Selbstverständnis eine entlastende Funktion. Die Segnungen von pluralistischer Demokratie und sozialer Marktwirtschaft haben sich auf dem Balkan und in den Tiefen des zerbrochenen Sowjetreiches zwar nicht durchgesetzt, ihre angeblich so aufgeklärten Liebhaber können sich jedoch wenigstens der Unbeflecktheit der eigenen Lehre versichern, indem sie sich angesichts der blutigen neonationalistischen Wirren empört und verständnislos zeigen. Wie sich einst die Anhänger des Arbeiterbewegungmarxismus durch die stalinistische Terrorpraxis und die Schrecken der realsozialistischen Entwicklungsdiktaturen nicht in ihrem Bekenntnis zu den »verratenen« sozialistischen Idealen erschüttern ließen, ebenso nehmen die Apologeten der Moderne den Vormarsch von Mafiaherrschaft und das Wuchern von Zerfallsnationalismen in den frisch der »freien Welt« erschlossenen Gebieten keinesfalls zum Anlaß, ihr Credo zu hinterfragen. All diese Phänomene haben in ihren Augen mit den »humanen« Prinzipien der bunten westlichen Warenwelt ex definitione nichts zu tun. Sie werden als ein rein äußerliches Verhängnis wahrgenommen. Es ist, so scheint es, der Einbruch einer wesensfremden und anachronistischen Kraft, der den aus der ehemaligen Sowjetunion und Ex-Jugoslawien hervorgegangenen Staaten den Weg ins westliche Wohlstandsarkadien versperrt.

Das Thema Jugoslawien war in den letzten Jahren Anlaß zu lebhaften und kontrovers geführten Debatten. Wenn man von den verschwörungstheoretischen Fieberphantasien linksradikaler Provenienz einmal absieht,[1] trafen sich die Einschätzungen jedoch in einem Punkt. Sie liefen allesamt auf einen Selbstfreispruch der Vertreter der westlichen Moderne hinaus. Auch wenn eine andere Krisenbewältigungsstrategie gefordert bzw. die Insuffizienz der bisherigen Maßnahmen beklagt wird und die Kommentatoren sich endlos darüber streiten können, ob die Anerkennung Kroatiens und Sloweniens zu früh oder zu spät kam, auch wenn angesichts der Ereignisse in Bosnien die ominöse »demokratische Weltgemeinschaft« an ihrer eigenen Handlungsfähigkeit verzweifelt: das westliche Bezugssystem als solches ist all diesen selbstkritischen Anwandlungen enthoben. Die jugoslawische Misere ist das eine, die westlichen Errungenschaften, die nur endlich als Heilmittel konsequent angewendet werden müßten, gelten als das ganz andere.

An diesem ebenso gängigen wie grobschlächtigen Argumentationsmuster fällt vor allem eins auf. Der Kollaps des jugoslawischen Staatswesens und der Zusammenprall der neuen Spaltungsnationalismen werden rigoros aus dem historischen Kontext herausgelöst, in dem sie stehen. Die postjugoslawische Katastrophe erscheint als ein Ereignis, das mit unserer angeblich so aufgeklärten Epoche nicht das Geringste zu tun hat. Man könnte den Eindruck gewinnen, als fänden die Ereignisse in Jugoslawien auf einem anderen Planeten statt, nicht aber mitten in Europa am Ende des 20.

---

1 Die kritische Auseinandersetzung mit der Geschichte des Realsozialismus im allgemeinen und der jugoslawischen Entwicklung im besonderen wäre dazu angetan, auch das alte linksradikale Selbstverständnis in Frage stellen. Vor dieser Zumutung drücken sich die letzten aufrechten »Antiimperialisten« und »Klassenkämpfer« auf ihre Weise. So oft sich linksradikale Autoren zum Jugoslawienkonflikt äußern, bleiben dieses Land und seine innere Entwicklung konsequent ausgeblendet. Gegenstand ist allein der Westen und seine Jugoslawienpolitik. Im besten Fall kann eine solche ideologiekritische Orientierung einige Fingerzeige liefern, wie fragwürdig doch die herrschenden Wahrnehmungsmuster sind und wie sie zustande kommen. In dem von Klaus Bittermann herausgegebenen Bändchen »Serbien muß sterbien« sind einige Beiträge in diesem Sinne durchaus lesenswert (etwa die Aufsätze »Meutenjournalismus« von Peter Brock und der Artikel »Das potemkinsche Sarajevo« von Zeljko Vukovic). Im Normalfall endet diese Art von Kritik jedoch in einem »negativen Nationalismus«, der die auf Deutschland und Österreich bezogenen »antiimperialistischen« Stereotypen der großserbischen Propaganda für bare Münze nimmt.

Jahrhunderts. Mit einer fast schon entwaffnenden Offenheit verkündet etwa Theo Sommer, Chefpastor und Sonntagsredner der liberalen Öffentlichkeit, den in die Verurteilung der nationalistischen Scheußlichkeiten hineingenommenen Selbstfreispruch. Unter dem Titel »Der Firnis der Zivilisation ist dünn« trauert der »Zeit«-Herausgeber in seinem Leitartikel zum Jahreswechsel 1992/93 den hoffnungsfrohen demokratischen Perspektiven von 1989 nach und raunt dann dunkel: »Sarajevo hat uns zum zweiten Mal in diesem Jahrhundert daran erinnert, daß das Böse eine allgegenwärtige Möglichkeit ist«. Damit aber nicht genug. Nachdem er die »jugoslawische Tragödie« aus Raum und Zeit hinausschwadroniert und damit nebenbei sämtliche Handelnden letztlich exkulpiert hat, wird er doch noch pseudokonkret und belehrt uns über die angeblichen historischen Hintergründe der jugoslawischen Katastrophe: »Im früheren Jugoslawien..entlud sich der lange unterdrückte Haß der verschiedenen Stämme in einer Explosion von atavistischer Macht...Der Kollaps des Kommunismus hat manche dunkle Seite des menschlichen Wesens wieder freigelegt, die besser verschüttet geblieben wäre«.

Der vulgärfreudianische Kulturpessimismus erreicht gerade einmal das Niveau von Stammtischreflexionen. Dennoch ist dieser intellektuelle black-out durchaus typisch dafür, wie die Bürgerkriegsereignisse auf dem Balkan und in anderen Weltregionen hierzulande verarbeitet und zugeordnet werden. Zum einen hat es derzeit Konjunktur, an die Stelle spezifischer historischer Erklärungen die Beschwörung anthropologischer Konstanten zu setzen. Es scheint mittlerweile näher zu liegen, einer ominösen, dem Menschen angeblich eingeborene »Angst vor dem Fremden« [2] nachzuspüren und im Extremfall die Pogrome am Ende des 20. Jahrhunderts mit dem frühkindlichen »Fremdeln« kurzzuschließen, als von Geschichtswissenschaftlern, Ökonomen und Politologen eine Erklärung für diese Entwicklungen zu erwarten. Zum anderen, und das ist nicht weniger charakteristisch, liegt Theo Sommer mit seinem Rückbezug auf die »Stammesgeschichte« Jugoslawiens voll im Trend. Wie beim Leitartikler der »Zeit«, so ist in den mittlerweile zahllosen Publikationen zum Jugoslawien-Konflikt notorisch von dessen historischen Wurzeln die Rede. Dieser Rückgriff auf die Vergangenheit bedeutet aber so gut wie nie, daß die Autoren gewillt wären, dem historischen Vermittlungszusammenhang systematisch nachzuspüren, der von der titojugoslawischen Staatsbildung zum Zerfall Jugoslawiens führte. Der Hinweis auf die Vorgeschichte gerät vielmehr zur Fortsetzung des Anthropologisierens mit anderen Mitteln. Selten kommt der Rekurs über die Weisheit hinaus, daß die »Balkanvölker« auch früher schon blutige Auseinandersetzungen geführt haben. Man begnügt sich damit, im gegenwärtigen Bürgerkrieg die Wiederaufnahme einer unseligen Tradition zu sehen, die die Kommunisten vorübergehend sistiert hatten.

---

2   Unter diesem Titel veröffentlichte die »Zeit« im Sommer 1993 eine auf ihre Weise durchaus aufschlußreiche »Serie über die Anthropologie des Fremdenhasses«.

Diesem Vorverständnis entsprechend konzentriert sich der Blick zurück vorzugsweise auf die Zeit vor 1945 [3]. In kaum einem »Hintergrundartikelchen« über die jugoslawische Katastrophe fehlt eine mehr oder minder detaillierte Darstellung der nationalen Konflikte im Vorkriegsjugoslawien und der Hinweis auf den mit bestialischen Mitteln geführten innerjugoslawischen Bürgerkrieg während des Zweiter Weltkriegs. Die Binnengeschichte Titojugoslawiens (insbesondere der letzten beiden Jahrzehnte) bleibt dagegen konsequent außen vor. Die Nachkriegsära verliert ihre Konturen und taucht nur mehr als vorübergehende Unterbrechung der balkanischen Lust an der Selbstzerfleischung auf. Dieser Ausblendzwang macht sich nicht nur in den populären Veröffentlichungen zum Thema bemerkbar, er schlägt auch in den neueren Publikationen der Fachwissenschaftler durch. Natürlich wird niemand, der auch nur einigermaßen mit der Geschichte Südosteuropas vertraut ist, sich Sommers aberwitziges Archaisieren zu eigen machen und zusammen mit den nationalistischen Ideologen eine gerade Linie von der Schlacht auf dem Amselfeld im Jahr 1389 bis zur Gegenwart ziehen. Selbstverständlich ist nach wie vor unter seriösen Historikern unstrittig, daß die Balkanbewohner in ihrer sogenannten »ethnischen« Gemengelage bis tief ins 19. und teilweise sogar bis ins 20. Jahrhundert hinein friedlich nebeneinander herlebten, und erst die aus dem Westen importierte Idee der Nation sowie der Vormarsch von Marktproduktion und moderner Staatlichkeit diesen pränationalen Zustand zerstörten; man darf wohl ebenfalls voraussetzen, daß die Fachwissenschaftler sich über die für die Herausbildung eines modernen homogenen Staatswesens dysfunktionalen Züge Vorkriegsjugoslawiens weitgehend einig sind.

Je weiter wir uns an die Gegenwart annähern, desto einsilbiger und unschärfer werden jedoch ihre Verlautbarungen. Sobald es um den Zusammenbruch Jugoslawiens geht, verflüchtigt sich auch bei ihnen jeder analytische Anspruch, und an seine Stelle tritt pure Deskription, die nur selten über eine Ereignischronologie hinausgeht. Die gesellschaftliche, soziale und ökonomische Entwicklung geht im Aufzählen der tagespolitischen Wechselfälle unter. Im Extremfall geht die historisch unterfütterte

---

3 Nicht nur bei den offenen Apologeten der bürgerlichen Gesellschaft wird der Verweis auf die Vergangenheit Jugoslawiens zum Deutungsmuster für die Gegenwart und ersetzt alle analytischen Bemühungen. Gleiches gilt auch für die scheinradikale Linke. Auf die Weltkriegskonstellation fixiert, kann sie in der postjugoslawischen Katastrophe immer nur die Kräfte am Werk sehen, die zwischen 1941 und 1945 Jugoslawien heimgesucht haben. Was von linksradikaler Seite zum Thema Jugoslawien präsentiert wird, läßt sich zu einem guten Teil nur mehr in klinischen Kategorien fassen. Peter Priskil etwa, der Herausgeber der deutschen Übersetzung von Arnold Shermans »Perfidy in the Balkans« hat sich schlicht und einfach in einem lupenreinen Wahnsystem verfangen, wenn er im Vorwort fabuliert: »Anfang 1992 konnten wir uns durch Augenschein davon überzeugen, daß die deutsche Regierung mit massiver Militärhilfe zielstrebig auf dem Weg fortschritt, den Hitler im Verbund mit dem Vatikan eingeschlagen hatte: die Ausrottung der orthodoxen Serben unter Zuhilfenahme katholisch-faschistischer Marionetten und moslemischer Milizen, die den Balkan von 1941 bis 1945 in ein Schlachthaus verwandelten.« (»Die Zerschlagung Jugoslawiens«, Freiburg 1994, S. XI.) Eine solche Aussage verrät nichts über die jugoslawische Wirklichkeit, aber sehr viel über den Geisteszustand eines Teils der bundesdeutschen Restlinken. Mit demonstrativer Hysterie und fadenscheinigen Verschwörungsphantasien muß sich die linksradikale Kritik darüber hinwegtäuschen, daß sie nur in dem gleichen Bezugssystem denken kann, in dem sich die Apologeten der westlichen Moderne bewegen.

Annäherung an die postjugoslawische Katastrophe schlicht ins sukzessiven Verstummen über [4]. Ein Musterbeispiel dafür liefert Holm Sundhaussen, einer der renommiertesten Jugoslawien-Experten im deutschsprachigen Raum, mit seinem 1993 erschienen Bändchen »Experiment Jugoslawien«.[5] Von einer Schrift, die mit dem Untertitel »Von der Staatsgründung zum Staatsverfall« für sich wirbt, erwartet der Leser in erster Linie Auskunft über die neuere Entwicklung, die zum Auseinanderbrechen des Staatswesens führte. Der Autor aber läßt sich ausführlich und kenntnisreich über die Entwicklung Vorkriegsjugoslawiens und insbesondere über die verwickelte Geschichte des jugoslawischen Bruderkriegs im Zweiten Weltkrieg aus, um dann immer einsilbiger zu werden. Die politische Geschichte Nachkriegsjugoslawiens absolviert er im Schnelldurchgang und legt dabei bezeichnenderweise den Schwerpunkt auf die 50er und frühen 60er Jahre; die Entwicklung nach Titos Tod behandelt er nur mehr pro forma. Die Zeit von 1980 bis heute ist ihm knapp fünf Seiten und einige allgemeine Phrasen wert.

Der unwiderstehliche Drang, die neonationalistischen Exzesse und den Kollaps der jugoslawischen Gesellschaft zu entzeitlichen, ist ein genuines Produkt der postjugoslawischen Katastrophe. Er setzte sich auf breiter Front erst durch, als die innerjugoslawischen Konflikte zum offenen Bürgerkrieg eskalierten. Solange sich die Misere der jugoslawischen Arbeitsgesellschaft noch als die Misere eines überlebten sozialistischen Modells abhandeln ließ, hatten die Liebhaber von Demokratie und Marktwirtschaft keinerlei Problem damit, einen Zusammenhang zwischen der ökonomischen und gesellschaftlichen Entwicklung Titojugoslawiens und dem Aufkeimen des Nationalismus herzustellen. Die Wiederkehr national gefärbter Konflikte im Rahmen des Selbstverwaltungssozialismus galt dabei nur als weiterer Beleg für dessen Insuffizienz und die Überlegenheit der westlichen Version der Arbeitsgesellschaft. Diese Perspektive verflüchtigte sich Ende der 80er Jahre fast schlagartig. Während ausge-

---

4 Die Zurückhaltung der Wirtschafts- und Sozialwissenschaftler hat auch noch einen anderen, unmittelbar-praktischen Grund, nämlich die schwierige Materiallage. Gerade bei der Einschätzung der neueren Entwicklung können sie sich nur sehr bedingt auf ihr übliches Instrumentarium verlassen. Die Bürgerkriegswirren entziehen den Fortgang der ökonomischen und sozialen Entwicklung weitgehend der volkswirtschaftlich-statistischen Erfassung. Die harte Krisenwirklichkeit, die plünderungsökonomische Realität, übersetzte sich nach dem Zusammenbruch der zuständigen Institutionen nicht länger in abrufbare, allzeit zugängliche und verifizierbare Daten. Das bereitete natürlich auch bei meiner Arbeit enorme Probleme. Die Darstellung der Entwicklung nach 1991 stützt sich denn auch ausschließlich auf journalistische Arbeiten. Soweit sich darin überhaupt quantifizierende Aussagen über traditionelle volkswirtschaftliche Größen wie Inflation, Arbeitslosigkeit, Einkommen, Kapitalströme usw. finden, sind sie mit erheblichen Fehlerquellen behaftet. Für Zahlen, die die staatliche und sonstige Mafia- und Raubwirtschaft betreffen, gilt das quasi naturgemäß. Auch wenn bei der Betrachtung realsozialistischer Statistiken schon immer mit einem beträchtlichen Phantasiekoeffizienten zu rechnen war, stellt dies eine qualitativ neuartige Situation dar. Ich habe daher bei meiner Untersuchung der jugoslawischen Bürgerkriegsökonomie hauptsächlich versucht, die Logik der Sache zu entwickeln und mich ansonsten im wesentlichen darauf beschränkt, aus der Extrapolation der Ausgangsbedingungen gewisse Rückschlüsse auf den Fortgang der Zerfallsprozesse zu ziehen. Nach den Kriterien akademischer Methodologie ist ein solches Vorgehen sicher fragwürdig, allerdings ist ein anderes bei der gegenwärtigen Materiallage gar nicht möglich.

5 Holm Sundhaussen, »Experiment Jugoslawien«, Mannheim, 1993.

rechnet die vom Westen gefeierten marktwirtschaftlichen Transformationsversuche, wie sie unter den Ministerpräsidenten Mikulic und Markovic ins Werk gesetzt wurden, den schwelenden regionalen Gegensätzen eine neue Qualität verliehen und das gesamtjugoslawische Staatswesen zur Implosion brachten, vergaßen die westlichen Beobachter mit einem Mal alle Zusammenhänge, die ihnen bis dahin geläufig waren. Der Sieg des Spaltungsnationalismus wurde zum deus ex machina.

Die Grausamkeiten des Krieges befestigten das sekundäre Unverständnis. Weder auf der Mikro- noch auf der Makroebene darf der eigentlich ja naheliegende Verdacht anklingen, die jugoslawische Katastrophe könne in irgendeinem inneren Zusammenhang mit den vorangegangenen Modernisierungsversuchen stehen und a posteriori etwas über diese aussagen. Was die subjektive Seite angeht, so wird konsequent darüber hinweggesehen, daß die Männer, die in Bosnien oder anderswo ihre ehemaligen Nachbarn massakrieren und die Lebensgrundlagen jeder Gesellschaft zerstören, sich von den glorreichen freien und gleichen westlichen Konkurrenzsubjekten kaum unterscheiden. Die entsetzten Zuschauer wollen nicht wahrnehmen, daß der gleiche, mühsam ansozialisierte psychische Apparat, der sie instand setzt, auf dem freien Markt als Manager ihrer Arbeitskraft zu reüssieren, unter gewissen Umständen bestens zu einer Karriere als Killer und Amokläufer befähigt.

Genausowenig, wie es nach dem Ebenbild der Moderne geschaffene Menschen sein dürfen, die die balkanischen Untaten vollbringen, darf aber der wildgewordene Ethnonationalismus insgesamt als ein von der Logik der Moderne selber gehecktes und durch den Kollaps nachholender Modernisierung freigesetztes Spaltprodukt erkannt werden. Auch wenn sie zeitlich koinzidieren: der fatale Endsieg von Marktwirtschaft und Demokratie und die Selbstvernichtung der jugoslawischen Gesellschaft müssen vollkommen verschiedenen historischen Zusammenhängen angehören. Der Versuch, die Verwandtschaft zwischen der Moderne und ihren ungeliebten ethnonationalistischen Kindern zu eskamotieren, läßt auch das verbliche Titojugoslawien ex post in einem neuen, recht freundlichen Licht erstrahlen. Der Selbstverwaltungssozialismus erscheint nicht als eine gesellschaftliche Formation, die in ihrem nachholenden Modernisierungsbemühen die nationalen Gegensätze immer wieder neu reproduziert hat, sondern als ein Intermezzo, das die schreckliche balkanische Neigung zur Selbstzerfleischung wenigstens eine Zeitlang sistieren konnte. Diese Anwandlung von Pietät mag überraschen, sie hat aber ihren guten Grund. Die Liebhaber von Demokratie und Marktwirtschaft gewähren der Asche des verblichenen sozialistischen Jugoslawien so generös Frieden, weil sie insgeheim schon ahnen, was eine kritische Aufarbeitung der jüngeren jugoslawischen Geschichte zutage fördern könnte und sie verleugnen müssen: Das Tor zur Marktwirtschaft, durch das Markovic und seine Reformer-Crew Jugoslawien ins demokratisch regulierte Waren-Arkadien führen wollte, war nur ein Wandgemälde, das einen unüberwindlichen Betonblock ziert. Die von den westlichen Demokraten vielbeklagte »Rückkehr des Nationalismus« hat nur eine Zukunft verbaut, die es nie gegeben hat. Wenn sich in

10

Jugoslawien nationale Konflikte beharrlich wiederhergestellt haben, dann ist das weniger dem sozialistischen Vorzeichen geschuldet, unter dem die Moderne auf dem Balkan Einzug hielt, sondern vielmehr dem schließlich steckengebliebenen Vormarsch von Warenform und Staatlichkeit insgesamt. In Jugoslawien ist nicht nur die sozialistische Variante der Modernisierung gescheitert, sondern die Modernisierung überhaupt, und im nationalistischen Kampf geht es um nichts Atavistisches, sondern um etwas äußerst Zeitgemäßes, nämlich um die Ausschlachtung einer Modernisierungsruine.

Diese Ausgangsthese bestimmt den Aufbau der vorliegenden Arbeit. Die Darstellung konzentriert sich im wesentlichen auf das »titoistische Experiment« und sein schließliches Scheitern. Dabei geht es mir vor allem darum, klarzulegen, wie sich unter dem Tito-Regime die allgemeine Modernisierungslogik durchsetzte und auf welche unüberwindlichen Grenzen die junge jugoslawische Arbeitsgesellschaft und ihr Staat auf ihrem Entwicklungspfad stießen. Die jugoslawische Vorkriegs- und Weltkriegsgeschichte streife ich dagegen nur am Rande. Sie kommt in den Betrachtungen nur insofern vor, als daß das »sozialistische Jugoslawien« natürlich nicht voraussetzungslos im luftleeren Raum entstand, sondern sich nur als eine spezifische Reaktionsbildung auf die beim Marsch in die Moderne in Südosteuropa gegebene besondere Ausgangsposition begreifen läßt.

Für den Hauptteil sind zwei Fragestellungen zentral. Zum einen untersuche ich, warum und wie der gesamtjugoslawische Modernisierungs- und Formierungsprozeß auf der Basis von Selbstverwaltungssozialismus und Einparteienherrschaft mit den für jede Waren- und Arbeitsgesellschaft charakteristischen Konkurrenzgegensätzen auch harte Konflikte zwischen den Teilrepubliken immer wieder neu erzeugte. Zum anderen widme ich mich der Frage, warum mit dem Konkurs der jugoslawischen Sozialismusvariante der jugoslawische Gesamtstaat untergehen und die Erneuerung Jugoslawiens auf einer post-sozialistischen Grundlage so jämmerlich mißlingen mußte. Ausgehend von der These, daß Tito-Jugoslawien nicht nur das erste moderne Staatsgebilde in diesem Teil des Balkanraums gewesen ist, sondern auch keine anderen lebensfähigen Nationalstaaten an seine Stelle treten werden, widme ich mich im letzten Abschnitt der politischen Ökonomie des Bürgerkrieges. Ich versuche die Logik kenntlich zu machen, die der poststaatlichen Plünderungswirtschaft in den Nachfolgestaaten Ex-Jugoslawiens zugrundeliegt. Gerade dieser Problemkreis weist über die südosteuropäischen Verhältnisse hinaus und hat paradigmatische Bedeutung. Titojugoslawien hat, solange es existierte, nie den allgemeinen Modernisierungspfad verlassen. Die aus dem ehemaligen Jugoslawien hervorgegangenen Spaltprodukte wiederum nehmen nur auf ihre Weise das Schicksal vorweg, das auch anderen Weltregionen im Kollaps der Moderne droht.

1. Die Erfindung der Nation in Südosteuropa

Bei der Nation handelt es sich nicht um ein uraltes, quasi ontologisches Phänomen, wie nationalistische Ideologen sich und anderen beständig suggerieren, sondern um ein historisch klar eingrenzbares. Die Vorstellung homogener, zu Nationen geeinter Völker ist nicht älter als die bürgerliche Gesellschaft. Der Siegeszug dieses Realkonstrukts gehört zur Durchsetzungsgeschichte der Moderne, und es steht zu erwarten, daß dieses Konstrukt mit der Moderne auch wieder zugrunde gehen wird. Der synthetische Charakter nationaler Identitäten tritt im historischen Rückblick umso deutlicher zu Tage, je weiter wir uns von der westeuropäischen Wiege von Warenproduktion und Nationalstaatlichkeit entfernen. In Frankreich und England hat die Entwicklung der bürgerlichen Gesellschaft einen langen Vorlauf. Erste Keime der Warengesellschaft sind dort schon im 13. Jahrhundert auszumachen. Dementsprechend lassen sich in diesen Ländern Ansätze zu einem nationalen Bewußtsein und zu nationalstaatlicher Formierung bis in die Zeit des Hundertjährigen Krieges zurückverfolgen. Hier verlief der Prozeß der Nationenbildung vergleichsweise organisch. Auch in Deutschland konnte das aufkommende bürgerliche Nationalbewußtsein partiell an das mittelalterliche, auf die Kaste der Feudalherren beschränkte »nationes«-Verständnis und an einen vorangegangenen kulturellen Homogenisierungsprozeß anknüpfen. In anderen Weltregionen, die verhältnismäßig spät in den Strudel der Moderne gerieten und sich deren Errungenschaften zu eigen machten, fällt die Erfindung der Nation nicht nur in eine uns viel näher liegende Epoche – dort tritt auch der willkürlich gewaltsame Zug der Konstituierung von Nationen viel deutlicher hervor. Was Europa betrifft, so gilt das ganz besonders für den Balkanraum. Im Südosten unseres Kontinents tauchte die Idee der Nation nicht vor der Mitte des letzten Jahrhunderts auf, und ihre Protagonisten machten sie gegen eine Wirklichkeit geltend, die sich den neuartigen nationalistischen Zuordnungen lange Zeit, ja letztlich bis heute sperrte.

Gegen Ende des 19. und zu Beginn des 20. Jahrhunderts stand in der Westhälfte Europas der Nationalismus in höchster Blüte. Im Südosten des Kontinents hingegen begann sich das Denken in nationalen Kategorien zu diesem Zeitpunkt erst auf breiterer Front durchzusetzen. Für das ländliche Gros der balkanischen Bevölkerung hatte das Kriterium nationaler Zuordnung bis dahin kaum eine lebenspraktische Bedeutung gehabt und blieb entsprechend blaß und verschwommen. In diesem geographischen Raum herrschten noch Zustände, die über Jahrhunderte auch andernorts das Verhältnis der Untertanen zur Staatlichkeit geprägt hatten. Für ein Alltagsleben, das auf Subsistenzproduktion basierte und sich ausschließlich im engen dörflichen Rahmen abspielte, war es gleichgültig, ob man nun dem Kaiser in Wien, dem Sultan in Istanbul oder irgendeinem eingeborenen Herren tributpflichtig war. Solange die Obrigkeit und ihre Steuereintreiber nur weit weg blieben, konnten sie sich aus fremdländischen Eroberern wie den Osmanen und den Deutschen rekrutierten, aus der eigenen Nachbarschaft oder zur Not auch vom Mars stammen, ohne daß diesem Umstand im Selbstverständnis der dörflichen Gemeinschaft eine sonderliche Bedeutung zugekommen wäre. In dem beschränkten Horizont, in dem die erdrückende bäuerliche Mehrheit ihr Dasein verbrachte, war für solche abstrakten identifikatorischen Muster wie die »Nation« gar kein Platz. Man verstand sich nicht als »Serbe«, »Kroate«, »Albaner«, »Bosnier« oder »Mazedone«. Relevant war für die Menschen allein der viel engere tribalistisch-sippenhafte Zusammenhang. Nur die Religion lieferte den Ansatz zu einer über dieses Geflecht bornierter Beziehungen hinausweisenden Identität.[1]

Erst der in Südosteuropa äußerst zögerlich anlaufende Vormarsch einer marktvermittelten Wirtschaftsweise brach diese Verhältnisse auf. Im selben Maße, wie sich ein größerer, auf Warenbeziehungen beruhender gesellschaftlicher Zusammenhang herstellte, die diversen nur auf sich bezogenen ständischen Gemeinschaften allmählich zu einer einheitlichen Gesellschaft zusammenzuwachsen begannen, und der Staat eine zunehmende Rolle im gesellschaftlichen Reproduktionsprozeß übernahm, mußten sich auch allgemeinverbindliche Standards herausbilden.[2] Bis dahin war es völlig gleichgültig gewesen, ob Volk und Adel sich im gleichen kulturellen Horizont bewegten. Es störte das soziale Gefüge in keiner Weise, wenn die unter einem Oberherrn vereinten Dörfer unterschiedliche Sprachen benutzten und unterschiedlichen Sitten und Gebräuchen anhingen. Nun entstand ein Zwang zu verbindlicher Normierung, und die Obrigkeit, die partiell dazu überging, Funktionen moderner Staatlichkeit zu übernehmen,[3] schickte sich an, ihn durchzusetzen. Das bedeutet aber nicht nur, daß die chinesische Mauer zwischen Adels- und Volkskultur Löcher bekam. Auch die bis dahin völlig absurde Idee, daß der madjarische Adelige mehr mit dem madjarischen Bauern gemein haben könnte als mit seinem französischen Standesgenossen, wurde allmählich denkmöglich. Dieser Homogenisierungstrend führte gleichzeitig überall dort zu neuartigen national bestimmten Abgrenzungen, wo sich die kulturelle Aus-

---

1 Dementsprechend kam dem Glauben und insbesondere den religiösen Gegensätzen eine zentrale Rolle bei der Herausbildung nationaler Identitäten zu. Das gemeinschaftliche religiöse Bekenntnis sorgte häufig für den Anknüpfungspunkt bei der Definition der Nation. Das gilt sowohl für Serben und Kroaten wie für die Bulgaren. Wenn sich Serben und Kroaten überhaupt als verschiedene Nationen begreifen, so verdankt diese »ethnische« Unterscheidung ihre Existenz allein der älteren religiösen Differenz. Genetisch ist die Trennungslinie zwischen Kroatentum und Serbentum in erster Linie im Gegensatz von Katholizismus und orthodoxen Glauben zu suchen.

2 Vergleiche in diesem Zusammenhang Ernest Gellner, »Nationalismus und Moderne«, Berlin 1991.

3 Für Österreich-Ungarn spielen hier sicherlich die Josephinischen Reformen eine Schlüsselrolle.

gangsbasis der Homogenisierung nicht von selbst verstand. In Südosteuopa war das aber nirgends der Fall. Indem die anlaufende soziale Integration die Etablierung einer einheitlichen Hochkultur in die Wege leitete, entzog sie dem archaischen friedlichen Nebeneinander der verschiedenen in bunter Gemengelage existierenden Volkskulturen die Grundlage. Während das nationale Erwachen sich einen Volkskulturkreis auserkor, um seine Angehörigen zum Staatsvolk zu adeln und ihnen das kulturelle Monopol auf dem Territorium der frisch gebackenen Nation zusprach, standen die Angehörigen aller anderen Volkskulturen nur vor der Wahl, entweder in der neuen Nation aufzugehen oder sich selbst zu einer anderen konkurrierenden Nation zu überhöhen und sich eine eigene nationale Identität zuzulegen.

Das hier wirksame Grundproblem läßt sich ganz gut am Beispiel der Amtssprache erläutern. Unter vorbürgerlichen Bedingungen gab es schlicht und einfach keine für alle Untertanen verbindliche Landessprache, und sie war auch gar nicht vonnöten. Selbst die bunt zusammengewürfelten, nach dem Gefolgschaftswesen aufgestellten Armeen kamen ohne einheitliche Kommandosprache zurecht. Die Bauern benutzten die verschiedensten Dialekte, die von Dorf zu Dorf variieren konnten. Die Gebildeten hingegen bedienten sich im Verkehr untereinander vorzugsweise einer dem gemeinen Volk unverständlichen, sakral besetzten transnationalen Sprache. Die Schriftkultur war an das Lateinische bzw. im Bereich des orthodoxen Glaubens an das seit dem 10. Jahrhundert durch die Einführung der kyrillischen Schrift fixierte Kirchenslawische gebunden. Auf dem Weg in die Moderne mußte diese Zersplitterung überwunden werden. Die Einführung verbindlicher Amtssprachen wirkte aber als Zugangsbeschränkung und markierte einen neuartigen Zwang zur Anpassung an eine innerhalb staatlicher Grenzen nun allgegenwärtige Monopolkultur.

Das hier angerissene Problem, das natürlich nicht allein die Sprache betrifft, ist eng mit der Entstehung moderner Staatlichkeit überhaupt verbunden. Die Erweiterung des Zuständigkeitsbereiches und der Zugriffspotenzen des Staates und seine wachsende normierende Funktion[4] mußten auf dem Balkan, wo das Staatswesen von fremdländischen Herren dominiert wurde, als ein neuartiger Assimilationsdruck durchschlagen. Dieser Zwang zur Anpassung wiederum induzierte bei den kulturell Ausgegrenzten eine als Rückbesinnung auf das eigene Erbe mißverstandene Hinwendung zu einer aus dem eigenen religiösen und sprachlichen Hintergrund extrapolierten »nationalen Kultur«.

Der Assimilationsdruck traf zunächst einmal vor allem die neu entstehenden, im zurückgebliebenen südosteuropäischen Raum äußerst dünn gesäten bürgerlichen Schichten. Nationales Bewußtsein regte sich dementsprechend lange Zeit vornehmlich unter den einheimischen Beamten und den von bürgerlichen Ideen beeinflußten Geistlichen. Das Importgut Nation fand aber nicht allein deshalb unter den Intellek-

---

4 Man denke hier nur an die Etablierung eines einheitlichen Rechtssystems, einer einheitlichen Verwaltung und eines einheitlichen Militärwesens.

14

tuellen seine ersten Liebhaber, weil sie die Überfremdung durch die Herrenkultur hautnah spürten; einzig die Angehörigen dieser schmalen Bevölkerungsgruppe hatten gleichzeitig die westlichen unversalistischen Werte so weit verinnerlicht, daß sie überhaupt in der Lage waren, ein alternatives kulturelles Bezugssystem für die anstehenden Modernisierungsaufgaben und die Formierung von Staatlichkeit zu imaginieren und zu formulieren. Während der breiten Masse der Bevölkerung ebenso wie das moderne Denken überhaupt auch so etwas wie nationale Identität noch lange fremd blieb, konnten die jungen Eliten, indem sie die adaptierte westliche Ideenwelt folkloristisch einkleideten, selber als Modernisierungskraft wirksam werden und in Konkurrenz zur madjarischen und deutschen Vorherrschaft treten.

Die gleiche Doppellogik von Adaption und Abstoßung wird auch sichtbar, wenn wir einen Blick auf die geographischen Schwerpunkte der frühen Balkan-Nationalismen werfen. Die Idee einer eigenen Nation konnte bezeichnenderweise zuerst in Kroatien Wurzeln schlagen, also in einem Gebiet, das im 19. Jahrhundert nicht nur mit starken Madjarisierungsbestrebungen konfrontiert war, sondern auch das höchste Entwicklungsniveau in diesem Teil Europas aufwies.[5] Einige Jahrzehnte später erst entstanden in Serbien, das seine Autonomie innerhalb des osmanischen Reiches zwischen 1804 und 1815 noch im Geiste der autarken Dorfgemeinde erkämpft hatte, kleine ähnlich orientierte und westlich gebildete Avantgarden. Sie leiteten den eigentlichen, nach der Herauslösung Serbiens aus dem osmanischen Reich einsetzenden Nationenbildungsprozeß gegen den Widerstand der bäuerlichen Schichten ein.

Die neuen nationalistischen Strömungen, die allesamt zunächst als reine Kulturbewegungen das Licht der Welt erblickten, waren sich in einem Punkt einig: Auf dem Balkan bestehen von den deutschen, ungarischen und osmanischen Herren unabhängige eigene, kulturell definierbare Nationen. Dem Konstruktcharakter des nationalen Gedankens entsprechend bestand allerdings weder Übereinstimmung darüber, wie diese Nationen zu umreißen und voneinander abzugrenzen seien, noch wieviele Nationen im Balkanraum überhaupt existierten.[6] Die Intellektuellen, die sich in Abgrenzung gegen die Vorherrschaft fremder Herren und deren kultureller Dominanz balkanische Nationen erdachten, mußten die nur embryonal entwickelte soziale und ökonomische Integration durch den antizipierenden Einsatz von Phantasie und Em-

---

5 Auf diesen doppelten Zusammenhang verweist Holm Sundhaussen in seinem Buch »Experiment Jugoslawien«. Er schreibt dort: »Die ersten Vorkämpfer der Nationbildung stammten vornehmlich aus jenen Gebieten, wo die Kontakte mit den abendländischen Ideen am stärksten waren, also aus den Provinzen der Habsburger Monarchie (nördlich von Save und Donau). Unter den Protagonisten befanden sich Gelehrte, Geistliche, Repräsentanten des Adels oder Vertreter der aufstrebenden städtischen Schichten. Sie verglichen die Ideale der Französischen Revolution und der Aufklärung (Volkssouveränität, Nationalstaat, Begeisterung für das ›einfache Volk‹) sowie die wirtschaftliche Entwicklung in den westeuropäischen Ländern mit ihrer eigenen Wirklichkeit und beschlossen, letztere von grundauf zu ändern.« (Holm Sundhaussen, Experiment Jugoslawien, Mannheim 1993, S. 21).

6 Eine extreme Position nahmen die gegen Ende des 19. Jahrhunderts durchaus einflußreichen Panbalkanisten ein. Sie propagierten eine einzige einheitliche »Balkannation«, die das spätere Jugoslawien, Bulgarien, Rumänien und Griechenland umfassen sollte. Tito nahm diese Idee auf seine Weise übrigens nach dem Zweiten Weltkrieg auf. Er strebte eine Vereinigung von Jugoslawien mit Albanien und Bulgarien an.

phase wettmachen. Entsprechend willkürlich fiel das Ergebnis ihrer Anstrengungen aus. Zwar lag es in der Logik der nun auch auf Südosteuropa ausstrahlenden allgemeinen Modernisierungsbewegung, daß das nationalstaatliche Modell auf dem Balkan Einzug hielt. Doch war es eher zufälligen Umständen geschuldet, welche Nationalismen und welche besonderen nationalen Gebilde aus diesem Prozeß tatsächlich hervorgingen. Zunächst einmal entstand im städtisch-bürgerlichen Milieu ein buntes Sammelsurium nationalistischer Ideen, die allesamt auf mehr oder minder plausibel gemachte kulturelle Anknüpfungspunkte verweisen konnten und sich historische Traditionen zurechterfanden. Während die einen sich einer ebenso abstrusen wie populären Geschichtsschreibung folgend als die Nachfahren der antiken Illyrer betrachteten und das »Illyrertum« auf der Balkanhalbinsel neu entstehen lassen wollten, apostrophierten andere eine einheitliche südslawische Nation. Diese südslawische Nation schloß bei manchen die Bulgaren ein, bei manchen aus. Daneben konstituierten sich kroatische und serbische Sondernationalismen und traten in Konkurrenz zueinander. Bosnien-Herzegowina entwickelte sich alsbald zum Lieblingszankapfel dieser beiden geistigen Strömungen. Großserben und Großkroaten sahen in den bosnischen Muslimen gleichermaßen verlorene Kinder der jeweils eigenen Nation. Die serbischen Nationalisten reklamierten sie als vom orthodoxen Glauben abgefallene Serben für sich, die großkroatischen Ideologen umwarben diese Bevölkerungsgruppe sogar als den reinsten, weil unvermischt gebliebenen Teil des kroatischen Volkes. Nicht minder voluntaristisch und gewaltsam ging es bei der nationalen Zuordnung der Bewohner Mazedoniens zu. Während Teile der einheimischen Eliten sich zu Beginn des Jahrhunderts als Angehörige einer eigenen separaten mazedonischen Nation zu verstehen begannen, stritten sich Serben und Bulgaren heftig darum, ob das Mazedonische als ein serbischer oder als ein bulgarischer Dialekt zu interpretieren sei und ob man die Mazedonier dementsprechend als Serben oder als Bulgaren zu klassifizieren habe. Die Griechen wiederum betrachteten die Mazedonier als Hellenen, die zwar im Laufe der Geschichte ihrer eigenen Sprache verlustig gegangen wären, ihren »ethnischen«[7] und kulturellen Wurzeln nach aber eindeutig zu Griechenland gehören müßten. Selbst die Abgrenzung zwischen jugoslawistischen, auf die Einigung aller Südslawen ausgerichteten Vorstellungen, und serbisch-nationalistischen bzw. auf die »Wiederherstellung« Kroatiens zielenden Bestrebungen blieb unklar. Sowohl unter den Großserben als auch unter den Großkroaten gab es Strömungen, die ihre partikular-nationalistischen Ambitionen mit der Formierung

---

7 Wenn es sich bei der Nation um keine ontologische Größe handelt, sondern um ein zur materiellen Gewalt gewordenes Konstrukt, so gilt das gleiche für den Terminus Ethnie. Er entstand in den Köpfen europäischer Beobachter, die mit diesem Hilfsbegriff die nicht-westliche Wirklichkeit einem okzidentalen Raster unterworfen haben. Wo im abendländischen Kontext von Ethnie die Rede ist, kommt dieser Bezeichnung vornehmlich eine abwertende Funktion zu. Eine Ethnie ist eine als Einheit definierte Bevölkerungsgruppe, der die Ehre verweigert bleibt, sich mit Attributen wie Volk oder Nation zu schmücken. Die Unterscheidung beruht aber auf Willkür. Ich vermeide das Attribut ethnisch daher nach Möglichkeit und behelfe mich mit Ausdrücken wie »kleinnationalistisch« oder setzte den Begriff »ethnisch« in Anführungsstriche, wo ich ihn sprachlich nicht vermeiden kann.

einer einheitlichen südslawischen Nation in eins setzten und der jeweiligen Gegenseite jede historische Legitimität absprachen.

Die Ambivalenz und Vieldeutigkeit machte sich schon beim ersten praktisch entscheidenden Schritt hin zur Nationenkonstituierung, nämlich den Sprachreformbemühungen Mitte des 19. Jahrhunderts bemerkbar und durchzog die südosteuropäische Geschichte bis zur jugoslawischen Staatsgründung und noch darüber hinaus. Als der serbische Herder-Schüler und Brieffreund der Gebrüder Grimm Vuk Karadzic vom Stokavischen Dialekt ausgehend eine eigene serbische Hochsprache konstruierte, gelang es ihm, für dieses Unterfangen die Kroaten der illyrischen Bewegung zu gewinnen. Auch deren Vordenker, der Sprachreformer Ljudevit Gaj, wählte schließlich aus der Vielzahl ineinander übergehender südslawischer Dialekte das Stokavische als Grundlage der zu entwickelnden kroatischen Schriftsprache. So konnten Vertreter beider Seiten 1850 den »Wiener Schriftsprachenvertrag« ratifizieren, in dem es hieß: »Serbisch und Kroatisch sind ein und dieselbe Sprache, die die Serben Serbisch, die Kroaten Kroatisch nennen.«[8] Allerdings setzte sich keine einheitliche Schriftversion des Serbokroatischen bzw. Kroatoserbischen durch. Während die katholischen Kroaten bei der Literalisierung der neugeschaffenen Volkssprache lateinische Buchstaben verwendeten, benutzten die orthodoxen Serben in Anlehnung an die Tradition der griechisch-orthodoxen Kirche dazu kyrillische Zeichen. Mit der landessprachlichen Alphabetisierung wurde dieser Gegensatz verallgemeinert und zum Bestandteil der Volkskultur. Damit blieb die Frage offen, ob Kroaten und Serben, was die Sprachgemeinschaft nahe legt, eine Nation bilden, oder ob sie aufgrund einer in der unterschiedlichen Schrift manifest werdenden kulturellen Trennungslinie nicht doch als zwei streng unterscheidbare Nationen zu betrachten seien.

Nicht nur die mit religiösen, sprachlichen und kulturellen Übereinstimmungen begründeten Definitionen balkanischer Nationen fielen verwirrend aus und liefen auf einander oft wechselseitig ausschließende Optionen hinaus. Genauso durchkreuzten sich die politischen Zielvorstellungen, die sich die formierenden nationalistischen Strömungen steckten. Sie blieben schillernd uneinheitlich. Während die Mehrheit der gemäßigten kroatischen Nationalisten um die Jahrhundertwende schon mit einem autonomen Status der südslawischen Gebiete innerhalb des Habsburger Reiches zufrieden gewesen wären, träumten vor allem die auf kroatischem Boden lebenden Serben vorzugsweise von einer eher lockeren südslawischen Konföderation. Die Führungsriege Serbiens hingegen strebte für ihr Land nach einer ähnlichen Rolle, wie sie Piemont im italienischen Einigungsprozeß zugefallen war. Ministerpräsident Pasic wollte auf den Trümmern des osmanischen Reiches und der Donaumonarchie einen unitaristischen, serbisch geprägten Staat mit Belgrad als Zentrum errichten.

---

8 Zitiert nach Wolf Oschlies, Jugoslawien – Nekrolog auf ein unsterbliches Land, in: Erich Rathfelder (Hg.), Krieg auf dem Balkan, Hamburg 1992, S. 20

2. Der erste jugoslawische Staat – ein historischer Fehlstart

Als das 20. Jahrhundert anbrach, war noch vollkommen unklar, welches der konkurrierenden nationalistischen Programme in der Lage sein könnte, zur Formierung von Nationalstaaten zu führen. Der Zusammenbruch der beiden pränationalen Balkanreiche schuf aber alsbald Fakten, die für die weitere Entwicklung bestimmend wurden. Im Gefolge der jungtürkischen Revolution von 1908, die die Metamorphose der Überreste des osmanischen Reiches in einen türkischen Nationalstaat einleitete, und der beiden Balkankriege von 1912/13 ging zunächst die Zeit der osmanischen Herrschaft in Südosteuropa zu Ende. Albanien, Rumelien, der Kosovo, Epirus, Makedonien, Thrakien, Kreta und die in der östlichen Ägäis gelegenen Inseln schieden aus dem Reichsverband aus. Bulgarien, das seit dem Berliner Kongreß von 1878 nur mehr nominell der Oberhoheit des Sultans unterstanden hatte, wurde nun auch offiziell selbständig. Aber auch das letzte Stündchen des Habsburger Reiches ließ nicht lange auf sich warten. 1908 hatte Österreich-Ungarn sich noch selber aus der Konkursmasse der Osmanenherrschaft bedient und Bosnien-Herzegowina, das seit 40 Jahren unter seiner Verwaltung stand, sehr zum Unwillen Serbiens annektiert. Allzu lange konnte sich das Habsburger Reich dieser Beute allerdings nicht erfreuen. Sechs Jahre später bereits wurde die bosnische Hauptstadt zum Epizentrum eines Erdbebens, das das alte Europa in seinen Grundfesten erschütterte und das Habsburger Reich von der Landkarte tilgte. Am 28.6.1914 ermordete der serbisch-bosnische Nationalist Princip, ein Mitglied der nationalistischen Geheimorganisation »Schwarze Hand«, den österreichischen Thronfolger Ferdinand und seine Frau. Die führenden Kreise der Doppelmonarchie waren entschlossen, die vermeintlich günstige Gelegenheit zu nutzen. Das Attentat wollten sie zum Vorwand nehmen, um mit Serbien und seinen irridentistischen Bestrebungen ein für allemal aufzuräumen und den balkanischen Nationalismus in seine Schranken zu weisen. Der Abrechnungsversuch aber mißlang gründlich. Dem Ersten Weltkrieg, den das österreichische Ultimatum an Serbien auslöste, fiel nicht Serbien, sondern die altehrwürdige Doppelmonarchie zum Opfer. Die militärische Niederlage der Mittelmächte bot die Gelegenheit, auch den Norden der Balkanhalbinsel unter dem vom amerikanischen Präsidenten Wilson gehißten Banner des »Selbstbestimmungrechts der Völker« umzugestalten. Als 1917 mit dem Kriegseintritt der USA der Zusammenbruch des Habsburger Reiches sich abzuzeich-

nen begann, gewannen die Nationalisten in den südslawischen Teilen der Doppelmonarchie erstmals eine breitere Basis in der Bevölkerung. Wie die »Völker« zu
definieren und abzugrenzen wären, die ihr Schicksal nun in die eigenen Hände
nehmen sollten, darüber entschieden nicht hehre moralische Prinzipien, sondern die
Realpolitik. Von der Angst getrieben, daß die Siegermacht Italien aus der Konkursmasse Österreich-Ungarns Slowenien und die dalmatinische Küste für sich beanspru-
chen würde, suchten die kroatischen und slowenischen Nationalisten notgedrungen
den Schulterschluß mit dem serbischen Ministerpräsidenten Pasic. Weder die Deklaration von Korfu vom Juli 1917 noch die Anstrengungen des in Zagreb im Oktober
1918 konstituierten Nationalrats der Slowenen, Kroaten und Serben brachten allerdings eine Klärung der Frage, nach welchen Grundsätzen jener neue südslawische
Staat strukturiert werden sollte, der nun Konturen gewann. Während die junge
slowenische Volkspartei und die in Kroatien nun tonangebende »Kroatische Bauernpartei« des Stepjan Radic die republikanische Staatsform und ein föderales System
anstrebten, lenkte der Prinzregent Alexander Karadjordjevic die Entwicklung in eine
andere Richtung. Er nutzte konsequent den Vorteil, daß bei Kriegsende nur die
serbische Seite über eine etablierte Administration und eine Armee verfügte und
verkündete am 1.12.1918 die Gründung eines unitaristischen »Königreiches der Serben, Kroaten und Slowenen«. Damit hatte sich die Pasic-Linie durchgesetzt. Wenn
der alte serbische und neue gesamtjugoslawische Ministerpräsident die Bevölkerung
des neu gebildeten Staates zu einem einzigen, allerdings »dreinamigen Volk« erklärte, so verbarg sich hinter dem jugoslawistischen Lippenbekenntnis nur die Vorherrschaft der stärksten Bevölkerungsgruppe im »dreinamigen Königreich der Serben,
Kroaten und Slowenen«. Die Staatsgründung lief unter diesem Vorzeichen nicht auf
eine Vereinigung und sukzessive Einschmelzung der südslawischen Völkerschaften
zu einer Nation hinaus, sondern auf eine serbische Annexion.

Mit dem Fait accompli konnte sich die kroatische Seite nicht abfinden. Die Abgeordneten der kroatischen Bauernpartei boykottierten zunächst das Belgrader Parlament und gründeten eine eigene kroatische Volksvertretung, die im Dezember 1920,
zwei Jahre nach der Proklamierung des Königreichs, auch eine eigene kroatische
Bauernrepublik ausrief.[1] In Kroatien beanspruchten also zwei Verfassungen gleichzeitig Geltung. Dieser Konflikt war die Ouvertüre zu beständigen und wechselvollen
politischen Wirren, die bis zum Untergang des ersten jugoslawischen Staates nicht
enden sollten. Von der Staatsgründung bis Ende 1928 lösten sich in Jugoslawien sage
und schreibe 24 Kabinette ab.[2] Ihren vorläufigen Höhepunkt erreichten die
Selbstblockade der parlamentarischen Ordnung und die nationalistischen Wirren, als
der montenegrinische Abgeordnete Punisa Racic am 20.6.1928 unter den Abgeordneten der kroatischen Bauernpartei ein Blutbad anrichtete, das unter anderem auch

---

1 Vergleiche dazu Holm Sundhaussen, Experiment Jugoslawien, Mannheim 1993, S. 40 f.
2 A.a.O. S. 56.

deren Vorsitzenden Stjepan Radic das Leben kostete. König Alexander löste in dieser Situation schließlich das paralysierte Parlament auf und ging seit dem Januar 1929 zu einem diktatorischen Regiment über. Aber auch auf dieser autoritären Basis ließ sich das nun in »Königreich Jugoslawien« umbenannte Land nicht stabilisieren. König Alexander fiel im Oktober 1934 auf einer Auslandsreise einem Attentat mazedonischer und kroatischer Nationalisten zum Opfer. In der Folge blieb das erste Jugoslawien bis zu seinem gewaltsamen Ende auf Desintegrationskurs. Als die Hitlertruppen im April 1941 das Land okkupierten, löste sich der junge Staat sofort fast kampflos auf. Kroatische, slowenische und deutschstämmige Wehrpflichtige waren nicht bereit, Jugoslawien zu verteidigen und desertierten schon massenhaft, bevor die Kampfhandlungen überhaupt begonnen hatten.

Die Geschichte Jugoslawiens begann also mit einem politischen Fehlstart. Das kann für sich genommen die weitere Entwicklung jedoch nur bedingt erklären. Auch die Konstituierung des deutschen Nationalstaats ein halbes Jahrhundert vorher hatte sich ereignisgeschichtlich unter gar nicht so unähnlichen Vorzeichen vollzogen. Dennoch war sie im Gegensatz zur Formierung Jugoslawiens schließlich von Erfolg gekrönt gewesen. Ebenso wie in Jugoslawien hatte in Deutschland eine hegemoniale Macht die Bedingungen der Vereinigung mit dem Schwert und der normativen Kraft des Faktischen diktiert. Von 1848 bis 1866 befand sich die deutsche Frage noch in der Schwebe. Mehrere Lösungsmöglichkeiten schienen, sowohl was die Grenzziehung als auch die innere Verfaßtheit des anvisierten Nationalstaates anging, offen zu stehen. Erst ein innerdeutscher Krieg erzwang die Entscheidung zugunsten der kleindeutschen, protestantisch-preußischen Variante. Angesichts dieser Vorgeschichte, die natürlich ihre tiefen Wunden hinterlassen hatte, war es keineswegs ausgemacht, daß das im Spiegelsaal zu Versailles proklamierte Deutsche Reich sich als haltbar erweisen würde. Der deutsche Nationalstaat konnte sich nur stabilisieren und schließlich sogar den Untergang der Hohenzollern-Monarchie überstehen, weil ein einsetzender gesellschaftlicher Modernisierungsschub das politisch oktroyierte Einigungswerk im nachhinein absicherte und die Deutschen als Angehörige einer in sich kohärenten Arbeitsgesellschaft aneinander band. Das von Bismarck gesetzte politische Dach »Deutschland« erwies sich allein deshalb als dauerhaft und tragfähig, weil die forcierte Industrialisierung der deutschen Lande seit den Gründerjahren das zu einem beträchtlichen Teil noch fehlende gemeinsame gesellschaftliche und wirtschaftliche Fundament nachlieferte.[3] Die Geschwindigkeit, mit der sich dieser Prozeß vollzog, ist

---

3 Natürlich ist der preußischen Erfolg auch vorgängigen Entwicklungen geschuldet. Preußen begann schon bevor die deutschen Fürsten in Versailles per Akklamation den Preußenkönig als Haupt eines neuen Staates einsetzten, wirtschaftlich in Deutschland aufzugehen. Man denke in diesem Zusammenhang nur an die Gründung des Zollvereins. Preußen hatte weit bessere Voraussetzungen, um seine deutsche Mission zu erfüllen, als das zurückfallende und nur am Rande von der ökonomischen Integrationstendenz berührte Österreich. Von daher mag es ein wenig apodiktisch klingen, wenn ich davon spreche, daß sich die tatsächliche Nationenbildung erst nach der offiziellen Gründung des Kaiserreiches vollzogen habe. Cum grano salis ist diese Aussage dennoch richtig. Erst die Durchindustrialisierung Deutschlands, die Metamorphose dieses staatlichen Gebildes zum Funktionsraum der aufblühenden Warengesellschaft,

bemerkenswert. 1871 waren noch erhebliche Bruchlinien im neuen Reich sichtbar. Binnen zweier Generationen erreichten die unter dem schwarz-weiß-roten Banner geeinten Staaten jedoch bereits einen solchen Integrationsgrad, daß Deutschland zu einem weder sozialpsychologisch noch wirtschaftlich hintergehbaren Faktum geworden war und selbst nach den Erschütterungen des Zweiter Weltkriegs nicht auseinanderbrach, sondern nur von außen zerstückelt werden konnte.

Eine vergleichbare Erfolgsgeschichte in der Nationenbildung hatte das frischgebackene Jugoslawien nicht vorzuweisen. Die jugoslawische »Identität« blieb bis 1941 mehr als brüchig. Dieser entscheidende Unterschied ist aber nicht darauf zurückzuführen, daß die dreinamige jugoslawische Nation ein Kunstprodukt gewesen wäre und Bismarckdeutschland nicht. »Natürliche« Nationalitäten gibt es schlicht und einfach nicht. Die Entstehungsumstände eines nationalstaatlichen Gebildes sind selbstverständlich keineswegs irrelevant, für die innere Stabilität und Lebensfähigkeit hat aber die nachfolgende Entwicklung wesentlich mehr Gewicht. Hätte ein einsetzender Modernisierungsschub Gesamtjugoslawien erfaßt und die Einschmelzung der Landesteile zu einem integrierten Funktionsraum der Weltarbeitsgesellschaft auf breiter Front eingeleitet, so wären sicherlich auch in Jugoslawien wie weiland in Deutschland die merkwürdigen Umstände der Staatskonstituierung früher oder später in Vergessenheit geraten. Hätte sich aus der Eigendynamik des Akkumulationsprozesses so etwas wie eine homogene jugoslawische Volkswirtschaft herausgebildet, so wäre der Gegensatz von Serben und Kroaten ebenso zum folkloristischen Accessoire abgeschliffen worden wie die Feindschaft von Bayern und Preußen hierzulande, und das Konstrukt einer dreinamigen jugoslawischen Nation hätte sich schließlich im nachhinein realisiert.

Der gesamtjugoslawische arbeitsgesellschaftliche take off blieb jedoch aus. Vor dem Zweiten Weltkrieg kam in dem neuen Balkanstaat weder der Industrialisierungs- und Durchkapitalisierungsprozeß so recht in Gang noch traten gesellschaftliche Kräfte auf den Plan, die dieses Werk energisch in Angriff genommen und ein Entwicklungsregime installiert hätten. Von der zu 80% in der Landwirtschaft tätigen aktiven Bevölkerung verharrte die Mehrheit weiterhin auf der Stufe der Subsistenzproduktion. Sie »hatten keine oder nur schwache Beziehungen zum Markt, da sie keine Überschüsse produzierten, sondern nur das erwirtschafteten, was zur notdürftigen Existenzerhaltung der Familienmitglieder erforderlich war«.[4] Der Übergang zu einer rentablen Landwirtschaft, die allein die Basis einer inneren Akkumulationsbewegung hätte bilden können, blieb durch feudale Relikte und die Vorherrschaft des Kleinsteigentums blockiert. Zwar war es nach dem Ersten Weltkrieg zu Ansätzen einer Bodenreform gekommen, nachdem sie aber permanent verschleppt[5] und nur

---

machten den neuen, preußisch dominierten Fürstenbund zum integrierten Nationalstaat. Diesen Wandlungsprozeß, auf den ich hier nur verweisen kann, hat Johannes Willms recht plastisch dargestellt (Johannes Willms, Nationalismus ohne Nation, Düsseldorf 1983).

4   Holm Sundhaussen, a.a.O., S. 54.

21

halbherzig durchgeführt wurde, bestand ihr Hauptresultat nur darin, die bereits aufgrund des rasanten Bevölkerungswachstums[6] einsetzende Bodenzersplitterung weiter zu beschleunigen. 68% der jugoslawischen »landwirtschaftlichen Betriebe« umfaßten schließlich weniger als 5 ha. »In den Katastermappen mancher Gebiete mußte der Maßstab der Kartographierung verzehnfacht werden, um bloß die neuen Nummern der immer wieder geteilten Parzellen eintragen zu können.«[7] Da auf diesen Kleinstflächen der Übergang zu rationellen Anbaumethoden nicht möglich war, fiel die jugoslawische Landwirtschaft in der Produktivität hoffnungslos zurück. Obwohl der Arbeitskräfteeinsatz unvergleichlich höher lag, erreichten die Hektarerträge in der jugoslawischen Landwirtschaft bei den Hauptanbauprodukten (Mais, Weizen, Roggen) kaum 50% des mitteleuropäischen Niveaus.

Soweit Vorkriegsjugoslawien überhaupt in den Weltmarkt und die internationale Arbeitsteilung integriert war, spielte es die Rolle eines subalternen Agrar- und Rohstoffproduzenten. Der Anteil von Bauholz und landwirtschaftlichen Produkten am Export schwankte in den 20er Jahren um die 70%-Marke. Das Außenhandelsvolumen fiel dabei insgesamt ausgesprochen niedrig aus. In den Jahren nach dem Ersten Weltkrieg erreichte es im Durchschnitt lediglich 6,8 Dollar pro Kopf, und die Weltwirtschaftskrise brachte einen weiteren Einbruch. 1932 sank der Wert der Ausfuhren im Vergleich zu 1929 auf ein Drittel. Die Einfuhrbeschränkungen der Industriestaaten und der Verfall der Agrarpreise führten zur fast vollständigen Abkoppelung der jugoslawischen Wirtschaft. Die Industrialisierungsansätze in den nordwestlichen Landesteilen blieben in der Zwischenkriegszeit isoliert und von einer selbsttragenden Entwicklung weit entfernt. Angesichts der Armut der vor allem im Süden des Landes noch fast geldlos vor sich hinwirtschaftenden Landbevölkerung fehlte einerseits die zahlungsfähige innere Massennachfrage, während andererseits die junge kroatische und slowenische Industrie auf den Auslandsmärkten sich nur selten behaupten konnte. Selbst die Erschließung der inländischen Bodenschätze fiel vornehmlich ausländischem Kapital anheim und trug wenig zu einer inneren Entwicklung des Landes und zur internen Kapitalbildung bei. Die Weiterverarbeitung erfolgte außerhalb der jugoslawischen Grenzen, von einer die Landesteile übergreifenden Akkumulationsdynamik konnte auf dieser Grundlage nicht die Rede sein und von einer sozialen und wirtschaftlichen Integration der jugoslawischen Länder damit auch nicht. Die Wachstumsrate des Sozialprodukts erreichte zwischen 1923 und 1939 im Schnitt 1,8% und deckte sich damit in etwa mit dem Bevölkerungswachstum. Nach einer Erhebung des Völkerbunds von 1938 rangierte Jugoslawien zusammen mit Portugal am Ende der europäischen Einkommensskala.[8]

---

5 Das entsprechende Gesetzgebungswerk wurde erst im Sommer 1931 abgeschlossen.
6 1921 lebten knapp 12 Millionen Menschen auf dem Territorium Jugoslawiens, 1931 waren es 14 Millionen. 1921 lag der Anteil der ländlichen Bevölkerung bei 83,5%. Bis 1931 sank er nur unwesentlich auf 82%, während die Zahl der Landbewohner und der in der Landwirtschaft Beschäftigten absolut sogar noch anstieg.
7 Holm Sundhaussen, Geschichte Jugoslawiens, Stuttgart, 1982, S. 55.

Vorkriegsjugoslawien konnte die formale Nationalstaatsgründung nicht durch die reelle Integration der zusammengewürfelten Landesteile verifizieren. Der allgemeinen Akkumulationsschwäche entsprach die soziale und wirtschaftliche Inkohärenz des Landes. In Slowenien arbeiteten 1931 immerhin 21% aller Beschäftigten im sekundären Sektor, was darauf hindeutet, daß dieser Landesteil zumindest über eine gewisse industrielle Basis verfügte. Im Landesdurchschnitt erreichte diese Quote noch immer nur knapp die Hälfte der slowenischen Vergleichszahl. Im Kosovo existierte während der gesamten Lebenszeit des Königreichs Jugoslawiens genau ein einziges Großunternehmen, das in britischem Besitz befindliche Blei- und Zinkbergwerk »Trepca Mines Limited«.[9] Andere Indikatoren, insbesondere die Analphabetenrate, verweisen ebenfalls auf dieses immense Produktivitäts- und Wohlstandsgefälle. Während in Slowenien, Kroatien und in der Region von Belgrad die Elektrifizierung bedeutende Fortschritte machte, waren im zu Serbien gehörenden Kosovo bei Kriegsausbruch gerade 2,6% der Haushalte an das Stromnetz angeschlossen.[10] Selbst das vor 1914 entstandene und im Norden vornehmlich auf Wien und Graz ausgerichtete Verkehrsnetz wurde in den 20 Jahren, in denen das erste Jugoslawien bestand, nur sehr zögerlich den Bedürfnissen des neuen Staatswesens angepaßt. Die in der Zwischenkriegszeit als vorrangig erachtete Eisenbahnanbindung Belgrads an die Adria etwa kam vor dem Krieg über das Planungsstadium nicht hinaus. Sie erlebte ihre feierliche Einweihung erst 1976.[11]

Der eklatante Mangel an sozialer und ökonomischer Integration entspricht nicht nur der peripheren, subordinierten Stellung Jugoslawiens im Vorkriegskapitalismus, er entspringt ihr auch. Das heißt allerdings nicht, daß dieses Defizit allein auf externe, von außen auf Jugoslawien wirkende Ursachen zurückgeht. Unter das Syndrom eines peripheren (selbst)blockierten Kapitalismus fallen auch die Muster der Elitenrekrutierung und – was in unserem Zusammenhang wichtig ist – das Verhältnis des ersten serbo-jugoslawischen Staates zu seiner Gesellschaft.

Wie in anderen von der Entfaltung der modernen Warengesellschaft abgekoppelten Weltteilen, so entwickelten auch in Jugoslawien der Staatsapparat und die ihn tragenden Schichten stark parasitäre Züge. Unter den Bedingungen eines in Abhängigkeit vor sich hindümpelnden und überdies mit vormodernen Ausbeutungsformen amalgierten Kapitalismus brachten die älteren Ober- und Mittelschichten auf dem Balkan keinen preußischen Beamtentypus hervor.[12] Das allgemeine Verwal-

8 Wolfgang Höpken/Holm Sundhaussen, Jugoslawien von 1914 bis zur Gegenwart, in: Handbuch der euröpäischen Wirtschafts- und Sozialgeschichte, Band 6, Stuttgart 1989, S. 881.
9 Vgl. Jens Reuter, »Die Albaner in Jugoslawien«, herausgegeben vom Südost-Institut München, München 1982 , S. 29.
10 A.a.O, S. 54.
11 A.a.O. S. 897.
12 Den Vertretern der »nationalen Bourgeoisie«, die nicht nur mental vom peripheren Status quo geprägt sind, sondern von ihm auch profitieren, sind Attribute wie Unbestechlichkeit, persönliche Bescheidenheit usw. eher fremd. Die für die Installation des arbeitsgesellschaftlichen Regiments notwendige »protestantische Ethik« findet ihre Träger stattdessen in erster Linie unter den »sozialistischen« Kritikern der

tungsklima prägten stattdessen Apparatschiks, die im Staat Pfründe sahen und ihn zum Betätigungsfeld nepotistischer Bestrebungen machten. Entkoppelt von einer innergesellschaftlichen Akkumulationsdynamik, funktionierte der Staat in dem jungen Balkanland nur ansatzweise als moderne abstrakte Allgemeinheit. Seine Redistributionspotenz nutzten die Funktionsträger stattdessen vor allem als Bereicherungsmaschinerie.

Diese für periphere Kapitalismen insgesamt typische Konstellation gewann im neuen Jugoslawien allerdings eine besondere Qualität und lieferte die Hauptingredienzen für den nationalen Zündstoff. Die Parteilichkeit der Karadjordjevic-Monarchie ging nämlich nicht in bloßer Korruption und mit administrativen Mitteln betriebener ständischer Besitzstandswahrung auf, sie hatte dabei gleichzeitig eine regionale serbonationalistische Komponente.

Der parteiliche Staat war ein serbischer Staat. Die politische Klasse des dominierenden Landesteils behandelte Jugoslawien nicht als eine zu verwirklichende Aufgabe, sie verfolgte unter dem jugoslawistischen Deckmäntelchen knallhart die Sonderinteressen ihrer in Serbien beheimateten Klientel. Für den deutschen Nationalstaatsbildungsprozeß im 19. Jahrhundert war zwar ebenfalls ein einzelner Staat bestimmend, das übermächtige Preußen ging jedoch in dem von ihm geheckten kleindeutschen Nationalstaat auf. Serbien hingegen nährte sich von dem Jugoslawien, das es geschaffen hatte, und verewigte so seine Sonderexistenz innerhalb des jugoslawischen Rahmens. Unter diesen Umständen konnte die Konkurrenz verschiedener Nationalstaatsbildungskonzepte nicht einfach allmählich verlöschen, sie mußte sich vielmehr als Konflikt um und mit dem serbo-unitaristischen Nationalstaat reproduzieren.

Die parasitäre Stellung Serbiens im jugoslawischen Staatswesen und die sich daraus ergebenden binnennationalistisch besetzten Frontlinien sind nicht von einer für die jugoslawische Staatsgründung konstitutiven Anomalie zu trennen. Im »Königreich der Serben, Kroaten und Slowenen« fielen nämlich die politische und die ökonomische Vorherrschaft auseinander.[13] Den jugoslawischen Staat beherrschten nicht die dem Modernisierungsprozeß aufgeschlossensten sozialen Segmente und der im Sinne moderner Warenproduktion entwickeltste Landesteil. Stattdessen monopolisierten die Vertreter einer vergleichsweise zurückgebliebenen Region die politische Macht für sich. Während die wenigen wirtschaftlichen Zentren des Landes allesamt in den nordwestlichen, aus der Donaumonarchie herausgebrochenen Pro-

---

»nationalen Eliten«. Sie propagieren und verkörpern die Selbstverleugnung zugunsten sachrationaler Kriterien, die unter den verschiedensten ideologischen Vorzeichen als das gemeinsame Merkmal aller Pioniere der Moderne gelten kann. Mit der »proletarischen Partei« entsteht ein der Arbeitsreligion verpflichteter Spezialorden. In der amtsparteilich verwalteten sozialistisch-chiliastischen Religion macht sich der Modernisierungsimpuls nicht nur vom Sonderinteresse einer engen bornierten Schicht frei, er wird zu einem perspektivisch alle Klassen übergreifenden gesellschaftlichen Gesamtprogramm.

13 Hier liegt auch der grundlegende Unterschied zur italienischen Entwicklung. Die Einigung Italiens ging zwar auch von einem Landesteil aus, die italienische Vormacht Piemont war aber einer der am weitesten entwickelten Landesteile des frischgebackenen italienischen Nationalstaats.

vinzen lagen und hier der bescheidene Reichtum des Landes im wesentlich erzeugt wurde, nutzten die serbischen Eliten ihre politische Dominanz im unitaristischen Staat als Palliativ für die wirtschaftliche Unterlegenheit ihrer Heimat und pumpten systematisch finanzielle Mittel dorthin.

An sich gehört es zu den selbstverständlichen Aufgaben jedes Nationalstaates, das bestehende infrastrukturelle Gefälle auszugleichen und wenig entwickelte Landesteile gezielt zu fördern. Insofern fiel die Belgrader Umverteilungspolitik nicht per se aus dem Rahmen moderner Staatlichkeit. Allerdings ziehen derlei mit monetärer Redistribution verbundene Maßnahmen ihre Legitimität daraus, daß sie schließlich zur Homogenisierung des Landes führen, dem internen Verwertungsprozeß neue Betätigungsfelder eröffnen und in die Herstellung einer das gesamte Land umgreifenden modernen Arbeitsgesellschaft einmünden. Diesem Muster fügte sich die innerjugoslawische Redistribution jedoch keineswegs. Wenn der Belgrader Zentralstaat Gelder an sich zog, so flossen sie nur zu einem Bruchteil in eine gesamtjugoslawische Entwicklung, die letztendlich auch den kroatischen und slowenischen Finanziers genützt hätte; die herrschenden serbischen Kreise zementierten vielmehr mit Hilfe der via Steuerstaat und administrativen Maßnahmen erzwungenen Zuflüsse die überholten sozialen Strukturen. Die soziale Borniertheit des Regimes und die von ihm betriebene serbonationale Umdeutung des Jugoslawismus fielen also in eins. Die alle Regionen übergreifende staatliche Redistribution, die andernorts als Mittel der Etablierung entwickelter Formen von Warenproduktion wirksam wurde, diente hier als Ersatz für tiefergehende Veränderungen. Indem sich die serbischen Eliten beständig aus den kroatischen und slowenischen Töpfen bedienten, konnten sie sich sowohl eine zahlenmäßig starke Armee leisten als auch die gewaltigen Kriegsschulden bedienen und noch den Standard ihrer Klientel halten, ohne die überfällige Modernisierung des gesamten Landes in Angriff nehmen zu müssen, die die soziale Grundlage ihrer Herrschaft aufzulösen drohte. Vor diesem Hintergrund konnte Jugoslawien für Kroaten und Slowenen nur zum Synonym für die Ausbeutung einer halbwegs modernen Gesellschaft durch einen ebenso unfähigen wie korrupten Staat werden.

Der junge serbo-jugoslawische Staat erwarb sich in Ljubljana und Zagreb sehr schnell den Ruf eines »Räuberregimes«. Anlaß zu allgemeiner öffentlicher Empörung in den ehemals zu Österreich-Ungarn gehörenden Gebieten bot bereits Belgrads Praxis bei der Währungsumstellung. Die mit frischem gesamtjugoslawischen Lorbeer drapierte, aber hochgradig verschuldete Serbenregierung[14] nutzte nämlich die günstige Gelegenheit zu einer breit angelegten Enteignung von Geldvermögen im Nordwesten des Landes. Als der Erste Weltkrieg zu Ende ging, kursierten im neuen Königreich vier offizielle Währungen: der serbische Dinar, die österreichische Krone,

---

14 Die immense Auslandsverschuldung, die Serbien unmöglich aus künftigen Steuereinnahmen begleichen konnte, war in erster Linie eine Folge der enormen Kriegskosten. Die serbische Kriegsmaschinerie war in hohem Maße von den Lieferungen der Ententemächte abhängig gewesen, die Serbien unter Kriegsbedingungen nicht begleichen konnte.

der montenegrinische Perper und der bulgarische Lev. Um die im Inland umlaufenden Kronen vom nun ausländischen österreichischen Geld unterscheidbar zu machen und damit das eigene Währungsgebiet provisorisch abzugrenzen, leitete Belgrad zunächst einmal eine großangelegte Abstempelaktion ein. Die alten österreichischen Kronen-Noten galten nur dann als weiterhin gültiges, nun jugoslawisches Zahlungsmittel, wenn sie von den jugoslawischen Behörden mit einem Stempel versehen wurden. Die Bürger der ehemals habsburgischen Gebiete erhielten aber nicht 100% ihres bei den zuständigen Stellen vorgelegten Barvermögens zurück, sondern nur 80%. Das kam einer einmaligen Sondersteuer in diesen Regionen gleich. Ein Fünftel aller Geldvermögen in Bosnien-Herzegowina, Slowenien und Kroatien flossen unmittelbar in die leeren Belgrader Kassen. Der zweite Schritt hin zu einer einheitlichen jugoslawischen Währung bot dem neuen, tief in den roten Zahlen steckenden Staat ein weiteres Mal die Chance, sich gründlich zu bereichern. Wie die Vertreter Kroatiens zu recht betonten, hätte die Kaufkraftparität zwischen Krone und Dinar ein Verhältnis von 1:1 für den anstehenden Währungsumtausch nahegelegt. Tatsächlich führte die »Nationalbank des Königreichs SHS« die Konversion Anfang 1920 zu einem Kurs von 4:1 zuungunsten der nördlichen Landesteile durch.[15] Die Bewohner der ehemals zu Österreich-Ungarn gehörenden Gebiete büßten also mit einem Schlag noch einmal 75% ihrer Geldvermögen ein. Als zu allem Überfluß der Dinar auch noch bis 1923 rasch an Wert verlor, stand das Urteil der Kroaten und Slowenen fest: Nirgends ist der Reichtum ihrer katholischen Heimatländer so schlecht aufgehoben wie in den Händen der »byzantinischen« Serbenadministration.

Was die Belgrader Zentrale auf dem Gebiet der Geldpolitik begann, setzte sie mit ihrer Steuerpolitik konsequent fort. Zum Zeitpunkt der Staatsgründung existierten auf dem Territorium Jugoslawiens fünf verschiedene Steuersysteme. Die überfällige Angleichung verschleppte die serbische Regierung zehn Jahre lang. Bis dahin blieben die in allen Landesteilen unterschiedlichen Vorkriegsregelungen gültig. Faktisch hieß das aber nichts anderes, als daß Slowenien und Kroatien nicht nur deshalb den Hauptbeitrag zum Staatshaushalt leisteten, weil diese Regionen nach wie vor die wirtschaftlich aktivsten waren, sondern auch weil die Steuersätze in den ehemals zum Habsburger Reich gehörenden Gebieten weit höher lagen als in Serbien.

»Im ersten Nachkriegsjahrzehnt nahm der Fiskus nach Berechungen des kroatischen, den Populisten nahestehenden Ökonomen Rudolf Bicanic im gesamten Staatsgebiet zehn Milliarden Dinar an direkten Steuern ein, von denen nur 18% aus Serbien, Mazedonien und Montenegro stammten, während der Rest in den ehemals österreichisch-ungarischen Landesteilen aufgebracht wurde. Zum Teil ging diese Diskrepanz auf das unterschiedliche Entwicklungsniveau zurück, zum größeren Teil beruhte sie jedoch – so Bicanic – auf den ungleichen Steuersystemen.«[16]

---

15 Vgl. Handbuch der europäischen Wirtschafts und Sozialgeschichte Band 6, S. 899.
16 Holm Sundhaussen, Geschichte Jugoslawiens, Stuttgart 1982, S. 57.

Die Dauerklage der Kroaten und Slowenen über die »Belgrader Finanzdiktatur« hatte ihren Grund aber nicht nur in der regional höchst ungleichen Verteilung der Steuerlast. Auch bei der Verwendung der staatlichen Mittel sahen sich die Bewohner der ehemals zum Habsburger Reich gehörigen Gebiete benachteiligt: »Zwischen 1925 und 1934 gab die Zentralregierung für infrastrukturelle Investitionen insgesamt 3,8 Milliarden Dinar im Lande aus, von denen ganze 9% auf Kroatien-Slowenien und 63% auf Serbien entfielen.«[17]

Angesichts der Abschöpfpolitik und der Vernachlässigung der infrastrukturellen Entwicklung im Nordwesten kann es nicht überraschen, daß Kroatien und Slowenien wirtschaftlich gegenüber Österreich und den mitteleuropäischen Ländern deutlich an Boden verloren. So sehr die Entwicklung in den ökonomischen Vorreiterregionen aber auch gebremst wurde, so verringerte sich deshalb der Entwicklungsabstand zwischen den innerjugoslawischen Passivräumen und dem Nordwesten des Landes noch lange nicht. Unter den infrastrukturellen Investitionen in Serbien fanden sich allzu viele Prestigeobjekte, die wenig zur Entwicklung beitrugen, und um die Effizienz der serbischen Bürokratie stand es sowieso nicht gerade zum Besten. So freigebig sich die Belgrader Administration in Slowenien und Kroatien auch bediente, die abgezogenen Gelder versickerten vornehmlich in den Taschen der serbischen Eliten und in unproduktivem Staatskonsum, ohne eine Akkumulationsdynamik anzustoßen. Ein erheblicher Teil der requirierten Mittel wanderte zur Begleichung der Auslandsschulden überdies außer Landes.

Diese Verhältnisse mußten auf den jugoslawischen Staatsgedanken zurückschlagen und den Konsens untergraben. Die im Kampf gegen Österreich-Ungarn und das osmanische Reich entstandene jugoslawische Idee blieb im Stadium einer kulturellen Strömung stecken. Der gesamtjugoslawische Gedanke fand keine Vertreter, die auf seiner Grundlage ein für das politische Tagesgeschäft operationalisierbares Konzept entwickelt hätten. Stattdessen bestimmten Konflikte die innenpolitische Entwicklung, die nicht nur der sozialen und ökonomischen Inhomogenität des neuen Staatsgebildes geschuldet waren, sondern sie auch noch weiter befestigten. Die politischen Frontlinien schmiegten sich den kulturell-sprachlichen Differenzen an und verliehen diesen eine zusätzliche, strukturierende Bedeutung. Nirgends wird das so deutlich wie an der jugoslawischen Parteienlandschaft der Zwischenkriegszeit. Sie hat die Deckungsgleichheit von politischer und nationaler Gliederung institutionalisiert:

»Der Parteienpluralismus im Königreich SHS entwickelte sich von Anfang an zu einem getreuen Spiegelbild des nationalen Pluralismus. Die Masse der rund 40 Parteien, die sich Anfang der 20er Jahre registrieren ließen, waren national und regional so deutlich abgegrenzt, daß sie nicht als Gesamtstaatsparteien verstanden werden konnten oder wollten.«[18]

---

17 A.a.O., S. 57.
18 Holm Sundhaussen, Experiment Jugoslawien, Mannheim 1993, S. 37.

Das kennzeichnete sowohl die Rekrutierungspraxis als auch die programmatische Ausrichtung sämtlicher im Land tonangebender Parteien. Bei der Slowenischen Volkspartei, der Jugoslawischen Muslimischen Organisation[19] und der Kroatischen Bauernpartei verrät die Namensgebung bereits die nationale und religiöse Zuordnung. Aber auch die »Selbständige Demokratische Partei«[20], die »Radikalen« und mit gewissen Abstrichen die »Demokraten« konnten nur nominell als Parteien mit einem gesamtjugoslawischen Anspruch gelten. In Wirklichkeit sammelten sich in diesen Gruppierungen nur Serben zur Vertretung serbischer Interessen.

Von dieser Regel gab es nur eine Ausnahme. Die seit 1920 in die Illegalität abgedrängte KPJ fügte sich nicht der Logik nationaler Polarisierung, und so war sie denn auch dazu prädestiniert, zum Kristallisationspunkt für die Erneuerung der jugoslawistischen Idee zu werden. Unter ihrer Herrschaft sollte schließlich ein zweiter, von engen binnennationalen und sozialen Bornierungen befreiter jugoslawischer Staatsbildungsversuch in Gang kommen. Bevor dieser Neuanfang unter kommunistischer Ägide möglich wurde, mußte allerdings zuerst einmal eine Katastrophe den Boden bereiten und das alte Jugoslawien, diese Staat gewordene Fehlkonstruktion, hinwegfegen.

---

19 In der JMO organisierten sich übrigens nur die Moslems aus Bosnien und der Herzegowina, unter denen die von Enteignung bedrohten, unter osmanischer Herrschaft einst islamisierten Grundbesitzerschichten eine wichtige Rolle spielten. Die armen albanischen Moslems aus dem Sandschak und dem Kosovo fanden in der JMO hingegen keine politische Heimat. Sie bildeten eigene Organisationsansätze aus, etwa die »Dzmeijet« (= Gesellschaft). So eng begrenzt das soziale Semgent auch war, auf das sich die JMO stützte, so hoch war ihre Fähigkeit es auszuschöpfen. Bei den Wahlen zur Verfassungsgebenden Versammlung erreichte sie unter den Moslems in Bosnien-Herzegowina einen Stimmenanteil von 98%.
20 Sie vertrat die in Kroatien ansässigen Serben.

3. Der Krieg der Partisanen und die Wiedergeburt der jugoslawischen Idee unter sozialistischem Vorzeichen

Als die 30er Jahre sich ihrem Ende zuneigten, währte die innere Paralyse des ersten jugoslawischen Staates schon zwei Jahrzehnte. Das marode Staatswesen hätte sicherlich auch noch etliche Jahre weiter vor sich hindümpeln können, wäre nicht auch der Balkan in die Strudel des Zweiten Weltkriegs hineingerissen worden. Der 1934 zum Ministerpräsidenten avancierte Stojadinovics und seine Nachfolger waren zwar nicht in der Lage, die Grundlagen für eine wirkliche Integration des Landes zu schaffen, sie leiteten aber immerhin Kompromisse zwischen Kroaten und Serben in die Wege, die eine nationale Implosion bis auf weiteres verhinderten. Mit der Veränderung der europäischen Mächtekonstellation lief die dem ersten jugoslawischen Staat vergönnte Gnadenfrist jedoch sehr schnell ab. Der deutsche »Blitzkrieg« vom April 1941 führte schließlich binnen weniger Tage den Zusammenbruch des ersten jugoslawischen Staates herbei.

Der inneren Schwäche des Landes bewußt, suchten die diversen jugoslawischen Regierungen seit Ende der 30er Jahre den Ausgleich mit den übermächtigen Nachbarn, dem faschistischen Italien und dem »Großdeutschen Reich« Hitlers. Die Regierung Cvetkovic war nicht nur bereit, dem Führer der kroatischen Bauernpartei Vladko Macek, der die römische bzw. deutsche Karte geschickt zu spielen verstand, Zugeständnisse zu machen und eine kroatische Banschaft mit Selbstverwaltungsrechten einzuführen;[1] von den italienischen Ambitionen auf Dalmatien bedroht und unter deutschem Druck, nahm sie notgedrungen im Laufe des Jahres 1940 auch von der bis dahin verfolgten Neutralitätspolitik Abschied. Am 25.3.1941 fand diese Entwicklung schließlich ihren Höhepunkt und Abschluß. An diesem Tag unterzeichnete Cvetkovic in Wien den offiziellen Beitritt seines Landes zum »Dreimächtepakt«.

---

1 »In dem Abkommen zwischen Cvetkovic und Macek (Sporazum) vom 26.8.1939 blieben viele Fragen ungeklärt... Ungeklärt blieben der territoriale Umfang der Banschaft Kroatien, die Verteilung der Kompetenzen und die Finanzierung. Aus Bosnien wurden der Banschaft die Kreise Brcko, Gradacac, Travnik, Derventa und Fojinica und aus Syrmien die Kreise Sid und Ilok sofort angeschlossen. Doch enthielt der Sporazum eine Klausel, daß der endgültige Umfang der Banschaft erst anläßlich der geplanten Umgestaltung des gesamten Staates unter Berücksichtigung ökonomischer, geographischer und politischer Gesichtspunkte festgelegt werde. Auch die endgültige Verteilung der Zuständigkeiten zwischen Zentral- und Banschaftsregierung sollte erst durch die künftige Neugestaltung des Staates geregelt werden. Vorläufig waren die Rechte der Banschaftsregierung auf die innere Verwaltung sowie die Wirtschafts-Sozial- und Bildungspolitik beschränkt.« (Holm Sundhaussen, Geschichte Jugoslawiens, S. 100).

Gegen diese bedingungslose Unterwerfung unter das Diktat der Achsenmächte rebellierte aber ein großer Teil des serbischen Offizierskorps. Am 27.3. kam es zum Militärputsch, und der neue Ministerpräsident, der Luftwaffengeneral Dusan Simovic, schloß am 5.4.1941 einen Freundschaftsvertrag mit der Sowjetunion. Trotz aller Versuche der neuen Machthaber, den Staatsstreich als rein innenpolitischen Schritt darzustellen und die Konfrontation mit den Achsenmächten in letzter Sekunde noch einmal abzubiegen, war das Schicksal des ersten jugoslawischen Staates damit besiegelt. Hitler war entschlossen, auf dem Balkan in seinem Sinne für »Ordnung« zu sorgen und die Südflanke für den geplanten Angriff auf die Sowjetunion zu sichern. Die selbsternannte großserbische Regierung hatte dem militärisch nichts entgegenzusetzen: »Als im Zusammenhang mit dem italienischen Überfall auf Griechenland die Mobilisierung jugoslawischer Einheiten für einen eventuellen Vormarsch auf Saloniki angeordnet wurde, zeigten sich – fünf Monate vor Beginn des Aprilkriegs! – die Auswirkungen der völlig verfahrenen innenpolitischen Lage. Nach einem anonymen Bericht waren in der vorgeschriebenen Zeit nur etwa 30% der Wehrpflichtigen dem Befehl zum Einrücken gefolgt.«[2]

Beim deutschen Angriff wiederholte sich diese Situation. Nicht nur die deutschstämmigen Bewohner Jugoslawiens begrüßten die Invasoren mit offenen Armen, auch die kroatischen Soldaten und ihre Ungarisch sprechenden Landsleute desertierten massenweise aus der jugoslawischen Armee. Zagreb fiel bereits am ersten Invasionstag kampflos. Nennenswerten Widerstand leistete die königlich-jugoslawische Armee nur in Serbien, aber auch dort konnte sie sich gerade einmal eine gute Woche halten. Am 17.4. unterzeichnete die Führung bereits die bedingungslose Kapitulation.

Nach dem Zusammenbruch des jugoslawischen Staates gingen Hitler und seine Verbündeten alsbald dazu über, die Verhältnisse auf dem Balkan in ihrem Sinne neu zu ordnen. Die Sieger Deutschland und Italien annektierten zusammen mit ihren Juniorpartnern Ungarn und Bulgarien etwa zwei Fünftel des vormalig jugoslawischen Gebiets. Das um Syrmien, die Batschka, das Kosovo und die bulgarischen Grenzgebiete verkleinerte Serbien wurde einem deutschen Besatzungsregime unterworfen. Auf dem Restterritorium, das den größeren Teil Kroatiens, Bosnien-Herzegowina und Syrmien[3] umfaßte, installierten die Besatzer ein kroatisch-nationalistisches Marionettenregime. Da es Ribbentrops Sonderbeauftragtem Edmund Veesenmeyer nicht gelang, Vladko Macek, den Vorsitzenden der Kroatischen Bauernpartei, zur Gründung eines selbständigen kroatischen Staates von Hitlers Gnaden zu überreden, setzten die Besatzer Ante Pavelic und seine kleine radikal-nationalistische Ustasa-Bewegung als Herrn dieses neuen Staatsgebildes ein. Diese Notlösung hatte aber im-

---

2 Holm Sundhaussen, Geschichte Jugoslawiens, S. 108.
3 Unter Syrmien ist der westlich vor den Toren Belgrads gelegene, von der Donau im Norden und Osten und der Save im Süden begrenzte Teil der Wojwodina zu verstehen. In diesem Gebiet stellt der serbische Bevölkerungsteil die deutliche Mehrheit.

mense Schwächen. Pavelic und seiner zum großen Teil aus dem italienischen Exil heimkehrenden Ustasa-Truppe fehlte in Kroatien schlicht und einfach die soziale Verankerung. Überdies verspielte der neue Staatschef alsbald den Kredit, den ihm die nationalistisch orientierte kroatische Öffentlichkeit einräumte, weil er im Mai 1941 der Abtretung weiter Landstriche der dalmatinischen Küste an Italien zustimmte. Dieser Verzicht auf eine für das kroatische Selbstverständnis zentrale Region mußte vom nationalistischen Standpunkt als Akt der Selbstverstümmelung erscheinen und das Einverständnis des Ustasa-Staates als Verrat an der kroatischen Sache.

Die administrativen Leistungen der neuen kroatischen Regierung und ihres Parteiapparats waren ebenfalls wenig geeignet, das Vertrauen der kroatischen Bevölkerung zu erwecken und den Staat der Kollaborateure innerlich zu festigen. Selbst die deutschen Oberherren zeigten sich schnell über ihre kroatischen Helfershelfer ernüchtert.

Bereits in Dezember 1941 zeichnete der in Zagreb stationierte General Glaise von Horstenau in seinem Bericht an das Oberkommando der Wehrmacht ein für die Besatzer äußerst unerquickliches Lagebild: »Die schmale Basis, die wir der Regierung Pavelic bei der Gründung des Staates gaben, erweist sich immer mehr als Fehler.«[4]

Damit aber nicht genug: Statt sich allmählich ein wenig zu konsolidieren, verlor das Marionettenregime nur weiter an Boden. Im Februar 1942 teilte von Horstenau seinen vorgesetzten Stellen mit:

»Einig sind sich alle Volksteile mit verschwindenden Ausnahmen in der entschiedenen Ablehnung der Ustascha-Bewegung als der staatstragenden Einheitspartei. Der Haß gegen sie ist kaum mehr zu überbieten. Repräsentanten der Bewegung machen sich durch Überheblichkeit, Willkür, Raffsucht, Korruption stets aufs neue unbeliebt. Zu dem hören auch Untaten, Raub und Mord nicht auf.«[5]

So makaber es auch klingen mag, selbst in den Augen der germanischen Völkermordspezialisten wurde die Pavelic-Truppe zum Problem. Ihre irrationale und unzulänglich organisierte Gewaltpolitik paßte nicht so recht in die nationalsozialistische »Befriedungsstrategie«, der es darum ging, möglichst wenig eigene Truppen an den balkanischen Nebenkriegsschauplatz zu binden. Einer von Horstenaus Mitarbeitern beschwerte sich jedenfalls vehement beim OKW über den desolaten Juniorpartner: »Jeder Lausejunge, aber auch jedes kriminell evidentierte Individuum kann in diesem Staate Ustascha werden und als solcher soviel Waffen besitzen, als ihm nur beliebt.«[6]

Das Pavelic-Regime versuchte seine innere Schwäche durch eine bestialische Kroatisierungspolitik wettzumachen. Die Ustasa entwickelte den blutrünstigen Ehrgeiz, das ihr nominell unterworfene, »ethnisch« bunt durchmischte Gebiet in einen »reinrassig kroatischen Staat« umzuwandeln.[7]

---

4   Zitiert nach Holm Sundhaussen, Experiment Jugoslawien, S. 72.
5   A.a.O., S. 72.
6   A.a.O., S. 73.

Die Vertreibungs- und Ausrottungspolitik wirkte aber wiederum selbst destabilisierend. Sie trieb die zahlreichen in dem neuen Staat ansässigen Minderheiten, insbesondere die serbischen Bewohner des neuen Großkroatiens, in einen verzweifelten Überlebenskampf. Die Verfolgten schlossen sich massenhaft den kommunistisch geführten Partisanengruppen an, die der Ustasa dank dieses Zustroms sehr schnell die Kontrolle weiter Landstriche entreißen konnten. Da sich das Regime der Kollaborateure als unfähig erwies, dieser Herausforderung entgegenzutreten und beständig an Autorität verlor, blieb den deutschen und italienischen Herren nolens volens[8] nichts anderes übrig, als das jugoslawische Territorium de facto einem Kondominium zu unterwerfen. Während die Ustasa weitermordete, zogen die Besatzungsmächte immer mehr staatliche Befugnisse an sich, um sicherzustellen, daß die besetzten Länder ihrer Funktion in der Kriegswirtschaft auch tatsächlich nachkamen und nicht unter die Kontrolle der Partisanen gerieten.

Der Krieg der Titopartisanen läßt sich nicht allein als Kampf mit den Besatzungsmächten fassen. Er bedeutete gleichzeitig die überfällige Abrechnung mit dem maroden alten Jugoslawien und seinen Spaltprodukten. Im Gegensatz zu den Cetniktruppen, die in den von Serben bewohnten Gebieten zunächst einen beträchtlichen Zulauf zu verzeichnen hatten und eine Rückkehr zum Status quo ante anstrebten, verfolgten die Titopartisanen eine gleich im doppelten Sinne aktive Strategie. Sie traten nicht nur den Okkupanten weit energischer entgegen als die von Mihailovic geführten großserbischen Kämpfer, die für weiterreichende Operationen den Augenblick einer alliierten Invasion abwarten wollten. Die Kommunisten profilierten sich außerdem in den mit der Auflösung der zivilen Gewalt eingetretenen anomischen Zuständen als einzig denkbarer Ordnungsfaktor. Während sich parallel zum Krieg gegen die Invasoren Sippenstreitigkeiten,[9] kleinnationalistische Exzesse, staatlich organisierter Genozid und Wegelagerei zu einem mit unerbittlicher Härte geführten innerjugoslawischen Bürgerkrieg verdichteten, standen einzig und allein die Kommunisten für eine friedliche gesamtjugoslawische Zukunftsperspektive und damit für ein Ende der Greuel. Der Erfolg der Titopartisanen ist gerade diesem mehrdeutigen Charakter der Kämpfe auf dem Balkan geschuldet. Der Krieg und seine Folgen riß die Bewohner des Landes gewaltsam aus ihrer selbstgenügsamen Lethargie und Weltabgeschiedenheit und zwang sie über den Rahmen regionaler Klientelverhältnisse hinaus zur Parteinahme. In dieser Situation aber drängte sich den ländlichen Massen, die das Gros der Partisanenarmee stellten, die KP als Attraktor förmlich auf.

---

7   Von den 6,5 Millionen Einwohner des neuen Landes verstanden sich lediglich 3,4 Millionen als Kroaten. Die Ustasa war entschlossen, diese Verhältnis gründlich zu verändern. Ein Drittel der nichtkroatischen Bevölkerung wollte die Ustasa vertreiben, ein weiteres Drittel umbringen und den Rest assimilieren, auf daß das hehre Ziel eines reinen Kroatenstaates erreicht würde.

8   Das nolens lag dabei mehr auf der deutschen, das volens auf der italienischen Seite.

9   Milovan Djilas erwähnt in seinen autobiographischen Erinnerungen »Krieg der Partisanen«, daß sich die an der italienischen Gegenoffensive beteiligten Albanertruppen vornehmlich mit Spottgesängen gegen eine bestimmte montenegrinische Sippe bei Laune hielten. Ihr Kampf war keineswegs national motiviert, sie waren vielmehr dabei, die günstige Gelegenheit zu nutzen, um alte Fehden wiederzueröffnen.

Im allgemeinen, vom Kampf der Kleinnationalismen geschürten Chaos, gab es neben der Titopartei nur lokale Bindungen. Allein die Kommunisten waren in der Lage, die notwendige organisatorische Potenz zu entwickeln, um sowohl einen breiten Widerstand gegen die politische und wirtschaftliche Unterwerfung Jugoslawiens unter die deutsche Großraumpolitik und die Ambitionen des italienischen Juniorpartners zu formieren, als auch nach innen die Funktion einer alternativen befriedenden Staatsgewalt zu übernehmen.

Milovan Djilas hat dieses Erfolgsgeheimnis der Titopartei in seinem Rückblick auf die Anfänge des Partisanenkampfes in Montenegro, an denen er selber in führender Position beteiligt war, gut auf den Punkt gebracht. Er schildert die Ausgangssituation im Sommer 1941 folgendermaßen: »Die Männer kamen zu den üblichen Versammlungsorten, ordneten sich nach Sippen-, Dorf- und Stammesangehörigkeit und zogen dann gegen die italienischen Garnisonen in den Städtchen. Es waren schlecht organisierte, aber begeisterte Haufen, geführt von Kommunisten – von den Parteikomitees und Parteizellen, bzw. den bereits bestehenden Militärkomitees der Partei. Nicht alle waren mit der Führungsrolle der Kommunisten einverstanden, so die Vertreter anderer Parteien und so mancher Offizier. Aber niemand war stark genug, um diese Führungsrolle im Kampf gegen die Okkupanten auch nur in Zweifel zu ziehen.«

Er kann auch den Grund dafür angeben, warum das so war: »Die Kommunisten waren nicht nur die einzige organisierte, sondern auch eine neue, nicht kompromittierte Kraft. Ihre langjährige Propaganda von der Morschheit der regierenden Parteien und Schichten hatte im jüngsten Krieg ihre Bestätigung gefunden – in dieser Militärparade Deutschlands und seiner Verbündeten. Keine andere politische Bewegung konnte den Kampf aufnehmen, selbst wenn sie es wollte, denn sie waren alle durch nationale Grenzen – bereits veraltete, serbische, kroatische oder andere – eingeengt oder in nationalen, bereits irrationalen Bestrebungen absorbiert. Die Kommunisten waren die einzige gesamtjugoslawische Bewegung und damit schon der potentielle Nachfolger des jugoslawischen Vielvölkerstaates.«[10]

Als einziger politischer Kraft, die jenseits der nationalen Trennungslinien verortet war, fiel den Kommunisten nicht nur das jugoslawistische Erbe zu; mit den Titopartisanen entstand darüber hinaus erstmals in der Geschichte eine gesamtjugoslawische Massenbewegung. In den ersten Wochen und Monaten des Befreiungskrieges waren es zwar zunächst vor allem Serben, die sich den kommunistischen Partisanen anschlossen, und zum Entsetzen der kommunistischen Führung blieb die Abgrenzung zu den Cetnik-Truppen bei so mancher regionaler Partisanenabteilung zunächst noch unscharf: die nationale Zusammensetzung änderte sich jedoch allmählich. Bereits 1942 entwickelten sich gerade die »ethnisch«-gemischten Gebiete, insbesondere Bosnien-Herzegowina, das unter den Greueltaten der Ustasa besonders zu leiden hatte, zu Hochburgen der Tito-Partisanen. Die Rekrutierungspraxis begann sich seitdem

---

10 Milovan Djilas, Der Krieg der Partisanen, Wien, München, Zürich, Innsbruck, 1978, S. 35.

zusehends dem gesamtjugoslawischen Anspruch der Partei anzunähern. Nur die von der KPJ geführten Widerstandsformationen öffneten ihre Reihen nicht nur den vom Ustasaregime unbarmherzig verfolgten Serben, sondern boten auch allen anderen in Jugoslawien ansässigen Nationalitäten, die in den an Bulgarien, Ungarn, das »Großdeutsche Reich« und Italien abgetretenen Gebieten von Zwangsassimilation und Vertreibung bedroht wurden, eine Heimat. Unter den 350.000 Jugoslawen und Jugoslawinnen, die sich bis Ende 1943 den Titotruppen anschlossen, waren dementsprechend Serben, Muslime, Slowenen und Makedonen gleichermaßen vertreten. Für die kommunistischen Kader galt das von Beginn an.[11] Als im März 1945 die in eine reguläre Streitkraft umgewandelte »Volksbefreiungsarmee« schon auf mehr als 800.000 Mann angeschwollen war, hatte sie auch im kroatischen Bevölkerungsteil längst eine Massenbasis gewonnen.

In den Jahren 1942 und 1943 entging die junge Titoarmee mehrfach nur knapp der militärischen Vernichtung. Als die von den Westalliierten unterstützten serbischen Cetnik-Truppen bei ihrem Kampf für den royalistischen Status quo ante schließlich ein Zweckbündnis mit den Deutschen eingingen, konnte die schon eingekesselte Titoarmee zweimal nur unter verheerenden Verlusten ausbrechen und entkommen.[12] Das Überleben allein garantierte aber schon den schließlichen politischen Triumph. Sobald die militärische Kraft des nationalsozialistischen Deutschland erlahmte und die Wehrmacht den Balkan räumen mußte, fiel dem von der KP geführten Lager die Vormacht im Lande wie eine reife Frucht zu.

Der rasante Aufstieg der KP muß verblüffen, wenn wir uns die Ausgangsbasis vor Augen führen. Als Tito im September 1936 zum Organisationschef bestellt wurde, war die KP mit ihren knapp 500 Parteibuchbesitzern nicht viel mehr als eine Splittergruppe. Der Krieg, der Vater so vieler Dinge, induzierte aber auch diese Umwälzung. Der Bankrott des alten Regimes und die Dynamik von Bürgerkrieg und Widerstand machten aus der kleinen verbotenen Partei die hegemoniale Kraft des Landes, die mit keinem ernstzunehmenden Gegenspieler mehr zu rechnen hatte. Obwohl die KP einen extrem hohen Blutzoll entrichtet hatte und 50.000 Genossen im Krieg starben, zählte sie bei Kriegsende nicht nur 145.000 Mitglieder, sie drückte überdies auch dem gesamten politischen Leben ihren Stempel auf.

Der Aufbau des neuen von der KP geführten Jugoslawien begann mit dem Befreiungskrieg. Die Kommunisten konnten den militärischen Widerstand nicht organisie-

---

11 Das wird schon an der Zusammensetzung des im Oktober 1940 neu bestimmten Politbüros deutlich. Das Politbüro bestand aus den Slowenen Edvard Kardelj und Franc Leskosek, dem Serben Alexander Rankovic, den Montenegrinern Milovan Djilas und Ivan Milutinovic sowie dem Kroaten Rade Koncar. Der Generalsekretär Tito entstammte einem sloweno-kroatischen Elternhaus und war in der Nähe von Zagreb aufgewachsen.
12 Im Januar 1942 schafften die umstellten Titogruppen den Übergang über die von den Cetniks gehaltene Neretva und konnten damit vor der feindlichen Umklammerung (»Operation Weiß«) mit Müh und Not nach Montenegro ausweichen. Im Mai 1943 wiederholte sich das Spiel auf montenegrinischem Boden (»Operation Schwarz«). Diesmal entwischte das Gros der Titotruppen nach der erfolgreich bestandenen Schlacht an der Sutjeska nach Ostbosnien.

ren, ohne gleichzeitig in den befreiten Gebieten so etwas wie eine alternative Staatsgewalt und Verwaltungsmacht zu errichten. In embryonaler Form zeichnete sich die Reorganisation einer zivilen Gewalt bereits im Sommer 1941 ab. Damals konzipierten und improvisierten die KP-Kader zusammen mit den ersten bewaffneten Aktionen auch schon lokale und regionale »Volksbefreiungsausschüsse«. Solche Komitees, von denen es Ende 1942 schon tausend gab, übernahmen die provisorische Verwaltung in den von den Partisanen kontrollierten Gegenden. Diese ursprünglich aus der Aufstandssituation geborene Institution wurde in der Folgezeit zum Keim eines neuen, ganz Jugoslawien umfassenden Verwaltungswesens.

Tito betonte: »Es ist unbedingt notwendig, enge Beziehungen zwischen der Armee und der Zivilbevölkerung herzustellen, damit sich das Volk eins mit der Armee fühlt... Die korrekte Arbeit selbst der kleinsten Regierungsorgane ist das A und O des Erfolgs in einem Befreiungskrieg; ohne diese sind selbst die größten Siege im Feld auf Sand gebaut.«[13]

Die Volksbefreiungsausschüsse sollten den institutionellen Rahmen für die geforderte »korrekte« Regierungspraxis liefern. Den ersten Schritt zur Festigung des in statu nascendi begriffenen Staatswesens brachte die Verordnung von Foca aus dem Februar 1942. Mit diesem Dokument schrieben Tito und seine Führungsriege zunächst nur fest, was de facto bereits gang und gäbe war. Sie übertrugen nun auch offiziell den von der KP dominierten Volksbefreiungsausschüssen die zwei Aufgabenkomplexe, die diese provisorischen Institutionen bereits ausfüllten:

»Zum einen sollten sie Verbindungsglied zwischen Bevölkerung und kämpfender Truppe sein (den Nachschub organisieren, für Verwundete sorgen u.ä.), zum anderen administrative und judikative Funktionen ausüben, darunter auch Vermögen ›volksfeindlicher Elemente‹ konfiszieren und als Volkseigentum verwalten.«[14]

Schon bald gingen Tito und die Seinen jedoch einen Schritt weiter. Ende November 1942 gründeten sie in Bihacs den AVNOJ (»Antifaschistischer Rat für die Nationale Befreiung Jugoslawiens«) und schufen damit eine die lokalen Volksausschüsse übergreifende Institution. Ein Jahr später, am 29.11.1943, ernannte sich schließlich das 67-köpfige Präsidium des AVNOJ im bosnischen Jajce feierlich für die Dauer des Krieges zum obersten gesetzgebenden und vollziehenden Organ des Landes. Die nach London geflohene jugoslawische Exilregierung mochte diese Amtsanmaßung der Kommunisten noch so heftig attackieren, all diese Maßnahmen entsprachen nur den realen Kräfteverhältnissen im Lande selber und der Notwendigkeit, unter Kriegsbedingungen so etwas wie eine funktionstüchtige Staatsgewalt zu etablieren. Es gab auf jugoslawischem Boden weit und breit keine andere Gruppierung, die in der Lage gewesen wäre, die vakante Position einzunehmen und den Kampf gegen die Okkupanten zu leiten. Daran änderte sich bis zum Rückzug der Besatzungs-

---

13 Zitiert nach: Sundhaussen, S. 134.
14 Robert K. Furtak, Jugoslawien, Politik-Gesellschaft-Wirtschaft, Hamburg 1975, S. 11.

armeen und der Zerschlagung des Pavelic-Regimes nichts mehr. Im Gegenteil, mit den militärischen Erfolgen konnten Tito und seine Partei ihre Stellung weiter festigen und ausbauen. Der von der KP geleitete »Volkskampf« gegen die Okkupation, gegen die Ustasa und Cetniks eröffnete eine neue politische Traditionslinie, die auch für die Friedenszeit bestimmend blieb. Als am 7.3.1945 Tito eine provisorische Regierung bildete, nahm er in deren Reihen zwar neben 20 AVNOJ-Vertretern auch fünf Parteipolitiker und drei Mitglieder der Londoner Exilregierung auf. Deren Vorsitzender Subasic avancierte sogar zunächst zum Außenmister. Doch verdankten die Vertreter Vorkriegsjugoslawiens ihre Beteiligung einzig und allein dem Druck der Westalliierten und Stalins. Im Lande selber verfügten diese Kräfte kaum mehr über eine Basis, und es fiel Tito nicht schwer, sie alsbald vollkommen auszuschalten. Die Wahlen zur Konstituante im November 1945 bestätigten nur die unumstrittene Hegemonie der KP. Sie brachten der von der Titopartei dominierten Volksfront einen überwältigenden Sieg. Bei den Bundesratswahlen konnte sie 90,5% der abgegebenen Stimmen auf sich vereinen, bei der Besetzung der zweiten Kammer, des Nationalitätenrates, errang sie immerhin 88% der Mandate. Obwohl vier in Opposition zu den Kommunisten und außerhalb der Volksfront stehende Parteien zum Wahlboykott aufriefen, weil sie daran gehindert wurden, eigene Wahllisten vorzulegen,[15] lag die Wahlbeteiligung bei 88,7%. Zwar versuchte die mit sechs Abgeordneten in der Konstituante vertretene Volksbauernpartei noch einige Zeit, innerhalb der Volksfront ein eigenständiges Profil zu bewahren, im Frühjahr 1947 machte die kommunistische Führung aber selbst dieser schwachen oppositionellen Regung ein Ende. Der Generalsekretär der Volksbauernpartei, Dragoljub Jovanovic, wurde aus der Volksfront ausgeschlossen und zu mehrjähriger Zwangsarbeit verurteilt, die Anhängerschaft verlief sich alsbald.

Nicht nur in diesem Fall schreckte die vom stalinistischen Vorbild geprägte KP vor offenem Terror nicht zurück, um ihre Restkonkurrenz zum Schweigen zu bringen. Diese Vorgehensweise hatte aber wie bei der Ausschaltung von Jovanovic auch insgesamt nur flankierende Bedeutung. Sie traf eine bereits paralysierte und zersplitterte Opposition. Das Titoregime konnte in der jugoslawischen Bevölkerung mit einem hohen Maß an Zustimmung rechnen. Eine Rückkehr zum Status quo ante, also zur Herrschaft der Vorkriegsparteien, stand nach allem, was sich ereignet hatte, schlicht und einfach nicht mehr zur Disposition.

Das galt aber nicht nur für die politischen Veränderungen, sondern auch für die »sozialistische Umgestaltung des Wirtschaftslebens«. Auch auf diesem Gebiet diktierte die neue Führung das Geschehen, und Jugoslawien übernahm im Ostblock bei

---

15 Der führende Kommunist E. Kardelji, der das Wahlgesetz formuliert hatte, bediente sich bei der Ausschaltung der Opposition eines ebenso einfachen wie wirkungsvollen Tricks. Er band die Anerkennnung von Bezirks- und Republiklisten an die Existenz von Bundeslisten. Für die Oppositionsgruppierungen, die allesamt nur über eine nationale und über keine gesamtjugoslawische Basis verfügten, war es aber so gut wie unmöglich, solche Bundeslisten zustande zu bringen.

der Verstaatlichung eine Avantgardefunktion. Bis zum Ende des Jahres 1945 waren bereits 80% der wichtigsten Unternehmen in Staatsbesitz übergegangen. Am 5. Dezember 1946 wurden alle Unternehmen von bundes- oder gliedstaatlicher Bedeutung offiziell nationalisiert. Im Frühjahr 1948 existierten außerhalb der Landwirtschaft bereits keine Privatunternehmen mehr.

Parallel zur sukzessiven Verstaatlichung des industriellen Sektors erfolgte der Aufbau einer zentralisierten Administrativwirtschaft. Die neue Regierung machte sich daran, ein nach den Prinzipien von Befehl und Gehorsam geführtes quasimilitärisches Wirtschaftssystem zu installieren. Zunächst entstand dessen Spitze. Schon bald nach Kriegsende bildete die kommunistische Regierung eine Vielzahl von Wirtschaftsministerien, die für das gesamte jugoslawische Territorium die Leitung bestimmter Branchen übernahmen. Diese allesamt in Belgrad angesiedelten Ministerien bestimmten nicht nur via Preisdiktat und Steuern über die Höhe der den Einzelbetrieben zukommenden Mittel, sie legten auch fest, wie die zugeteilten Ressourcen zu verwenden seien. Den zweiten entscheidenden Schritt zur kommandowirtschaftlichen Reorganisation markierte das »Grundgesetz über staatliche Wirtschaftsunternehmen« vom 24.7.1946. Dieses Gesetz sah die Einrichtung von General- und Hauptdirektionen vor, die mit dem Kommando über eine größere Zahl gleichartiger Betriebe betraut wurden. Diese neugeschaffenen Institutionen bildeten als administrativer Mittelbau das Rückgrat der hochmonopolisierten Staatswirtschaft. Ihnen oblag es künftig, die Aktivitäten der Einzelbetriebe auf die entwicklungspolitischen Vorgaben der Zentralregierung auszurichten. Die General- und Hauptdirektionen regulierten die Verteilung der Investitionsmittel auf die Einzelbetriebe, überwachten dort die Planerfüllung und verwalteten die Konsumtionsfonds.

Ein breiterer Widerstand gegen diese radikale Umorganisation der jugoslawischen Wirtschaft regte sich nicht. Allein das von der KP beherrschte Lager verfügte über das notwendige Prestige, die organisatorische Potenz und die Energie, die eine jugoslawische Führung beim Versuch, das geschundene Land zu reorganisieren, brauchen würde; und so konnte es die Bedingungen nach eigenem Gusto diktieren. Der alsbald verklärte Partisanenkampf, der beständig bemühte Gründungsmythos des neuen Jugoslawien,[16] hatte der jugoslawischen Idee nicht nur neues Leben eingehaucht und dem Konstrukt Jugoslawien die gemeinsame identitäre Basis geliefert, die die Geschichte der Völker in diesem heterogenen Land bis dato nicht bereitstellte; er hatte

---

16 Die Bedeutung, die der Erinnerung an den Partisanenkrieg für die Herausbildung eines gesamtjugoslawischen Bewußtseins zukam, ist kaum zu überschätzen. Allerdings ließ sich die integrative Wirkung nicht perpetuieren. Zwar beschäftigte Großmarschall Tito noch in den 70er Jahren die jugoslawische Filmindustrie mit endlosen Schlachtenepen. Er setzte erhebliche staatliche Mittel in Bewegung, um ein ums andere Mal die Gemetzel an Neretva und Sutjeska schöner und dramatischer denn je in Szene setzen zu lassen und ließ Richard Burton als Titodarsteller engagieren. Die Nachgeborenen zeigten sich ob der patriotischen Dauerberieselung aber zusehends gelangweilt und zogen die Produkte der westlichen Unterhaltungsindustrie dem revolutionären Erbe vor.

außerdem den jugoslawischen Staat, die jugoslawische Gesellschaft und die Titopartei mitsamt ihrer diversen »Transmissionsriemen« zu Synonymen gemacht.

Bei dieser Identität blieb es letztendlich in dem folgenden knappen halben Jahrhundert bis zum Auseinanderbrechen des zweiten Jugoslawien. Das Schicksal des Gesamtstaates stieg und fiel mit dem Mann und der Partei, die diesen Staat (neu) geschaffen hatten. Der im Krieg entstandene und unter Friedensbedingungen weiterentwickelte Rahmen war ideologisch wie institutionell der jugoslawischen KP und ihrem Führer auf den Leib geschneidert. Er ließ weder den Vertretern des ancien régime noch anderen alternativen politischen Kräften einen Entfaltungsraum und brach auseinander, als zunächst Tito und wenige Jahre später auch seine Partei von der historischen Bühne abtraten.

4. Der Traum von der gesellschaftlichen Gesamtfabrik – Jugoslawien in der Phase des »administrativen Sozialismus«

Die Moderne hat die Sondersphäre Ökonomie hervorgebracht und die wirtschaftliche Rationalität zum Maß aller Dinge gemacht. Dennoch läßt sich die historische Entwicklung auch in der Neuzeit nie auf ihre ökonomische Seite reduzieren. Das gilt paradoxerweise ganz besonders für die realsozialistischen Gesellschaften. Deren Repräsentanten wurden zwar nie müde, ein ums andere Mal die Marxsche Einsicht wiederzukäuen, daß die Produktivkraftentwicklung – die sie im wesentlichen als ökonomisches Binnenphänomen faßten – der eigentliche Motor der Geschichte sei; für ihre Regimes nahmen sie jedoch gerade in Anspruch, das wirtschaftliche und soziale Leben dem politischen Kommando unterworfen zu haben. Und in der Tat, östlich des »Eisernen Vorhangs« bestimmten weit mehr als in den westlichen Nationalökonomien politische Entscheidungen und deren Wechselfälle die Verlaufsform der wirtschaftlichen Prozesse. Allein die Schwankungen der Wachstumsraten, die in Jugoslawien in den 50er und 60er Jahren von einem Jahr auf das andere um bis zu 10% steigen oder fallen konnten, je nachdem, welches wirtschaftspolitische Konzept die jugoslawische Regierung gerade verfolgte, dokumentieren das eindrucksvoll. Derartige Ausschläge kann es in einer entwickelten Marktwirtschaft westlicher Prägung nicht geben.

Dieser Umstand darf allerdings nicht zu der Annahme verführen, daß im Realsozialismus die Politik tatsächlich zum souveränen Gestalter des gesellschaftlichen Lebens aufgestiegen sei, und der politische Wille die Eigenlogik der ökonomischen Entwicklung substituiert hätte. Die Politik war sicherlich allgegenwärtig, aber nur als Filter und – dem Demiurgen-Selbstverständnis ebenso naiv wie größenwahnsinniger Politikaster zum Trotz – nicht als prima causa. Sowenig es darum gehen kann, das Eigengewicht politischer Entscheidungen für die Binnenentwicklung der realsozialistischen Gesellschaft in Abrede zu stellen,[1] ebensowenig hing das politische Gesche-

---

1 Gerade bei der Analyse einer realsozialistischen Gesellschaft wäre das schlicht absurd. Wie in anderen durchpolitizierten Gesellschaften, so wurden auch in Jugoslawien politische Entscheidungen zu unmittelbar ökonomischen Fakten. Das heißt aber noch lange nicht, daß die Politik das Geschehen willkürlich diktieren könnte. Als eine abgeleitete Sphäre bringt es die Politik nur zu einer scheinbaren Souveränität. Wann immer sie sich von der gesellschaftlichen Entwicklung emanzipiert, um sie zu kommandieren, läßt der Rückschlag nicht allzu lange auf sich warten. Sie kann sich nur als Herrin gerieren, indem sie die

hen in der Luft. Die politischen Klimawechsel und Umbrüche, die diese Länder erlebten, verweisen allemal auf soziale und ökonomische Grundprobleme. Das gilt auch für Jugoslawien im allgemeinen und für die erste, von einem noch ganz ungebrochenen Glauben an die Allmacht staatlich-politischer Regulation geprägte Etappe beim Aufbau des Titostaates im besonderen. Diese Phase des sogenannten »administrativen Sozialismus«, die bis zum Bruch zwischen Moskau und Belgrad Ende der 40er Jahre währte, reflektierte auf ihre Weise getreulich das Grunddilemma, vor dem die jugoslawische Gesellschaft nach dem Ende des Zweiten Weltkrieges stand. Was als die Dominanz des politischen Faktors erscheint, hat seinen Grund in nichts anderem als in der Unreife der jugoslawischen Arbeitsgesellschaft und im Zwang, der fehlenden Eigendynamik marktförmiger Entwicklung mit nicht-marktkonformen Mitteln auf die Sprünge zu helfen.

Der innere Zusammenhang zwischen der titosozialistischen Politik und dem Zwang zur arbeitsgesellschaftlichen Erneuerung Jugoslawiens läßt sich bereits auf der Ebene der Zielvorgaben greifen. In der Sozialismuskonzeption der KP fielen sozialistische Emphase und Modernisierungspathos zusammen. Die alte Leninsche Definition, Sozialismus sei Sowjetmacht plus Elektrifizierung, prägte auch in Jugoslawien nachhaltig das Selbstverständnis der neuen Herren. Unter Sozialismus verstand die neue Führung nichts anderes als eine fortschrittliche, durchrationalisierte, von allen ständischen Schlacken und Privilegien befreite Gesellschaft, in der die Arbeit und nichts anderes der höchste Wert der Gesellschaft sein sollte. Die Kommunisten zogen aber nicht nur ihr Selbstverständnis aus ihrem Anspruch, Jugoslawien in die Moderne zu führen, auch ihre Legitimation und die Stabilität ihrer Herrschaft hingen in erster Linie davon ab, ob es ihnen gelingen würde, die sozio-ökonomische Aufgabe, die sie sich gestellt hatten, tatsächlich erfolgreich zu bewältigen.[2]

Bereits die führende Rolle der KP im Widerstand gegen die Okkupanten und die kommunistische Machtübernahme stehen in diesem Modernisierungskontext. Wenn schon ein Hauch der deutschen Militärmaschinerie genügt hatte, das morsche Gebilde Jugoslawien zum Einsturz zu bringen, dann war das nicht nur ein militärisches Desaster, die Niederlage deckte vielmehr grausam die sozio-ökonomische Rückstän-

---

Wirklichkeit in eine offizielle und eine inoffizielle verdoppelt. Der Realsozialismus hat es bei diesem Bestreben zu erstaunlichen Leistungen gebracht.

2   Diese Abhängigkeit hat spätestens der Zusammenbruch des Realsozialismus offensichtlich gemacht. Wenn der Realsozialismus gegenüber dem überlegenen Westen den Kürzeren zog und daraufhin kollabierte, dann konnte das nur geschehen, weil beide Wettbewerber sich den gleichen arbeits- und verwertungsgesellschaftlichen Kriterien zu unterwerfen hatten. Diese Tatsache steckt schon im Begriff der Systemkonkurrenz. Konkurrenz setzt immer eine gemeinsame Basis voraus, auf der überhaupt konkurriert wird. Läufer können nur mit anderen Läufern um die Wette sprinten, aber nicht mit Bäumen. Schachspieler, die am Brett einem Menschen gegenübersitzen, der Halma oder Mühle spielt, werden weder gewinnen noch verlieren. Ein Gesellschaftssystem, das völlig anderen Kriterien gehorcht als ein übermächtiger Nachbar, kann vielleicht gewaltsam unterworfen werden, es kann aber nicht im Wettstreit unterliegen und kollabieren. Wenn Systemkonkurrenz kein Widerspruch in sich sein soll, dann kann sie nur die Konkurrenz artverwandter Systeme, die Konkurrenz verschiedener Versionen des gleichen Grundsystems meinen.

digkeit des alten Regimes[3] und die mangelnde nationale Integration des Landes auf. Die kommunistischen Partisanen konnten dieses Trauma nur überwinden und die Bevölkerung zum Widerstand gegen die Besatzungsmächte formieren, indem sie eine andere moderne Gesellschaft aller Jugoslawen projektierten. Unter Kriegsbedingungen und parallel zum Kampf mit den Okkupanten mußte deren Aufbau in Angriff genommen werden. Seine Institutionalisierung fand dieser Anspruch in den Volksauschüssen. Den eigentlichen Ernstfall brachte aber der Frieden. Nun mußten die neuen Herren das begonnene Integrations- und Modernisierungswerk fortsetzen und ihre Vision eines modernen Jugoslawien realisieren.

Bei ihrem Versuch, die jugoslawische Gesellschaft als Ganzes für ein Projekt nachholender Modernisierung zu mobilisieren, lehnte sich die Titopartei zunächst eng an das sowjetische Muster an. Nicht nur die erste jugoslawische Nachkriegsverfassung war eine getreue Kopie der sowjetischen von 1936; der neue Balkanstaat übernahm auch das kommandowirtschaftliche Instrumentarium, das der große Bruder seit den 20er und 30er Jahren entwickelt hatte. Auf den ersten Blick scheint das darauf hinzudeuten, daß zumindest diese Phase der jugoslawischen Entwicklungspolitik, die Ära des administrativen Sozialismus, mehr von einem äußeren, der innerjugoslawischen Entwicklung fremden Faktor, als von den endogenen sozio-ökonomischen Problemen des Landes bestimmt wurde. Jedoch täuscht der Eindruck, daß in erster Linie die Entscheidungen Moskaus für die Ausgestaltung des neuen Jugoslawien bestimmend gewesen wären. Die jugoslawische Führung übernahm das sowjetische Modell nur deshalb, weil sie zunächst einmal vor ganz ähnlichen Problemen stand wie die »Partei Lenins und Stalins« im rückständigen Sowjetrußland. Mit Kadavergehorsam gegenüber dem stalinistischen Vorbild hatte das alles nichts zu tun, es sei denn, man nimmt »Gehorsam« im schwejkschen Sinne. Zum einen war ein »sozialistisches Jugoslawien« in den Nachkriegsplänen Stalins ursprünglich gar nicht vorgesehen. Als Realpolitiker wollte der sowjetische Führer die Westmächte nicht unnötig provozieren und visierte daher in Jugoslawien statt einer kommunistischen Machtübernahme einen Ausgleich mit den »bürgerlichen Kräften« an.[4] Während des Krieges und

---

3 Für Jugoslawien bedeutete der Sieg Hitlers in gewisser Weise etwas ähnliches wie im 19. Jahrhundert die vom amerikanischen Commodore Perry 1854 erzwungene Öffnung der japanischen Häfen für das erblühende Tennoreich. Nach einer Phase innerer Wirren bringt die schockierende Erkenntnis von der hoffnungslosen Unterlegenheit des Landes radikale Modernisierer an die Macht, die eine rasante Aufholjagd in Gang setzen.

4 Bei seinem Bemühen, in Osteuropa eine russische Hegemoniesphäre zu errichten und zu arrondieren, war Stalin bestrebt, jeden Konflikt mit den Westmächten um die Zukunft Jugoslawiens zu vermeiden, und drängte daher ganz im Sinne der klassischen britischen Außenpolitik die jugoslawischen Genossen zum Kompromiß mit den jugoslawischen Vorkriegspolitikern, die sich um die in London beheimatete königliche Exilregierung gruppierten. In einem Geheimabkommen hatten Churchill und Stalin am 9.10.1944 die künftigen Einflußsphären auf dem Balkan abgesteckt und in Prozentgrößen festgehalten. Stalin war willens, diese Vereinbarung nach dem klassischen Grundsatz »pacta sunt servanda« auch über die Köpfe der jugoslawischen KP-Führung hinweg einzuhalten. Wie die Siegermächte über die Zukunft der südosteuropäischen Staaten an diesem denkwürdigen Oktobertag entschieden, hat Churchill dankenswerter Weise für die Nachwelt festgehalten: »Da mir der Moment günstig schien, sagte ich: ›Lassen Sie unsere Angelegenheiten im Balkan regeln. Ihre Armeen sind in Rumänien und Bulgarien. Wir haben dort

41

auch noch in den beiden ersten Nachkriegsjahren versuchte Stalin, die jugoslawischen Genossen zu Kompromissen mit der längst bedeutungslos gewordenen politischen Klasse der Vorkriegszeit zu nötigen. Die Titotruppe zeigte sich aber eigensinnig. Zum anderen paßte der Wirtschaftskurs, den die jugoslawischen Genossen in der Folge einschlugen, überhaupt nicht zu der Rolle, die die sowjetische Führung dem zusätzlichen Vasallen zugedacht hatte. Die Herren in Moskau wollten, nachdem sie Titos Machtübernahme als Fait accompli nolens volens akzeptiert hatten, Jugoslawien als abhängigen Agrarproduzenten in die »sozialistische Arbeitsteilung« integrieren. Das Land sollte, wie vormals an die imperialistischen Länder, nun an die Brudervölker Holz, Getreide und Rohstoffe liefern und ihnen als Absatzmarkt für industrielle Fertiggüter dienen. Eine Industrialisierung des Landes war dagegen nicht geplant. Genau darauf richtete sich aber der Ehrgeiz der neuen Führung, und nichts anderes hatte der Übergang zum »administrativen Sozialismus« nach sowjetischem Muster zum Inhalt. Die Übernahme der stalinistischen ökonomischen Folterinstrumente diente keinem anderen Zweck, als alle Kräfte des Landes zur Schaffung einer eigenen industriellen Basis zu mobilisieren, also ein Ziel anzupeilen, das Stalin persönlich und der sowjetischen Politik insgesamt ganz und gar nicht in den Kram passte. Näher besehen, beginnt der vielbeschworene jugoslawische Weg daher nicht erst mit den ideologischen Kontroversen zwischen Moskau und Belgrad und dem berühmten Schisma, das die Einheit der kommunistischen Weltbewegung 1948 sprengte. Der Keim zur »titoistischen Abweichung« steckt vielmehr bereits in den vorlauten Musterschülerallüren der jugoslawischen Genossen. Auch wenn Titos Liebling Milovan Djilas und andere regelmäßig elegische Ergüsse »zum Ruhme des großen und weisen Führers des Weltproletariats« zu Papier brachten und die siegreichen jugoslawischen Genossen sich bei ihrer Machtübernahme »in voller Übereinstimmung« mit den Grundsätzen der von Moskau aus kommandierten kommunistischen Weltbewegung sahen, so unterschied sich die jugoslawische Entwicklung doch schon damals grundlegend von den Umgestaltungsprozessen, die sich zeitgleich in den osteuropäischen Nachbarländern vollzogen. Länder wie Ungarn, Polen, Rumänien, die Tschechoslowakei und Bulgarien, in denen der Vormarsch der Roten Armee der nationalsozialistischen Herrschaft ein Ende machte, blieben auch nach der Nie-

---

Interessen, Missionen und Agenten. Lassen Sie uns dort nicht in kleinlicher Weise gegeneinander arbeiten. Um nur von Großbritannien und Rußland zu sprechen, was würden Sie dazu sagen, wenn Sie in Rumänien zu neunzig Prozent das Übergewicht hätten und wir zu neunzig Prozent in Griechenland, während wir uns in Jugoslawien auf halb und halb einigen?‹ Während das übersetzt wurde, schrieb ich auf ein halbes Blatt Papier: Rumänien: Rußland 90% die anderen 10%, Griechenland: Großbritannien 90% Rußland 10%, Bulgarien: Rußland 75%, die anderen 25%, Jugoslawien 50-50%, Ungarn 50-50%. Ich schob den Zettel Stalin zu, der mittlerweile die Übersetzung gehört hatte. Ein kleine Pause trat ein. Dann ergriff er seinen Blaustift, machte einen großen Haken und schob ihn das Blatt wieder zu. Die ganze Sache beanspruchte nicht mehr Zeit als sie zu schildern.« (zitiert nach: Holm Sundhaussen, Geschichte Jugoslawiens, Stuttgart 1982, S. 138.) Tito und die Seinen, die von dieser Vereinbarung nichts erfuhren, ließen sich aber nicht als passive Manövriermasse hin- und herschieben, sondern betrieben zu Stalins Unmut ihre eigene Politik.

derlage der Hitlerdiktatur Manövriermasse der Sieger. Es waren im wesentlichen von außen aufoktroyierte Satrapenregimes, die in der Folge in den späteren Staaten des Warschauer Pakts die Etablierung einer »volksdemokratischen Ordnung« durchsetzten. Das Titoregime hingegen sog seine Lebenskraft aus eigenen, von der sowjetischen Vormacht unabhängigen Wurzeln. In Zagreb, Ljubljana und Belgrad gewann eine Macht Konturen, die sich dem unmittelbaren Zugriff Moskaus von vornherein entzog, ihrer eigenen Logik folgte und schon deshalb früher oder später offen in Widerspruch zum unbedingten sowjetischen Führungsanspruch geraten mußte.

Die Anhänger von Marktwirtschaft und Demokratie wissen heute um das schließliche Scheitern des jugosozialistischen Wegs und betrachten das modernistische Selbstverständnis der KP daher altklug als bloße (Selbst-)Täuschung. Die Wendung zum Realsozialismus erscheint in ihren Augen in Jugoslawien wie anderswo allemal als verhängnisvoller »Fehler«, unabhängig davon, ob sie nun aus der inneren Dynamik des Landes zu erklären ist oder aus exogenen Faktoren abgeleitet wird. Die jugoslawischen Kommunisten, so die feste Überzeugung der Marktwirtschafts-Apologeten, haben, indem sie mit der pluralistischen Demokratie und einer unregulierten Wirtschaft brachen, den Weg zu einem starken und volkswirtschaftlich integrierten Jugoslawien letztlich blockiert. Es könne heute ein blühendes und stabiles Jugoslawien geben, hätte das Land nicht das sozialistische Experiment über sich ergehen lassen müssen, oder hätte es rechtzeitig auf den rechten Pfad der Marktwirtschaftstugend gefunden.[5]

Diese Einschätzung ist zwar weit verbreitet, sie geht aber am Grundproblem der jugoslawischen Nachkriegsentwicklung völlig vorbei. Erstens hat Tito-Jugoslawien es keineswegs versäumt, die Segnungen der Marktwirtschaft kennenzulernen. Die zeitgenössischen Reformenthusiasten nehmen nur gewohnheitsmäßig nicht zur Kenntnis, welch leidvolle Erfahrungen Jugoslawien seit den 50er Jahren mit den verschiedensten Wellen marktwirtschaftlicher Reformen gemacht hat. Das Verfallsdatum für die marktwirtschaftlichen Konzepte ist seit Jahrzehnten überschritten. Zweitens hat der Konkurs der jugoslawischen Abteilung der Weltarbeitsgesellschaft strukturelle Gründe, die mehr mit dem Ziel nachholender Modernisierung zu tun haben als mit dem speziellen Weg, auf dem die jugoslawische Führung ihr Land in die Moderne führen wollte. Die wirkliche Tragödie ist nicht darin zu sehen, daß Jugoslawien vom rechten Entwicklungspfad abgekommen wäre, sie besteht vielmehr darin, daß jeder Weg in die Moderne für Jugoslawien über kurz oder lang zur Sackgasse werden mußte. Der Versuch, den Aufbau einer jugoslawischen Volkswirtschaft politisch zu kommandieren, brach sich letztlich an den Zwangsgesetzen des

---

5 In den 50er Jahren, als die Systemkonkurrenz ihren Höhepunkt erreichte und die realsozialistischen Staaten tatsächlich gegenüber den kapitalistischen Kernländern erheblich an Boden gut zu machen schienen, war es noch keineswegs selbstverständlich, daß das sozialistische Instrumentarium zur Schaffung einer modernen Industriegesellschaft ungeeignet sei. Nicht nur der Sputnikschock, sondern auch die sowjetischen Wachstumsziffern weckten bei den westlichen Intellektuellen erhebliche Zweifel an der grundsätzlichen wirtschaftlichen Überlegenheit des westlichen Systems.

Marktes und scheiterte schließlich als eine »Quadratur des Kreises«. Es gab aber innerhalb des waren- und arbeitsgesellschaftlichen Horizonts keine entwicklungsstrategische Alternative dazu. Es ist weder dem Zufall noch einer Häufung unglücklicher Umstände geschuldet, daß der Zusammenbruch des Jugosozialismus auch den Zusammenbruch des jugoslawischen Staates nach sich zog. Ein jugoslawischer Gesamtstaat konnte sich vielmehr erst unter »sozialistischem« Vorzeichen vorübergehend stabilisieren. Wenn die kommandowirtschaftlichen Elemente und die Monopolrolle der Titopartei, wie durchlöchert auch immer, vierzig Jahre lang erhalten blieben, dann ist das nicht einfach auf den zähen Machtwillen der sozialistischen Bonzokratie zurückzuführen. Die Einparteienherrschaft der Kommunisten und die planwirtschaftlichen Momente im jugoslawischen Wirtschaftssystem reproduzierten sich vielmehr in erster Linie deshalb so zäh, weil sie es allein möglich machten, daß sich auch nur ansatzweise so etwas wie eine jugoslawische Arbeitsgesellschaft herausbilden und einstweilen bestehen konnte. Auf der nur unvollkommen gelegten warengesellschaftlichen Basis mußte das sukzessive Zurückweichen des staatlichen Kommandos und die Stärkung marktwirtschaftlicher Elemente zentrifugale Kräfte freisetzen, die die Einheit und Funktionsfähigkeit Jugoslawiens in Frage stellten. In Jugoslawien kollabierte daher weder ein utopisches Massenexperiment noch eine überlebte, im Grunde von Beginn an anachronistische Diktatur. Die jugoslawische Katastrophe steht vielmehr für das Scheitern des staatlich-arbeitsgesellschaftlichen Formierungsprozesses schlechthin in dieser Weltregion. So verstanden erscheint auch die postjugoslawische Entwicklung in einem anderen Licht. An die Stelle des untergegangenen sozialistischen Jugoslawien konnten quasi ex definitione weder ein marktwirtschaftlich verfaßter jugoslawischer Gesamtstaat noch kleinere, auf einer funktionstüchtigen marktwirtschaftlichen Basis operierende Partial-Nationalstaaten treten. Die Transformation mußte vielmehr in anomische Zuständen einmünden. Der jugoslawische Bürgerkrieg ist kein historischer Unglücksfall, der Jugoslawien auf dem Weg in die marktwirtschaftliche Normalität ereilt hat und eine bessere arbeitsgesellschaftliche Zukunft verbaut. Der Balkan hat diese Zukunft wie die meisten anderen Teile des Planeten schon hinter sich. Die Zerfallsnationalismen und der Bürgerkrieg komplettierten die jugoslawische Katastrophe und hoben sie auf ein neues Niveau, sie sind aber schon deren Folge und nicht deren Ursache.

Diese Einordnung ist ungewohnt und wirkt auf den ersten Blick sicherlich irritierend. Als die siegreiche Titopartei sich gegenüber den alten Kräften durchsetzte, bedeutete das sowohl den Bruch mit dem parlamentarischen System als auch das Ende einer unregulierten Ökonomie. Bei der pluralistischen Mehrparteiendemokratie und der freien Marktwirtschaft handelt es sich aber um die Inbegriffe eines modernen Gemeinwesens. Warum sollte man da die Herrschaft der KP, die zuerst beides außer Kraft gesetzt hat, um schließlich marktwirtschaftliche Elemente sukzessive und partiell wieder einzuführen und konkurrierende Parteien erst auf dem Sterbebett zuließ, als Modernisierungsregime klassifizieren?

Dieser Einwand und der dahinter stehende Glaube an die segenspendende Wirkung von westlicher Demokratie und Marktwirtschaft wirken jedoch nur stimmig, solange wir die realen Bedingungen im Nachkriegsjugoslawien[6] ausblenden und die Marktwirtschaftsdemokratie modellplatonisch als allzeit und überall anwendbares Muster behandeln. Das westliche System hat aber seine nicht hintergehbaren historischen Voraussetzungen. Marktwirtschaft und pluralistische Demokratie können sich nur dort herausbilden und funktionieren, wo die Menschen bereits begonnen haben, gewohnheitsmäßig als Staatsbürger und Warensubjekte zu agieren,[7] sie beruhen darauf, daß der nationalstaatlich-volkswirtschaftliche Funktionsraum mehr oder minder schon zum Faktum geworden ist. Das demokratisch-marktwirtschaftliche System ist hingegen außerstande, seinen eigenen Bedingungszusammenhang herzustellen. In allen Gebieten der Erde, die in den letzten 150 Jahren versuchten, sich die Errungenschaften der westlichen Moderne zu eigen zu machen, ja selbst bei den westlichen Vorreitern Frankreich und England[8], stoßen wir, wenn wir historisch nur weit genug zurückgehen, auf diktatorische Regimes, die das Fundament für die Entwicklung der modernen Waren- und Arbeitsgesellschaft legten. Sie sorgten wesentlich für die Trennung der Menschen von ihren prä-warenförmigen Subsistenzmitteln, für die Verallgemeinerung der Lohnarbeit und für die Herausbildung eines Staatsbürgerbewußtseins. Diese Phase konnte auch Jugoslawien auf seinem Weg in die Moderne nicht erspart bleiben. Die autoritären Züge des Titoregimes dementieren denn auch dessen historische Modernisierungsfunktion keineswegs, sie reflektieren sie vielmehr. Die neuen Herren leiteten ein Entwicklungsregime, das damit beschäftigt war, den arbeitsgesellschaftlichen Keller beschleunigt auszuheben[9] und gegen

---

6 Bei näherem Hinsehen ließe sich dieser Befund sicherlich auch bei anderen Ländern, die keinen Zugang zum Marktwirtschafts-Arkadien gefunden haben, nachweisen. Das gilt sowohl für die Geschichte wie für die Gegenwart. Wenn wir von der DDR, der Tschechoslowakei und vielleicht noch Ungarn, Polen und Slowenien absehen, hatten sämtliche Staaten, die im Süden nach der Entkolonialisierung und im Osten nach dem Ende des Zweiten Weltkriegs einen realsozialistischen Kurs einschlugen, nie die Chance einer marktwirtschaftlichen Entwicklung. Daran hat sich, nachdem sich der alternative sozialistische Weg in die Moderne als Sackgasse erwies, nichts, aber auch gar nichts geändert. Wo immer auf der Welt heute die Marktwirtschafts-Ärzte ihre Rezepturen feilbieten und zur Vivisektion schreiten, sehen wir Dr. Eisenbarts Jünger am Werk. Die Resultate fallen denn auch entsprechend aus. Den Frischbekehrten wurden »blühende Landschaften« versprochen. Doch die existieren nur in Kümmerformen, als blühende Kriminalität und als die schnell verwelkten Blümchen auf den Gräbern der Leichtgläubigen.

7 Die Marktwirtschaftsideologie nimmt diese Doppelexistenz als die natürliche Daseinsweise des Menschen. Das ändert aber nichts daran, daß es sich realiter bei diesen Subjektformen um ganz spezifisch moderne Figurationen handelt, die sich auf breiter Front erst in den letzten beiden Jahrhunderten durchgesetzt haben.

8 Man denke in diesem Zusammenhang nur an die Herrschaft Cromwells und die Tugenddiktatur der Jakobiner, die damit das Erbe der von ihnen gestürzten absolutistischen Herrscher antraten.

9 Die entwickelte Arbeitsgesellschaft ist selber nichts anderes als die institutionalisierte und internalisierte Diktatur von Arbeit und Geld, und erst dann, wenn Institutionalisierung und Internalisierung weit genug vorangeschritten sind, kann sie die äußere Gewalt zurücknehmen, um sich selbstvergessen für die pure Freiheit zu halten. Nur die Neigung zur historischen Amnesie schützt die Anhänger der Moderne im allgemeinen und die von Demokratie und Marktwirtschaft im besonderen vor der Erkenntnis, daß es sich bei der langen Reihe neuzeitlicher Massenmörder, Inquisitoren, Giftmischer und Kriegsverbrecher um die eigene Ahnengalerie handelt. In dieser illustren Runde, zu der unter anderen Stalin, Robespierre und

den Druck der übermächtigen westlichen Marktkonkurrenz vor dem Einsturz zu bewahren. In den Nachkriegsjahren stand das verspätete Land gar nicht vor der Alternative »moderne Marktwirtschaftsdemokratie« oder »Diktatur«. Auf dem damaligen Entwicklungsstand stellte sich in Jugoslawien ein ganz anderes Problem. Es konnte allein darum gehen, welche Art von Entwicklungsdiktatur unter den in der zweiten Hälfte des 20. Jahrhunderts herrschenden Bedingungen am geeignetsten sein würde, eine nachholende arbeitsgesellschaftliche Entwicklung in Gang zu setzen.

Sehen wir von seiner sozio-kulturellen Seite einmal ab, dann beinhaltet der Prozeß nachholender Modernisierung im Kern zweierlei: die Herausbildung moderner Staatlichkeit und die Entwicklung einer modernen Nationalökonomie, die sich in der Weltarbeitsgesellschaft behaupten kann. In Jugoslawien komplizierte ein zusätzliches Problem den ersten Teil dieser Doppelaufgabe. Die siegreiche Titopartei war nicht in der glücklichen Lage, nur die verwaiste Regierungsstelle übernehmen und die alten verrosteten Hebel staatlicher Macht durch ein modernes Instrumentarium ersetzen zu müssen; sie war vielmehr gezwungen, gleichzeitig und zusätzlich Jugoslawien (neu) zu erfinden. Erst mit dem Titostaat erstand in diesem geographischen Raum ein funktionsfähiges Staatswesen, erst der Titostaat versuchte tatsächlich so etwas wie ein jugoslawisches Gemeinwesen aufzubauen.

Das neue »sozialistische Jugoslawien« hatte bei seinem Versuch, ein Jugoslawien aller Jugoslawen zu konstituieren, durchaus bemerkenswerte Erfolge vorzuweisen. Vor dem Zweiten Weltkrieg existierten zwischen Maribor und Skopje zwar parlamentarische Institutionen, das Land war allerdings meilenweit von den Standards entfernt, die eine funktionstüchtige pluralistische Demokratie voraussetzt. Die Figur eines südslawischen Citoyen spukte vielleicht durch den Verfassungstext, in der gesellschaftlichen Wirklichkeit war von ihm jedoch keine Spur zu finden. Unter der parlamentarischen Hülle verbargen sich regionale Klientelverhältnisse und Nepotismus; sie konstituierte weder eine funktionsfähige abstrakte Allgemeinheit noch ein allgemeines Staatsbürgerbewußtsein. In der Räuberuniform des Titopartisanen nahm der jugoslawische Bürger aber erstmals tatsächlich Gestalt an. Mit der Einparteienherrschaft der KP entstand etwas in der jugoslawischen Geschichte vollkommen Neuartiges, ein Gebilde, das im modernen Sinne den Namen Staat auch tatsächlich verdiente und auf das sich alle Interessengruppen selbstverständlich bezogen. Die Volksausschüsse und die anderen Massenorganisationen der Partei wurden zwar in den ersten Nachkriegsjahren ganz im klassisch-leninistischen Sinne zu »Transmissionsriemen« degradiert, das ändert aber nichts daran, daß sich mit diesen Institutionen erstmals überhaupt so etwas wie ein gesamtjugoslawisches politisches Leben herauszubilden begann. Die KP suchte die Bevölkerungsmehrheit in eine Sphäre zu kommandieren, von der sie vormals ausgeschlossen war. Die kulthafte, in vielerlei Hinsicht monarchisch anmutende Verehrung, die dem Staatsgründer zuteil wurde,

---

Hitler gehören, kann Tito sicherlich noch als eine der angenehmeren Gestalten gelten.

mag aus der westeuropäischen Perspektive anachronistisch anmuten. Sie spielte jedoch bei der Herausbildung eines gesamtjugoslawischen Bewußtseins eine entscheidende und vorwärtstreibende Rolle. Wie in Frankreich im 16. und 17. Jahrhundert der Treueschwur gegenüber den absolutistischen Herrschern und die Identifikation mit dem französischen Staatswesen zusammenfielen, ebenso bedeutete der Glaube an den Volkskönig Tito über alle sozialen und regionalen Grenzen hinweg das Bekenntnis zu einem Jugoslawien aller Jugoslawen.

Die emphatischen Züge des neuen sozialistischen Jugoslawismus verweisen auf dessen Schwachstelle. Die zunächst auf der politisch-ideologischen Ebene eingeleitete Integration Jugoslawiens zu einem einheitlichen Staatswesen konnte sich auf Dauer nur dann bewähren, wenn es gelang, sie sozio-ökonomisch zu unterfüttern. Sollte Jugoslawien Wurzeln schlagen und sich stabilisieren, mußte der Titostaat zu einem kohärenten arbeitsgesellschaftlichen Funktionsraum werden und so etwas wie eine jugoslawische Volkswirtschaft entstehen. Die politische Modernisierung und Staatskonstituierung war unauflösbar mit der sozio-ökonomischen Modernisierung und Vereinheitlichung verklammert. Auch auf diesem Terrain hat das junge Titoregime grundlegende Leistungen vollbracht, indem es die Bauelemente für die Formierung einer jugoslawische Arbeitsgesellschaft schuf.

Im rückständigen Vorkriegsjugoslawien gab es zwar einen unreglementierten Markt, seine Reichweite blieb aber beschränkt. Insbesondere das ländliche Gros der Bevölkerung war in seinem Alltagsleben von so etwas wie einer entwickelten Waren- und Geldsubjektivität noch meilenweit entfernt. Die kleinbäuerlichen Massen waren am Marktgeschehen nur peripher beteiligt, und das prägte auch ihren Bewußtseinsstand und ihre Verhaltensweise. Sie verkauften zwar ihre Überschußproduktion und bezogen Fertiggüter, doch war ihnen bei ihrer in hohem Maße auf Selbstversorgung ausgerichteten Lebensweise jedes durchrationalisierte, auf betriebliche Rentabilität orientierte Wirtschaften fremd. Aus der makroökonomischen Perspektive betrachtet, konnte von einer Volkswirtschaft strenggenommen im ersten Jugoslawien gar nicht die Rede sein. Der Zweite Weltkrieg hat an diesem Umstand zunächst nichts geändert, im Gegenteil, er desintegrierte das wenige, was an Markt- und Warenproduktionsstruktur schon vorhanden war. Zum einen zerriß der Krieg die wirtschaftlichen Verbindungen, brachte damit das schwache ökonomische Leben fast ganz zum Erliegen und zerstörte dessen infrastrukturelle Voraussetzungen. Zum anderen haben die Kriegswirren die Entstädterung vorangetrieben und die Menschen im praktischen Überlebenskampf mehr denn je auf marktferne Subsistenzproduktion zurückgeworfen.

Die sozialpsychologische Seite dieser Entwicklung läßt sich nicht quantifizieren, die materiellen Verluste hingegen schon: »Nach offiziellen ... Angaben belief sich der unmittelbare Kriegsschaden auf über 9 Milliarden Dollar (zur Parität von 1938), d.h. auf das Vierfache des durchschnittlichen Volkseinkommens der Jahre 1925-34. Die wichtigsten Industriebetriebe und Verkehrseinrichtungen waren zerstört, zahlreiche

Dörfer und Städte in Schutt und Asche, die Währungs- und Finanzsysteme waren vollkommen zerrüttet.«[10]

T. Ferenc rechnet den materiellen Schaden, den die Besatzungsmächte Jugoslawien zufügten und der vornehmlich den offiziellen marktvermittelten Sektor traf, auf insgesamt 47 Milliarden Dollar hoch.[11]

Erst nach diesem Rückschlag konnte sich das Titoregime daran machen, den prä-warenförmigen Zustand auf breiter Front aufzubrechen. Wo immer die moderne Waren- und Arbeitsgesellschaft sich gegen vormoderne Verhältnisse durchsetzte, war die Voraussetzung dafür die Trennung der unmittelbaren Produzenten von ihren Subsistenzmitteln. In der Sowjetunion war in diesem Prozeß die Zwangskollektivie-rung der Landwirtschaft von zentraler Bedeutung. In Jugoslawien war dieser Weg verbaut, und die Entwicklung nahm einen etwas anderen Verlauf. Da die Masse der Partisanen sich aus dem kleinbäuerlichen Milieu rekrutiert hatte, konnte die KP nicht zu einer gewaltsamen Massenenteignung übergehen, wollte sie nicht vorsätzlich ihre eigene Massenbasis zerschlagen. Die von der Tito-Administration bald nach Kriegs-ende verkündete Landreform fiel dementsprechend aus. Sie trug nichts zur Lösung des Grundproblems der jugoslawischen Landwirtschaft, der heillosen Bodenzersplit-terung bei, und sie war ebensowenig dazu angetan, die nach arbeitsgesellschaftlichen Kriterien überflüssige Landbevölkerung von der Scholle zu vertreiben. Das Gesetz über die Agrarreform vom 23.8.1945 traf nur die deutsche Volksgruppe[12], Kollabora-teure, landbesitzende Banken, die Kirche und die wenigen Großgrundbesitzer; das Klein- und Kleinsteigentum blieb unangetastet. Insgesamt 160.000 Eigentümer verlo-ren ihren Landbesitz. Nur die Hälfte dieses Bodenfonds von 1,6 Millionen ha wurde in der Folge in Staatsgüter verwandelt, der Rest fiel an landarme bzw. landlose Bauern. Auch im weiteren verzichtete die jugoslawische Führung, wenn man von einer kurzen Phase zu Beginn der 50er Jahre einmal absieht, darauf, das Steuer nach sowjetischem Vorbild herumzuwerfen.[13] In Sachen Kollektivierung setzte sie weiter-hin vornehmlich auf Freiwilligkeit und die Vorbildfunktion der schon bestehenden

10 Holm Sundhaussen, Experiment Jugoslawien, S. 103.
11 T. Ferenc, Der Volksbefreiungskampf in Jugoslawien, in: Europäischer Widerstand im Vergleich, Hrsg. Ger van Roon, Siedler Verlag 1984, S. 209.
12 Allein 40% der enteigneten Landflächen hatten Deutschen gehört, die aus ihrer bisherigen Heimat geflüchtet waren oder vertrieben wurden.
13 1949 hatte der Druck der Regierungsstellen dazu geführt, daß die Zahl der Kollektivwirtschaften auf 6200 anstieg. Angesichts der unzulänglichen Ausrüstung der Gemeinschaftsbetriebe und des passiven Wider-stands der Bauern erwies sich diese Wirtschaftsform als unhaltbar. Nach katastrophalen Ertragsrückgän-gen vollzog die Partei mit der »Verordnung über die Vermögensbeziehungen und die Reorganisation der Bäuerlichen Arbeitsgemeinschaften« vom 30.3.1953 eine endgültige Kehrtwendung zugunsten der klein-bäuerlichen Privatbetriebe und ließ alle Kollektivierungsbemühungen fallen. Die Verordnung ermöglich-te den Austritt aus der Kollektivwirtschaft unter Mitnahme des eingebrachten Eigentums. Von den ursprünglichen 6200 Kollektivbetrieben waren Ende 1953 nur mehr 1200 übrig, bis 1963 reduzierte sich ihre Zahl auf 39. Das Gesetz über die landwirtschaftliche Bodenreform vom 22.5.1953 legte das Bodenma-ximum in Privathand auf 10 ha fest. (Die Angaben sind entnommen: Wolfgang Höpken und Holm Sundhaussen, Jugoslawien von 1914 bis zur Gegenwart, in: Wolfram Fischer (Hrsg.), Handbuch der europäischen Wirtschafts- und Sozialgeschichte Band 6, Stuttgart 1987.)

staatlich geförderten genossenschaftlichen Produktionsgemeinschaften und fand sich nach einigen Fehlschlägen seit 1953 endgültig damit ab, daß die private klein-bäuerliche Wirtschaftsweise den Agrarsektor auch weiterhin prägen würde. 1960 lag die durchschnittliche Betriebsgröße bei 4,24 ha, bis 1969 sank sie sogar auf 3,88 ha.[14] Damit lag sie noch niedriger als vor dem Krieg.[15] Eine schnelle Durchkapitalisierung und Durchrationalisierung der Landwirtschaft war auf dieser Basis nicht zu errei-chen.

Während in Sowjetrußland die Zwangsexpropriation der Kulaken die ländliche Bevölkerungsmehrheit gewaltsam aus ihren selbstgenügsamen und weitgehend au-tark wirtschaftenden Sippenzusammenhängen herausgesprengt hatte, drängte die Tito-Administration die Kleinbauern allein durch die rigorose und einseitige Förde-rung der Industrie aus ihrer im wesentlichen auf Subsistenzproduktion beruhenden Lebensweise. Der Staat stampfte gerade auch in rückständigen ländlichen Regionen unabhängig von deren Rentabilität neue Fabriken aus dem Boden und gestaltete die Lebensbedingungen für die junge Industriearbeiterschaft attraktiver als für die Men-schen, die im vernachlässigten Agrarsektor ihr Auskommen fanden. Er sorgte auf diese Weise dafür, daß das Gros der bäuerlichen Massen in die Fabriken strömte und das Kleinbauerntum zusehends nur mehr als Feierabendlandwirtschaft weiterlebte. Die Bevölkerungsmehrheit wurde so sukzessive in die Lohnarbeiterexistenz hinein-gezogen und gewöhnte sich daran, die eigene Reproduktion im wesentlichen marktvermittelt sicherzustellen.

Die Metamorphose der bäuerlichen Massen in Lohnarbeiter war nicht einfach zu bewerkstelligen und verlief keineswegs bruchlos. »Der niedrige kulturelle Entwick-lungsstand« der frischgebackenen »Proletarier« war beim kommunistischen Ober-lehrerkollektiv denn auch Dauerthema. Nicht nur die fehlende fachliche Qualifikati-on der neuen Arbeitermassen warf immense Probleme auf; das Modernisierungsregi-me hatte insbesondere im Süden Jugoslawiens auch schwer damit zu kämpfen, daß die Akkulturation an ein von industrieller Vernutzung strukturiertes Leben noch in den Kinderschuhen steckte. Mit der Fabrikdisziplin der neuproletarischen Schichten war es nicht allzu weit her. Zur Erntezeit blieben die Fabriken menschenleer und das Arbeitstempo fiel gemessen an westeuropäischen Verhältnissen gemächlich aus. An-gesichts dieser Ausgangssituation war aber von Staatsseite jeder andere als ein admi-nistrativ-kommandomäßiger Umgang mit der neuen »herrschenden proletarischen Klasse« schlicht und einfach utopisch. Ein gewisses Maß an Produktivität war unter diesen Umständen nur dann zu erzielen, wenn auf der einzelbetrieblichen Ebene die Verantwortung bei den Fabrikdirektoren konzentriert wurde, und diese über Zwangsinstrumente verfügten, um die Beschäftigten an die Kandare zu nehmen. Die jugoslawische Führung rechtfertigte ihr Festhalten an rigiden Kommandomethoden

---

14 A.a.O., S. 889.
15 1931 hatte die durchschnittliche Betriebsgröße 5,36 ha betragen.

denn auch mit dem Fortwirken »kleinbäuerlicher Bewußtseinsformen«, die arbeits-gesellschaftliche Orientierung vorausgesetzt auch vollkommen zu Recht.

Tito kommt auf dieses Grundproblem selbst noch in dem Exposé »die Fabriken den Arbeitern« ausführlich zu sprechen, das bereits die Abkehr vom sowjetischen Modell markiert und die ersten Schritte beim Übergang zum Selbstverwaltungssozia-lismus sanktioniert. In dem 1950 für die erste Sondersitzung der Nationalversamm-lung verfaßten Papier läßt der Parteiführer zunächst Lenin erklären, was man unter Kommunismus zu verstehen habe, nämlich das internalisierte Arbeitsregiment und die Produktion für einen anonymen Zusammenhang:

»Der Kommunismus beginnt dort, wo die aufopfernde, sich über die schwere Arbeit erhebende Sorge der einfachen Arbeiter in Erscheinung tritt, die Arbeitspro-duktivität zu erhöhen, jedes Pud Korn, Kohle, Eisen und andere Erzeugnisse zu bewahren, die nicht die Arbeiter selbst noch ihre ›Nächsten‹ bekommen, sondern jene ›Fernen‹, d.h. die Gesellschaft als Ganzes.«[16]

Nachdem diese Zielvorgabe, die mit sozialistischer Begeisterung geschönte Nor-malität[17] einer entwickelten Arbeits- und Marktgesellschaft, bestimmt ist, muß Tito nur das Stichwort »Bauer« erwähnen, um seinen Genossen vor Augen zu führen, wie weit das sozialistische Jugoslawien von diesem Zustand noch entfernt ist.

»Wenn wir betrachten, wie groß die Zahl der Industriearbeiter im alten Jugoslawi-en war, wie hoch sie heute ist und wie hoch sie noch steigen wird, dann ist nicht schwer zu erraten, worum es geht. Wer kommt heute in die Betriebe der Industrie und anderswo? Bauern. Diese Menschen, die halb Bauern und halb Arbeiter sind, müssen zunächst einmal zu Arbeitern erzogen werden. Das ist nicht in kurzer Frist zu erreichen, ist keine leichte Aufgabe, und man muß sich ihr mit größtem Ernst und größter Geduld zuwenden und sie energisch zu bewältigen suchen... Bedenken wir nur die Tatsache, daß wir viele Anlagen, ja sogar einige der größten Fabriken, Berg-werke und anderes gerade in den wirtschaftlich rückständigen Gegenden, wie Teilen Bosniens, des Sandschaks, Kosovos und Metohijas, der Lika, Montenegros usw. er-richten und eröffnen, also überall dort, wo es bisher ... so gut wie gar keine Industrie gab. Wer aber wird in diesen Fabriken, Bergwerken und anderen Unternehmen arbeiten? Die Bauern aus diesen unterentwickelten Gegenden. Die armen Bauern dieser rückständigen Gebiete sollen und werden in diese Fabriken einziehen. Sie sollen aus armen Bauern, deren Vorfahren jahrhundertelang auf dem niedrigsten Niveau der Kultur und des Lebensstandards dahinvegetierten, zu bewußten Arbei-tern werden, die ein besseres Leben für sich und die ganze sozialistische Gemein-schaft aufbauen... Wir haben schon beträchtliche Erfahrung damit, wie schwer es ist,

---

16 Zitiert nach Josip Broz Tito, Der jugoslawische Weg, München 1976, S. 143f.
17 Was Lenin als kommunistisches Ziel beschreibt, ähnelt, aus der Nähe betrachtet und weniger emphatisch ausgedrückt, fatal einer kapitalistischen Errungenschaft. Den Lohnarbeitern im Westen, die um die Sicherung ihrer Arbeitsplätze bemüht sind, ist es ganz selbstverständlich, die Zielvorgabe »gesteigerter Produktausstoß« und das (betriebswirtschaftliche) »Wohl des Ganzen« im Auge zu behalten.

diesen Menschen, halb Bauer halb Arbeiter, zu einem bewußten und disziplinierten Industriearbeiter heranzubilden.«[18]

Das administrativ-diktatorische Vorgehen hat aber noch einen weiteren Grund, auf den Tito nicht so gerne und ausführlich zu sprechen kommt. Vom Standpunkt einer durchrationalisierten Vernutzung menschlicher Arbeitskraft wies nicht nur das bäuerliche Bevölkerungsgros erhebliche Defizite auf, auch kompetente Kader und Fachpersonal waren allerorten Mangelware. Das gilt insbesondere für den Mittelbau, also das Leitungspersonal in den Einzelbetrieben. Den neuen Managern und Betriebsdirektoren, die die nur embryonal vorhandene und zum großen Teil desavouierte »nationale Bourgeosie« ablösten, fehlte es schlicht und einfach an den für die Führung der Wirtschaft notwendigen Erfahrungen und Kenntnissen. Nicht jeder tapfere Partisanenführer war dazu prädestiniert, die darniederliegenden Wirtschaftsbetriebe auf Vordermann zu bringen und sich bei der Ankurbelung der nationalen Ökonomie zu bewähren. Enthusiasmus und Improvisationsvermögen konnten mangelnde Sachkenntnis nur bedingt kompensieren. Unter diesen Umständen war eine hochzentralisierte Kommandowirtschaft noch am ehesten geeignet, das Qualifikationsdefizit zu verwalten. Die administrativen Vorgaben, die unmittelbare Koppelung der einzelbetrieblichen Leitungsfunktionen an die Entscheidungen der übergeordneten Instanzen, machten es möglich, mit einer Laienspielschar die ersten Schritte zum Aufbau einer jugoslawischen Volkswirtschaft zu organisieren. Erst als die Kader in die neue Rolle hineingewachsen waren und neue, besser ausgebildete Kräfte nachstießen, standen genug Wirtschaftsführungskräfte bereit, die auch den Rahmen einer weniger vom unmittelbaren Kommando bestimmten Organisation ausfüllen konnten.

Trotz aller Schwierigkeiten brachte das Titoregime bei der Verwandlung der Subsistenzbauern in Minotauren und deren Fortentwicklung zu modernen Arbeitstieren bemerkenswerte Fortschritte zustande. Zweierlei hebt die titojugoslawische Variante der Verallgemeinerung von Lohnarbeit und Geldsubjektivität aus der Vielzahl anderer Entwicklungsregimes heraus. Zum einen vollzog sich im sozialistischen Jugoslawien ein Prozeß, der in anderen Weltregionen zum Teil Jahrhunderte in Anspruch nahm und unermeßliches Leid über die Menschen brachte,[19] erstaunlich schnell, zum anderen verlief diese Umwälzung vergleichsweise milde und friktionslos. Anomische Zwischenzustände blieben Titojugoslawien auf seinem Weg in die Moderne erspart, Anomie zog erst ein, als sich die Modernisierung selbst als historische Sackgasse erwies. Den verhältnismäßig reibungslosen Übergang von selbstgenügsamer Subsistenzproduktion zur arbeitsgesellschaftlichen Neubestimmung verdankt Jugo-

---

18 A.a.O., S. 144.
19 Eine bis heute kaum übertroffene Darstellung dieses brutalen Scheidungsprozesses findet sich im 1. Band des Kapitals im Kapitel über die sogenannte ursprüngliche Akkumulation. Was Marx am englischen Beispiel entwickelt, mußte sich unter den verschiedensten politischen und historischen Vorzeichen wiederholen, wo immer ein geographischer Raum in den Bannkreis der Warenproduktion geriet.

slawien, neben der verhältnismäßig rücksichtsvollen Haltung der KP gegenüber der kleinbäuerlichen Mehrheit, nicht zuletzt der sozialistischen Emphase des neuen Regimes, über die die Liebhaber der westlichen Moderne so gerne die Nase rümpfen. Außerhalb der realsozialistischen Welt, insbesondere in der Zeit, als in Westeuropa die Grundlagen einer verallgemeinerten Warengesellschaft gelegt wurden, stürzten die Menschen ins Proletariat hinab, wenn sie in die neuerstandenen Fabriken zogen, und wehrten sich dementsprechend verzweifelt gegen dieses Verhängnis. In Jugoslawien wie im übrigen realsozialistischen Lager wurden sie hingegen zu Proletariern geadelt. Die »proletarische Staatsmacht« hatte die Fabrikhölle zum Ort der Verheißung gemacht. Diese kleine Differenz im Übergang zur Daseinsweise einer freien und gleichen Arbeitsmonade mußte Folgen zeitigen. Auch wenn das allgemeine Massenbewußtsein natürlich nicht mit der offiziellen Staatsdoktrin gleichzusetzen ist, so erleichterte die ideologische Deifizierung der proletarischen Existenz und die realen sozialen Errungenschaften den aus der ländlichen Bindung heraustretenden neuen Arbeitern zweifellos erheblich das Hinübergleiten in ihre noch ungewohnte Daseinsweise.

Der Kommandosozialismus schuf mit der ideologischen Überhöhung der Lohnarbeiterexistenz und der systematischen Benachteiligung der Landwirtschaft nicht nur den Ausgangspunkt für die Verallgemeinerung des Arbeits- und Geldsubjekts und damit die unentbehrliche soziologische Grundlage jeder entwickelten Arbeits- und Warengesellschaft; auch aus der binnenökonomischen Perspektive erweist er sich näher besehen als ihre Jugend- und Durchsetzungsform. Zum einen war die kommandowirtschaftliche Form durchaus dem wirtschaftspolitischen Inhalt, der Basisindustrialisierung, adäquat; zum anderen waren massive staatliche Eingriffe in die Austauschrelationen notwendig, um die Ressourcenflüsse für die beschleunigte Industrialisierung des Landes zu organisieren und in dem rückständigen Land einen Akkumulationsschub in Gang zu setzen.

Zunächst einmal zum ersten Punkt: Es liegt auf der Hand, daß sich ein zentralistisch-administratives Wirtschaftssystem zur Regulation einer ausdifferenzierten und hochintegrierten Nationalökonomie genauso gut eignet wie Hammer und Meißel zum Programmieren eines Computers. Selbst ein Laplacescher Dämon müßte kläglich scheitern, wollte er in einer Gesellschaft, in der Millionen von verschiedenen Warenangeboten miteinander konkurrieren und sich die Austauschbeziehungen der Teilproduzenten unübersehbar miteinander verschränken, versuchen, das blinde Spiel der Marktkräfte »bewußt« zu administrieren. In einer Arbeitsgesellschaft, in der schon bei der Fertigung eines simplen Joghurts 25 Teilproduzenten in 6 verschiedenen Staaten beteiligt sind, überfordert der Komplexitätsgrad des gesellschaftlichen Vermittlungszusammenhangs jede Form von »sozialistischer Kommandowirtschaft« und macht sie als anachronistisches Ungetüm kenntlich. In der Gründerzeit der Arbeitsgesellschaft, als die Fäden betrieblicher Vernetzung erst geknüpft wurden und der gesellschaftlich-betriebliche Kontext dementsprechend noch relativ überschaubar war, sah das allerdings ganz anders aus. Solange sich die Reproduktion nicht auf der Basis einer modernen Marktgesellschaft bewegt, sondern es stattdessen noch darum geht, die Grundlagen einer Arbeitsgesellschaft erst zu schaffen, taugt der »revolutionäre Etatismus«, trotz aller ihm von vornherein inhärenten Reibungsverluste, durchaus als gesellschaftliche Organisationsform. Das gilt auch und ganz besonders für das Jugoslawien der 40er Jahre. Im neu gebildeten Titostaat konnte damals die angestrebte Modernisierung stofflich kaum etwas anderes als infrastrukturellen Wiederaufbau und Basisindustrialisierung bedeuten. Der Einstieg in einen endogenen industriellen take-off konnte nur erreicht werden, wenn in Jugoslawien Stahlwerke und andere Produktionsgüterindustrien entstanden und die Kriegsschäden behoben wurden. Genau diese Aufgaben, die Rekonstruktion von Straßen, Eisenbahnlinien und Wohnraum und die Errichtung von Grundstoffindustrien sind aber durchaus kompatibel mit einem grobschlächtigen Planungssystem, das allein mit Tonnen und ummauerten Kubikmetern operieren kann und sich äußerst schwer mit der Berücksichtigung qualitativer Gesichtspunkte tut.

Das administrative Instrumentarium und das System staatlicher Preisfestsetzung stellte auf dieser niedrigen Entwicklungsstufe der Arbeitsgesellschaft nicht nur kein Hindernis für die Modernisierung des Landes dar. Es war im Sinne der beschleunigten arbeitsgesellschaftlichen Entwicklung sogar funktional. Jugoslawien hatte bei seiner Aufholjagd in die Moderne zunächst einmal mit einem zentralen Problem zu kämpfen. Es hatte den Prozeß »ursprünglicher Akkumulation« von Kapital nachzuholen. Als der Zweite Weltkrieg zu Ende ging, stand das rückständige Jugoslawien vor der gleichen Grundschwierigkeit, mit dem das Land schon in der Zwischenkriegszeit immer konfrontiert gewesen war: Es herrschte massive Kapitalknappheit. Dieser Umstand mußte jedem marktwirtschafts-dogmatischen Industrialisierungsprogramm aber von vornherein äußerst enge Grenzen setzen. Die freie (Welt)marktwirtschaft sah für Jugoslawien nach wie vor nur die Rolle eines subalternen, lediglich punktuell in den kapitalistischen Verwertungsprozeß integrierten Agrar- und Rohstoffproduzenten vor. Weder der überhaupt nur embryonal vorhandene verarbeitende Sektor war in der Lage, aus seiner eigenen Dynamik, also aus der Logik einzelbetrieblicher Vernutzung und Akkumulation heraus, die der jugoslawischen Wirtschaft gesetzte Schranke zu überwinden; noch war zu erwarten, daß sich ersatzweise in nennenswertem Umfang ausländisches Kapital beim Aufbau des Landes engagieren würde. Einen Durchbruch in Richtung Vollindustrialisierung konnte unter den gegebenen Umständen nur ein Regime erzielen, das bereit war, sich über die der Eigenlogik der Marktbewegung inhärenten Grenzen hinwegzusetzen. Diesen Part übernahm die Titoregierung. Sie wälzte das gesellschaftliche Reproduktionsgefüge gründlich um und schuf damit die Voraussetzung für Jugoslawiens Versuch, aus seiner marginalen Rolle an der Peripherie der Weltarbeitsgesellschaft auszubrechen.

Bei ihrem Bemühen, eine breite industrielle Entwicklung einzuleiten, setzte sich die neue Regierung hochfliegende Ziele. Frei nach dem Motto des Blitzkrieggenerals

Guderian: »nicht kleckern sondern klotzen«, peilte der 1947 verkündete erste Fünfjahrplan eine Verfünffachung der industriellen Produktion gegenüber dem Vergleichsjahr 1939 an. Milovan Djilas fabulierte 1948 davon, daß Jugoslawien innerhalb der nächsten zehn Jahre Großbritannien in der industriellen pro Kopf Produktion einholen würde. Um diese Vorgabe zu realisieren, transferierte die jugoslawische Führung in den ersten Nachkriegsjahren ein Drittel des Volkseinkommens[20] in die industriellen Investitionsfonds und tat alles, um im Land vor allem eine schwerindustrielle Basis aus dem Boden zu stampfen. Auf der Grundlage einer unreglementierten Marktwirtschaft wäre weder die einseitige Ausrichtung der wirtschaftlichen Aktivität auf das mittel- und längerfristige Entwicklungsziel noch eine vergleichbare Investitionsquote zu erreichen gewesen, dazu lag die industrielle Wertschöpfung in Jugoslawien viel zu niedrig. Die gigantischen Ressourcenflüsse für diesen Kraftakt ließen sich nur durch die Sistierung der Prinzipien einer freien Marktwirtschaft mobilisieren. Sie hatten einerseits massive Konsumeinschränkungen zur Voraussetzung, die allein mit außerökonomischer Gewalt zu erzwingen waren; zum anderen beruhten derartige Investitionsraten auf der Entkoppelung der Investitionstätigkeit vom Kriterium kurzfristiger Profitabilität und von ihrer Abhängigkeit von den einzelbetrieblich erwirtschafteten Gewinnen.

Die auf das Primat der schwerindustriellen Entwicklung ausgerichtete staatliche Regulation betraf zunächst einmal die Beziehungen zwischen den Industriezweigen. Der Staat dirigierte nicht nur die Investitionsmittel vornehmlich in den Produktionsgütersektor, er sorgte außerdem für eine künstliche Verbilligung von Energie und Rohstoffen. Mit der systematischen Benachteiligung der Bergbaubetriebe subventionierten die Planungsbehörden de facto das verarbeitende Gewerbe und verschafften ihm einen zusätzlichen Entfaltungsspielraum. Das Gros der für die gezielte Förderung der verarbeitenden Industrie notwendigen Ressourcen ließ sich auf diese Weise allerdings nicht requirieren. Die entscheidende Voraussetzung für den industriellen take-off war vielmehr die durch die Kommandowirtschaft erzwungene Redistribution aus dem vorindustriellen Bereich, insbesondere aus der Landwirtschaft. Die Kommandowirtschaft zwang die Agrarproduzenten, für die noch unzulängliche Wertschöpfung im industriellen Sektor einzuspringen, und machte so dessen Expansion erst möglich. Praktisch erfolgte diese Auspressung durch massive Eingriffe in die Austauschrelationen zwischen Landwirtschaft und Fertiggüterbereich. Für diese Funktion war das kommandowirtschaftliche Instrumentarium in der Sowjetunion einst vornehmlich erfunden worden, und die gleiche Aufgabe erfüllte es auch in Jugoslawien. Die Belgrader Zentralinstanzen dekretierten systematisch die landwirtschaftlichen Preise nach unten, und die Preisschere zwischen Agrargütern und Industriewaren, ergänzt durch ein entsprechendes Besteuerungssystem, sorgte für den Ressourcenzufluß, auf den der junge industrielle Sektor im Aufbau angewiesen war.

---

20 Vladimir Bonac, Jugoslawien, Hannover 1976, S. 30.

Auf einem nach außen offenen Markt hätte das dirigistische Instrumentarium nicht greifen können. Das System politischer Preise bedurfte, um zu überleben, der Abschottung des Binnenmarktes. Garantie dafür bot das staatliche Außenhandelsmonopol. Es verunmöglichte den benachteiligten Produzenten, insbesondere den Bauern, vor dem staatlichen Preisdiktat auf äußere Märkte auszuweichen. Es schützte gleichzeitig die junge jugoslawische Industrie davor, auf den internen Märkten der übermächtigen ausländischen Konkurrenz zu erliegen.

Trotz der Einführung des staatlichen Außenhandelsmonopols zeitigte die von den kommunistischen Herren dem Land aufgezwungene Industrialisierungs-Roßkur natürlich heftige Nebenwirkungen. Das wurde zunächst vor allem im Verhältnis von Stadt und Land, d.h. in der Beziehung der staatlichen Redistributionsgewalt zu den Agrarproduzenten deutlich. Die Bauernschaft, die die Hauptlast der Anstrengungen für die Industrialisierung zu tragen hatte, litt gleich doppelt unter dem von der Tito-Administration in den ersten Nachkriegsjahren eingeschlagenen Kurs. Die staatlichen Stellen boten ihnen nicht nur erbärmliche Preise für ihre Produkte, sie fanden außerdem angesichts der einseitig auf die Förderung der schwerindustriellen Basis ausgerichteten Entwicklungsstrategie auf dem Markt nur wenige Konsumgüter vor. Beides zusammen förderte nicht gerade die Neigung der Kleinbauern, ihre Erzeugnisse überhaupt auf dem staatlich reglementierten Markt anzubieten. So kam es bis tief in die 50er Jahre hinein immer wieder zu akuten Versorgungsengpässen,[21] die auf das Industrialisierungsprojekt zurückschlugen. Die Zwangsrequirierungen, zu denen die Administration zeitweilig Zuflucht suchte, waren nur sehr bedingt geeignet, dieses Manko zu beheben. Milovan Djilas, einer der wichtigsten Parteiführer und späterer Dissident, resümiert im Rückblick auf die ersten Nachkriegsjahre die Entwicklung auf dem Lande folgendermaßen:

»Der ›Abkauf‹ (Zwangsankauf von Agrarprodukten zu niedrigen, administrativen Preisen) fiel den Bauern von Anfang an schwer, wenngleich sie in der Kriegszeit und auch in den ersten Nachkriegsjahren für diese Zwangsmaßnahmen Verständnis hatten. Zwei Jahre nach Kriegsende jedoch verstärkte sich plötzlich der Widerstand der Bauern. Das Resultat war die Verschärfung der Zwangsmaßnahmen wie Durchsuchungen, Mißhandlungen, Massenverhaftungen. Die übereilte, unökonomische Industrialisierung war von einer Einengung des Marktes und von Warenmangel begleitet, dazu kam dann die Kollektivierung... Der ›Abkauf‹ wurde unweigerlich auch von Brutalitäten der Behörden und Parteiorganisationen gegenüber den Bauern begleitet, ebenso gab es Durchtriebenheit und Schwindel seitens der Bauern. Ich erinnere mich

---

21 Wenn die KP die konkurrierenden Parteien, insbesondere die diversen Bauernparteien, systematisch ausschaltete, dann ist das vor allem ein Reflex auf die eigene Industrialisierungs- und Agrarpolitik. Die Kommunisten hatten zwar kein alternatives Modernisierungskonzept zu fürchten, doch forderte das eingeschlagene Modernisierungstempo erhebliche Opfer. Vor diesem Hintergrund kam es für die Titopartei darauf an, den sich regenden Widerstand latent zu halten, indem sie ihm jeden politischen Organisationsansatz raubte.

aber nicht, daß es irgendwo zu ernsthaftem, massivem Widerstand der Bauern gekommen wäre, wie das zuweilen in der Sowjetunion der Fall war.«[22]

Auch wenn sich kein breiter und offener Widerstand der Agrarproduzenten formierte, und Jugoslawien Hungersnöte, wie sie die Sowjetunion im Gefolge der Zwangskollektivierung erlebte, erspart blieben, hatte das Land einen hohen Preis für den Parforceritt in die Industrialisierung zu entrichten. Die Entwicklung der landwirtschaftlichen Produktivität hinkte meilenweit hinter den Fortschritten im sekundären Sektor her. Erst 1956 erreichte die Erzeugung von Agrargütern das alles andere als berauschende Vorkriegsniveau. Diese Schattenseite der etatistischen Modernisierung trübt deren Gesamtbilanz. Sie darf uns über die bemerkenswerte transitorische Leistung aber nicht hinwegtäuschen. Innerhalb der Logik von Modernisierung und Industrialisierung gab es cum grano salis wohl keine realistische Alternative zu dieser »unökonomischen und übereilten« Variante. Die ursprüngliche Akkumulation, die Zwangsenteignung der agrarischen unmittelbaren Produzenten und die Einspeisung der ländlichen Kleinproduktion in die gesellschaftliche Verwertungsbewegung können nicht reibungslos aus dem Selbstlauf der ökonomischen Binnenbewegung heraus erfolgen, sondern nur als ein gewaltsamer Akt. Trotz aller retardierenden Momente, die im Übergang von einer selbstgenügsamen Subsistenzproduktion zu einer hochentwickelten Warenwirtschaft kaum zu vermeiden sind, machte die Verallgemeinerung von Lohnarbeit und Monetarisierung in Jugoslawien seit dem Machtantritt der Kommunisten immense Fortschritte. Zwischen 1948 und 1955 wuchs das Sozialprodukt im Durchschnitt jährlich um 5,2%, Industrie und Bergbau steigerten ihren Ausstoß sogar um 7,9%. Das in diesem Sektor geschaffene Sozialprodukt belief sich 1947 noch auf recht bescheidene 9,9 Mrd. Dinar. Es dauerte nur acht Jahre, um dieses Ergebnis, in konstanten Preisen gerechnet, zu verdoppeln.[23] Als 1953 der erste Fünfjahrplan auslief, waren von den 7,8 Millionen Menschen, die die Wirtschaftsstatistiker zur »aktiven Bevölkerung« zählten, immerhin bereits 532.000 in der Industrie beschäftigt. Die Rechnung der Tito-Administration schien zunächst also durchaus aufzugehen, wenn auch die Wirklichkeit weit hinter den Einhol- und Überholphantastereien aus der Aufbruchsphase zurückblieb. Die sozialistische Kommandowirtschaft, so machte es den Eindruck, war drauf und dran, den Weg zu einer arbeitsgesellschaftlichen Entwicklung in dem rückständigen südosteuropäischen Land endlich freizusprengen.

---

22 Milovan Djilas, Jahre der Macht, München 1983, S. 39.
23 Die Zahlen sind allesamt entnommen: Handbuch der europäischen Wirtschaftsgeschichte, Band 6, S. 882.

5. Etatistische Steuerung und »negative Konkurrenz«

Bei ihrem Versuch, auf den Trümmern des untergegangenen »Königreichs der Slowenen Kroaten und Serben« ein neues, modernes Staatswesen zu errichten, verzichtete die kommunistische Führung wohlweislich darauf, so etwas wie eine einheitliche jugoslawische Nation zu deklarieren. Das alte Regime hatte diese Idee so gründlich desavouiert, daß es unmöglich war, noch einmal an sie anzuknüpfen. Während des Krieges distanzierte sich Tito kategorisch von jeder jugoslawistischen Einschmelzungsvorstellung: »Das beharrliche und dumme Gerede der hegemonistischen Clique, Serben, Kroaten und Slowenen seien nur Stämme ein und desselben Volkes, diente dem Ziel der Serbisierung von Kroaten und Slowenen. Jugoslawien war nur eine Maske für diese Serbisierung.«[1]

Das neue Jugoslawien, so versprach Tito, würde solche Bestrebungen nicht noch einmal zulassen und »die jeweilige nationale Individualität« anerkennen: »Das Wort ›Volksbefreiungskampf‹ wäre nur eine Phrase, ja eine Täuschung, hätte es nicht neben dem gesamtjugoslawischen auch einen nationalen Sinn für jedes Volk im besonderen, das heißt, bedeutete es nicht außer der Befreiung Jugoslawiens zugleich auch die Befreiung der Kroaten, Slowenen, Serben, Mazedonier, Arnauten, Muselmanen usw.«[2]

Auch nach dem Ende des Krieges hielt sich die Führung konsequent an diese Richtschnur und verzichtete darauf, so etwas wie eine jugoslawische Nation zu proklamieren. Sie gründete das neue Jugoslawien offiziell als eine freiwillige Vereinigung unabhängiger Völker und distanzierte sich energisch von allen national-hegemonialen Ambitionen. Die am 31.1.1946 in Kraft getretene jugoslawische Verfassung ging nicht wie andere Verfassungen von einem einheitlichen Staatsvolk aus; sie erklärte Kroaten, Serben, Slowenen, Montenegriner und Mazedonier[3] gleichermaßen zu staatstragenden Völkern. Nach einer Verfassungsänderung stiegen 1963 schließlich auch noch die bosnischen Muslime zu einer eigenen Nation auf.[4] Damit tummel-

---

1   Tito, Die Nationale Frage im Lichte des Volksbefreiungskampfes, Dezember 1942, zitiert nach Josip Broz Tito, Der jugoslawische Weg, München 1976, S. 38.
2   A.a.O., S. 42.
3   Damit wurde erstmals in der Geschichte so etwas wie eine eigene mazedonische Nationalität offiziell anerkannt. Bis zur Neugründung Jugoslawiens war Mazedonien der Spielball großserbischer und großbulgarischer Bestrebungen.
4   Die bosnische Moslemnation stellt wohl die wundersamste Anomalie in der an Anomalien reichen

ten sich auf dem jugoslawischen Territorium gleich sechs gleichberechtigte Staatsvölker. Wo keine einheitliche Nation existiert, kann es auch keine landesweit einheitliche Amtssprache geben. Neben das Serbokroatische, das in der Vorkriegszeit als offizielle Landessprache gedient hatte, traten nun gleichberechtigt das Mazedonische und das Slowenische.[5]

Der radikale Bruch mit der unitaristischen Tradition fand auch in der Binnengliederung des sozialistischen Jugoslawien seinen Niederschlag. Der neue Staat vereinigte in sich sechs Republiken, die in allen Kultur- und Verwaltungsbelangen ein hohes Maß an Unabhängigkeit genossen. Die neue Führung räumte überdies auch den in den Teilrepubliken lebenden nichtsüdslawischen Nationalitäten (Ungarn, Albanern, usw.) einen bis dahin unbekannten Grad von Autonomie ein.[6]

Bei der Grenzziehung zwischen Slowenien, Kroatien, Bosnien-Herzegowina, Montenegro, Mazedonien und Serbien orientierte sich die Tito-Administration im wesentlichen an den vor dem Ersten Weltkrieg gültigen Grenzverläufen. Ethnisch homogene Einheiten kamen auf diese Weise natürlich nicht zustande. Von Slowenien einmal abgesehen, lebten in allen Republiken starke Minderheiten. In Bosnien-Herzegowina gab es nicht einmal, wie in den anderen Republiken, ein Staatsvolk, das in dieser Teilrepublik die Mehrheit gestellt und ihr seinen Namen geliehen hätte. Angesichts der »ethnischen Gemengelage« in Jugoslawien war ein anderes Resultat von »ethnisch korrekten« Grenzen aber auch gar nicht zu erreichen.

Der Interessenausgleich zwischen den Nationen, der in der Errichtung des jugoslawischen Bundesstaates institutionalisiert wurde, bedeutete zunächst einmal vor allem das Ende aller großserbischen Bestrebungen. Die Tito-Administration zog damit einen Schlußstrich unter die Zwischenkriegszeit. Mehr als ein Drittel der serbischen

---

jugoslawischen Vielvölkerlandschaft dar. Selten tritt der Konstruktcharakter von Nationalität und nationalistischen Ideologien so kraß zutage wie an diesem Exempel. Seiner historischen Genesis nach handelt es sich beim moslemischen Bevölkerungsteil um Nachfahren von Südslawen, die während der osmanischen Herrschaft zum Islam übertraten. Sowohl sprachlich als auch ethnisch unterscheiden sich die bosnischen Moslems von ihren kroatischen und serbischen Nachbarn in keiner Weise. Das einzige Trennkriterium, das im atheistischen Jugoslawien den bosnischen Moslems zu nationaler Besonderheit verhalf, war ihr religiöses Bekenntnis. Das ist noch verwunderlicher, wenn wir uns zweierlei klar machen. Zum einen hatte der Islam für die allermeisten bosnischen Moslems keinerlei lebenspraktische Bedeutung. In Bosnien-Herzegowina wurde gerade der moslemische Bevölkerungsteil vom Urbanisierungsprozeß erfaßt und aus seinen traditionellen Bindungen am gründlichsten herausgelöst; unter den Bewohnern Bosnien-Herzegowinas bildeten die Moslems die Speerspitze der Moderne. Zum anderen hatte das Bekenntnis zur bosnischen Moslemnationalität nie etwas mit gesamtmoslemischer Solidarität zu tun. Die moslemischen Bewohner von Sarajevo und Mostar fühlten sich in keiner Weise mit ihren bettelarmen Glaubensbrüdern im Kosovo und im Sandschak verbunden.

5 Die prinzipielle Gleichberechtigung galt allerdings nie für die Armee. Das Serbokroatische blieb die ausschließliche Kommandosprache.

6 Das wird unter anderem am Problem der Unterrichtssprachen deutlich. »Die Richtlinien für die Eröffnung und Arbeit von Schulen der nationalen Minderheit« vom August 1945 sahen hier eine recht großzügige Regelung zugunsten der Minoritäten vor. In jeder Gemeinde, in der im Jahr mindestens 20 Schüler einer nationalen Minderheit eingeschult wurden, sollten für diese Gruppe eigene Schulen eingerichtet werden. An solchen Bildungseinrichtungen fand der allgemeine Unterricht in der Sprache der Minderheit statt, während die Republiksprache lediglich als eine ab der 3. Jahrgangsstufe obligatorische Fremdsprache in den Lehrplan integriert war. Vgl. Robert K. Furtak, Jugoslawien, S. 166f.

Bevölkerung lebte künftig als minoritärer Bevölkerungsteil außerhalb der Mutterrepublik. Die Entscheidung der KPJ-Führung, der zu Serbien gehörigen Wojwodina mit ihrer starken ungarischen Minderheit und aus dem Kosovo mit seiner albanischen Bevölkerungsmehrheit einen Sonderstatus als autonome Provinzen innerhalb Serbiens einzuräumen, komplettierte die gegen jeden großserbischen Anspruch gerichtete Neugliederung.

Der strikt föderale Grundzug des neuen Staates spiegelte sich auch in seinen verfassungsmäßigen Institutionen wieder. Die Volksversammlung, offiziell das höchste Organ des Landes, bestand nicht nur aus dem von allen Staatsbürgern gewählten Bundesrat, zu ihr gehörte als zweite gleichrangige Kammer auch der Nationalitätenrat. Dieser Nationalitätenrat war die Vertretungskörperschaft der Teilrepubliken und der autonomen Provinzen.

Das Bekenntnis der KP zum Föderalismus entschärfte zunächst den aus der Zwischenkriegszeit und aus dem Zweiten Weltkrieg überkommenen nationalen Sprengstoff. Es war integraler Bestandteil des gesamtjugoslawischen Konsens. Für die praktische Ausgestaltung der wirtschaftlichen Beziehungen und für die politische Entwicklung hatte das anti-unitaristische Selbstverständnis allerdings erst einmal kaum eine größere Bedeutung. Solange die KP alle Fäden in der Hand behielt und der parteiinterne Willensbildungsprozeß den Prinzipien des »demokratischen Zentralismus« folgte, blieb »der in der Verfassung vorgesehene Föderalismus ... bloße Formalität«.[7] Der strikt zentralistische Aufbau der allgegenwärtigen Kaderpartei setzte das in der Verfassung verankerte, stark föderale Moment de facto außer Kraft. In den ersten Jahren nach der Staatsgründung wagte es kein regionaler KP-Führer, offen die Sonderinteressen seiner Republik gegen die Vorgaben der Belgrader Zentrale geltend zu machen. Alle wichtigen Entscheidungen fällte stattdessen die Belgrader Führung um Tito, und sie folgte konsequent ihrem gesamtjugoslawisch ausgerichteten Entwicklungsprogramm.

In dem für den »Aufbau des Sozialismus« entscheidenden Bereich, in der Wirtschaft, beschränkte sich die KP nicht nur darauf, durch ihr Machtmonopol der Entwicklung faktisch einen gesamtjugoslawischen Stempel aufzudrücken. Den vom »administrativen Sozialismus« etablierten Planungs- und Lenkungsmechanismen waren föderalistische Neigungen von vornherein wesensfremd. Das unter der Federführung von Wirtschaftsfunktionären wie Hebrang, Vukmanovic-Tempo, Kidric und Zujovic geschaffene kommandowirtschaftliche Instrumentarium zentralisierte vielmehr rigoros sämtliche ökonomischen Entscheidungsprozesse. Dieses Grundprinzip wird schon an der Art und Weise deutlich, in der in Jugoslawien die ersten Entwicklungspläne erstellt wurden. Bei der Planfestlegung waren alle nachgeordneten Planungskommissionen strikt an die Weisungen der obersten Planungsinstanzen gebunden und hatten sie lediglich umzusetzen. Jeder weiterreichende eigene Entschei-

---

7 Holm Sundhaussen, Experiment Jugoslawien, S. 102.

dungsspielraum war ihnen verwehrt. Die regionalen Leitungen konnten somit auch nicht über die ihnen zugeteilten Budgets frei disponieren. Diese Mittel galten rechtlich vielmehr als Bestandteil des Bundeshaushalts, und über ihre Verwendung befand in letzter Instanz die zuständige Belgrader Zentrale.[8] Das regionale und einzelrepublikanische Wirtschaftsleben sollte in jeder Hinsicht auf das projektierte gesamtjugoslawische Entwicklungskonzept ausgerichtet werden. Denn die Belgrader Führung ging davon aus, daß nur ein Zentralstaat, der als eine Art »reeller Gesamtkapitalist« die Gesellschaft in eine »Gesamtfabrik« verwandelt und die Einzelbetriebe bis ins Detail hinein seinen Vorgaben unterwirft, in der Lage sei, die heterogenen und zum Teil ausgesprochen rückständigen Landesteile in einem kollektiven Modernisierungs- und Industrialisierungsprozeß zusammenzufassen.

Diese Vorstellung führte nicht nur dazu, daß jede Detailmaßnahme vor Ort der Absegnung durch die übergeordneten Stellen bedurfte. Sie hatte auch noch eine andere Folge. In Jugoslawien, mit seinen schreienden regionalen sozioökonomischen Diskrepanzen, setzte die Zentralisierung der Wirtschaft eine riesige Umverteilungsmaschinerie in Gang. Weil alle Gewinne nach Belgrad abgeführt werden mußten, und Belgrad gleichzeitig für sämtliche Kosten und Verluste geradestand, bedeutete das gigantische Allokationswerk letztlich die Subventionierung des unterproduktiven Südens durch den »reichen« Nordwesten. Nirgends wird das so deutlich wie am montenegrinischen Beispiel. In Montenegro lag zu Beginn der 50er Jahre das pro Kopf erwirtschaftete Sozialprodukt lediglich bei 80% des jugoslawischen Durchschnitts. Es erreichte damit nicht einmal die Hälfte des slowenischen Niveaus. Dennoch nahm dieses Land zwischen 1947 und 1956 bei den Haushaltsausgaben pro Kopf die absolute Spitzenposition ein.[9] Dieser Effekt lag auch durchaus in der Absicht der Tito-Administration. Die Umlenkung von erheblichen Investitions- und sonstigen Haushaltsmitteln in den bettelarmen Süden war mit der Hoffnung verbunden, auf diese Weise den unentwickelten südlichen Republiken den Anschluß an das slowenische und kroatische Entwicklungsniveau zu ermöglichen. Am Ende der Entwicklung sollte eine homogene, moderne jugoslawische Volkswirtschaft stehen.

Die Titoführung distanzierte sich auf der Ebene der Kultur von allen jugoslawistischen Einschmelzungsphantasien. Ökonomisch folgte sie aber einer ganz anderen, diametral entgegengesetzten Linie. Als Produzent, so die lauthals proklamierte Grundannahme, kennt der Bürger des »sozialistischen Jugoslawien« weder irgendwelche Sonderinteressen noch nationale Gegensätze. Mit dem sozialistischen Aufbau verlieren alle ethnischen Konflikte ihre Sprengkraft, sie leben nur mehr in den Köpfen von Reaktionären und Volksfeinden fort. Die unbedingte Affirmation des unmit-

---

8 Vgl. G. Hedtkamp, Wirtschaftssystem und Wirtschaftsentwicklung des heutigen Jugoslawien, in: Jugoslawien zwischen West und Ost, hrsg. von H. Ludat, Gießen 1967, S. 115.

9 Vgl. Robert Furtak, Jugoslawien, Hamburg 1975, S. 160. Furtak weist darauf hin, daß die relativ reichliche Versorgung Montenegros auch der starken Stellung der Montenegriner im Parteiapparat geschuldet war. Die gleiche Diskrepanz zwischen eigener Wirtschaftsleistung und den Haushaltszuteilungen läßt sich aber auch bei den anderen südlichen Republiken, wenn auch nicht ganz so kraß, nachzeichnen.

telbaren Produzenten, insbesondere des Arbeiters, eröffnet eine gemeinsame jugoslawische Perspektive, die die Völker und Völkerschaften des Landes zu einer neuartigen Einheit verbindet. Dieses Grundaxiom, auf dem das Projekt eines einheitlichen sozialistischen Jugoslawien beruht, durchzieht wie ein roter Faden Titos Verlautbarungen. Selbst auf dem 8. Kongreß des Bundes der Kommunisten im Dezember 1964, in einer Zeit, als der BdKJ längst Interessengegensätze innerhalb der sozialistischen Gesellschaft als legitim und unvermeidlich anerkannt hatte, macht es Tito noch zum Ausgangspunkt seiner Überlegungen und erklärt: »Für Produzenten gibt es keine Grenzen, da ihre Interessen mit denjenigen unserer ganzen gesellschaftlichen Gemeinschaft identisch sind. Produzenten finden ihre Interessen in verschiedenen Formen von Zusammenarbeit und Arbeitsteilung, während Grenzbarrieren zwischen den Teilrepubliken eine solche Zusammenarbeit nur behindern.«[10]

Diese Deklaration klang damals, im Jahr 1964, schon mehr wie eine Beschwörungsformel und Forderung als eine selbstverständliche Wahrheit. Die eingeklagte Interessenidentität der Produzenten und der gesamtjugoslawischen Gemeinschaft hatte sich zu diesem Zeitpunkt längst in vielerlei Hinsicht als Illusion entpuppt. Tito ging es nurmehr darum, nun wenigstens das Aufbrechen der Verteilungskämpfe zwischen den Teilrepubliken ideologisch unter dem Deckel zu halten.

15 Jahre vorher war der Glaube an die Interessenidentität aller Produzenten dagegen noch unerschüttert. Die Protagonisten des jugoslawischen »administrativen Sozialismus« gingen allen Ernstes davon aus, daß mit der Abschaffung des Privateigentums an den Produktionsmitteln und deren Verstaatlichung der »anarchische und antagonistische Charakter« der »kapitalistischen Produktionsweise« beseitigt sei. Zwar hatten die Führer der neu errichteten Kommandowirtschaft alltäglich mit enormen Schwierigkeiten zu kämpfen, sie beklagten regelmäßig das Desinteresse der unmittelbaren Produzenten, die schwejksche Umgangsweise mit den Planvorgaben und die Ineffizienz des eigenen Apparates; all diese Störungen, die den Fortgang des Modernisierungs- und Industrialisierungsprojekts erheblich behinderten, werteten die Kommunisten aber zunächst ausschließlich als Folge des niedrigen kulturellen Ausgangsniveaus in Jugoslawien. Sie erwarteten, daß mit der Perfektionierung der Planungsmechanismen und der Hebung der kulturellen Standards diese Probleme allmählich verschwinden würden.

In Wirklichkeit trat allerdings die gegenteilige Entwicklung ein. Je mehr die Beseitigung der unmittelbaren Kriegsschäden sich ihrem Abschluß näherte und die Reorganisation der jugoslawischen Wirtschaft voranschritt, desto energischer machten sich auf allen Ebenen, zunächst bei den Einzelbetrieben, später auch bei den Republiken und Regionen, Sonderinteressen bemerkbar, und desto weniger gelang es der kommandowirtschaftlichen Zentrale, die entstehenden zentrifugalen Kräfte zu unterdrücken, ohne die ökonomische Weiterentwicklung abzuwürgen.

---

10 Zitiert nach: Josip Broz Tito, Der jugoslawische Weg, S. 156.

Die Protagonisten des »administrativen Sozialismus« überraschte dieses Ergebnis. Aus einer modernisierungstheoretischen Perspektive ist das Resultat allerdings alles andere als verblüffend. Mit der Verstaatlichung der Wirtschaft hatten die Kommunisten den partikularen Produzenten und seine Sonderinteressen nur wegdeklariert, nicht jedoch tatsächlich aufgehoben. Auf dem herrschenden niedrigen Vergesellschaftungsniveau war das auch gar nicht möglich. Ein Land, in dem die stoffliche Vernetzung zwischen den Teilproduzenten noch ausgesprochen weitmaschig ausfällt, kann den einzelbetrieblichen Standpunkt noch nicht abstreifen. Im Gegenteil, im selben Maße, wie die Komplexität der produktiven Beziehungen zunimmt, erweist sich der Einzelbetrieb erst als die entscheidende Grundeinheit des Wirtschaftslebens, und der Austausch zwischen den Einzelbetrieben steigt zur allgegenwärtigen gesellschaftlichen Verknüpfungsform auf.

Die Avantgarde des Planungssozialismus in Jugoslawien fabulierte, wie anderenorts im realsozialistischen Lager auch, penetrant vom gesellschaftlichen Ganzen und erklärte die gesamtjugoslawische Entwicklung zur entscheidenden Meßlatte allen wirtschaftlichen Tuns. Titos Wirtschaftsadministratoren waren überzeugt, sie würden die Teilproduzenten als Glieder eines unmittelbar gesellschaftlichen Reproduktionszusammenhangs zu einer von einem gemeinsamen Willen und gemeinsamen Zielen geleiteten Einheit integrieren; in ihrem Alltagshandeln war die sozialistische Staatsmacht aber meilenweit davon entfernt, diesen Anspruch auch nur annähernd umsetzen zu können. Während der planungssozialistische Staat die Verwandlung der jugoslawischen Wirtschaft in eine gesellschaftliche Gesamtfabrik auf seine Fahnen schrieb, dementierte er dieses Projekt in der Praxis schon damit, daß er auf das Geld als Lenkungsinstrument nicht verzichten zu können glaubte und in der Tat auch nicht verzichten konnte. Auch wenn die Protagonisten das »sozialistische Geld« zu einer rein technischen Abrechnungseinheit erklärten, so zeigte der Zwang, auf dieses Medium indirekter Vergesellschaftung zurückgreifen zu müssen, etwas gänzlich anderes an. Ware und Geld sind keine allen Gesellschaftsformationen gemeinsamen Kategorien, die sich so oder so »anwenden« lassen; sie treten nur dort als gesellschaftliche Vermittlungsinstanz auf, wo unabhängige Privatproduzenten ihre Produkte austauschen. D.h. aber, wenn unter der Herrschaft des »administrativen Sozialismus« das Geld seine Bedeutung nicht verlor, dann gehörte unter diesem Regime auch die Trennung der gesellschaftlichen Teilproduzenten keineswegs der Vergangenheit an. Der juristischen Form nach hatten die jugoslawischen Kommunisten die Figur des Privatproduzenten abgeschafft, innerhalb der »sozialistischen Gesellschaft« und ihrer Arbeitsteilung hat sie sich dessen ungeachtet jedoch reproduziert. Die »sozialistischen Betriebe« galten als unmittelbares Volkseigentum.[11] Sie verhiel-

---

11 Der Terminus Volkseigentum dementiert sich strenggenommen selber. Volkseigentum, also allgemeines Eigentum, Eigentum aller, ist logisch gesehen eine contradictio in adjecto. Die Kategorie des Eigentums impliziert immer Ausschluß. Ein Gut gehört entweder einer bestimmbaren juristischen Person, oder es ist ein »freies Gut« und gehört niemandem.

ten sich zueinander dessen ungeachtet aber als voneinander getrennte Warenprodu-zenten. Mit ihrem Rekurs auf das Geld als gesellschaftlichen Mittler zollten die planungssozialistischen Wirtschaftslenker dieser Tatsache Tribut und schrieben sie gleichzeitig fest.

Der »administrative Sozialismus« konnte die produktiven Anstrengungen der Teilproduzenten nur miteinander verknüpfen, indem er sie äußerlich seinen Vorga-ben unterwarf und sie über ein mit Geldgrößen operierendes Abrechnungswesen an den staatlichen Plan ankoppelte. Damit hat er aber ein System *indirekter* Vergesell-schaftung etabliert, ein System, in dem der Markt nicht aufgehoben ist, sondern lediglich die staatliche Planungs- und Preisfestsetzungsgewalt dessen Funktion par-tiell substituiert.

In Jugoslawien, einem Land, in dem vor dem Zweiten Weltkrieg ein Großteil der Bevölkerung auf Subsistenzniveau verharrte, war der Warenproduzent, der für den gesellschaftlichen Zusammenhang Güter erzeugt, an ihm aber vollkommen desinter-essiert ist, eine vergleichsweise rare Spezies. Der »administrative Sozialismus« hat diese bedrohte Art ideologisch aus der Welt hinausdeklariert. Das paradoxe Unter-nehmen, die Medien ungesellschaftlicher Gesellschaftlichkeit bei der Industrialisie-rung Jugoslawiens bewußt anzuwenden, sorgte aber ironischerweise für die histori-sche Durchsetzung und Verallgemeinerung des eskamotierten einzelbetrieblichen Standpunktes. Die Planungssozialisten schufen erst, was der Übergang zum Sozialis-mus offiziell gerade beseitigt hatte: einen gesellschaftlichen Reproduktionsprozeß, der vom Motiv einzelbetrieblicher Verwertung angetrieben wird. Dieser eklatante Widerspruch zwischen sozialer Zielvorgabe und sozialem Ergebnis macht den »ad-ministrativen Sozialismus« als eine transitorische Formation kenntlich. Ein System, das ausgerechnet das herstellt, was es leugnet, treibt über sich hinaus. So gesehen führt eine gerade Linie von der kommandowirtschaftlichen Utopie einer expandie-renden gesellschaftlichen Gesamtfabrik hin zur »sozialistischen Marktwirtschaft«.

Als eine indirekte Form von Vergesellschaftung unterscheidet sich der administra-tive Planungssozialismus dem Grundmuster nach kaum vom Marktkapitalismus. Er hebt dessen Logik nicht auf, sondern variiert sie lediglich. Während aber die Markt-apologeten den borniertern, aus seinem gesellschaftlichen Zusammenhang herausab-strahierten Teilproduzenten und sein Eigeninteresse anerkennen und zu einer unauf-hebbaren Grundbedingung menschlicher Gesellschaft ontologisieren, hat sich der Zentralplanungssozialismus über die in seinem eigenen Instrumentarium und Ab-rechnungswesen festgeschriebene Trennung der gesellschaftlichen Teilproduzenten beharrlich hinweggelogen.

Die sozialistische Staatsmacht mag sich aber noch so beharrlich als die konkrete Zusammenfassung aller gesellschaftlichen Kräfte gerieren; das ändert wenig daran, daß sie realiter genauso wie ihr »bürgerliches« Pendant als eine abstrakte, d.h. von der Gesellschaft abgetrennte und gegen sie verselbständigte Allgemeinheit agiert. Im »sozialistischen Staat« findet nicht die Gesellschaft zur Selbstvermittlung mit sich;

der sozialistische Staat übernimmt vielmehr notdürftig die Aufgabe, die ansonsten im wesentlichen die »invisible hand« des Marktes erledigt. Er macht als eine Sonderinstanz das arbeitsgesellschaftliche Diktat gegenüber den Gesellschaftsmitgliedern geltend. In dieser Funktion bleibt auch der sozialistische Staat abstrakte Allgemeinheit, während sich die oft beschworene »Gemeinschaft der sozialistischen Produzenten« aus der Nähe betrachtet in eine Vielzahl getrennter Privatproduzenten auflöst. Als solche können die Vertreter der »sozialistischen Staatlichkeit« sie nur moralischappellativ, nicht jedoch im realen Planungsprozeß auf die Erfordernisse der gesellschaftliche Gesamtreproduktion verpflichten.

Das System des »administrativen Sozialismus« hatte von Beginn an einen entscheidenden Baufehler. Eine gesellschaftliche Gesamtfabrik, deren Glieder in monetären Größen miteinander abrechneten und die im erwirtschafteten einzelbetrieblichen Profit ihren Erfolg bewerteten, war per se gar keine. Der Planungs- und Redistributionsmechanismus verknüpfte die Lebensfähigkeit und die Daseinsberechtigung der Teilproduzenten nicht direkt mit ihrer stofflichen Funktion, er jonglierte stattdessen bei der Bewertung der einzelbetrieblichen Leistungen mit abstrakten qualitätslosen Kriterien. Die zugeteilte stoffliche Funktion, deren gesellschaftliche Bedeutung sich nicht in eine simple quantitative Richtgröße übersetzen läßt, war damit im gesellschaftlichen Vermittlungszusammenhang ausgelöscht. Sie schrumpfte zum bloßen Träger der offiziell geleugneten, deswegen aber nicht weniger wirksamen eigentlichen Existenzbestimmung des Teilproduzenten. Der Einzelproduzent kannte dem gesellschaftlichen Formzwang entsprechend nur einen ungesellschaftlichen Bezug auf den gesellschaftlichen Kontext, er war vor allem anderen Geldsubjekt. Sein Wohl und Wehe hing einzig und allein davon ab, wie gut es ihm gelang, in dem über die Zentralinstanzen vermittelten Austauschprozeß monetäre Mittel zu ergattern.

Der ungesellschaftliche Charakter der Gesellschaftlichkeit gilt den Protagonisten der Marktwirtschaft als selbstverständlich und »natürlich«. Sie behandeln die hermetische Trennung der Teilproduzenten als ontologische Grundbestimmung jeder Art von Vergesellschaftung. Im »sozialistischen Gesellschaftsvertrag« taucht der private Charakter der Produktion hingegen nur im Kleingedruckten, als eine Art Klausel auf. Er gehört nicht zur Ideologie und zum Selbstverständnis, er fällt in die Kategorie »normative Kraft des Faktischen«. Diese Differenz bestimmte nachhaltig die Erscheinungsform, in der das besondere Geldinteresse des Einzelproduzenten im Realsozialismus zu Tage trat. Unter Marktbedingungen erfreut sich der Produzent – unabhängig von der gesellschaftlichen Nützlichkeit seines Erzeugnisses – dann automatisch gesellschaftlicher Anerkennung, wenn er einen zahlungsfähigen Käufer findet. Es ist vollkommen gleichgültig, ob er nun Pornos, Waffen oder Kartoffeln feilbietet, und ob er bei der Herstellung die natürlichen Grundlagen zerstört oder nicht; sobald er nur auf zahlungsfähige Nachfrage trifft, wird seine Arbeit zum Anteilsschein am abstrakten gesellschaftlichen Reichtum.

Der »sozialistische« Teilproduzent steht nicht den blinden unreglementierten Marktkräften gegenüber, er partizipiert am abstrakten gesellschaftlichen Reichtum, indem er den staatlichen Planungsvorgaben Genüge tut, nachdem er in seinem Sinne ihre Ausgestaltung beeinflußt hat. Die mit dem Geldmedium gesetzte Gleichgültigkeit der Reichtumsproduzenten gegenüber dem Inhalt dieses Reichtums gewinnt durch den Versuch, diesen Zusammenhang »bewußt-politisch« zu »handhaben«, andere, eulenspiegelhafte Züge. Für den sozialistischen Teilproduzenten ist es vollkommen gleichgültig, ob er nun gesamtgesellschaftlich gesehen rational mit den stofflichen Ressourcen umgegangen ist oder sie verschleudert hat. Es interessiert ihn auch nicht, ob am Ende des Produktionsprozesses überhaupt ein in irgendeiner Art und Weise verwendbarer Gebrauchswert steht. Der Staat garantiert seinen plantreuen Einzelbetrieben die Realisation des ihnen zugerechneten Werts.

Die Utopie einer gesellschaftlichen Gesamtfabrik, die in Geldgrößen abrechnet und sich damit selber dementiert, taugte für den diktatorisch erzwungenen Übergang in die Arbeitsgesellschaft, aber nicht für deren Fortentwicklung. Die Zentralinstanz, die alle Fäden in der Hand zu halten suchte und sich als allmächtiger Demiurg imaginierte, scheiterte bei ihrem Modernisierungsbemühen schon daran, daß die Teilproduzenten, auf deren Mitarbeit sie angewiesen war, aus wohlverstandenem Eigeninteresse Informationen nur selektiv weiterleiteten. Bei den höheren Etagen der Wirtschaftslenkungshierarchie kamen nur solche Informationen an, die die Mittelzuteilung auf den untergeordneten Ebenen nicht gefährdeten, sondern geeignet erschienen, zusätzliche Anforderungen zu begründen. Nichts verbargen die Einzelbetriebe dagegen so gut vor den Augen der vorgesetzten Stellen wie mögliche Innovationen und Rationalisierungspotentiale. Wären sie entdeckt worden, so hätten die Branchen und Einzelbetriebe erhebliche Einbußen bei der Ressourcenzuteilung hinnehmen müssen. Diesem inhärenten Filtermechanismus entsprechend blamierte sich das planungssozialistische System nachholender Entwicklung besonders dort, wo es nicht mehr allein um gesteigerten Tonnenausstoß, sondern um qualitatives Wachstum ging.

Aber auch dieser Aspekt verweist nur auf das immergleiche Grundproblem. Weil das kommandowirtschaftliche Planungssystem den Einzelproduzenten und sein Sonderinteresse nur wegdekretiert, aber nicht aufgehoben hatte, entstand ein merkwürdiges sozialistisches Pendant zum marktwirtschaftlichen Konkurrenzprinzip. An die Stelle des erbitterten Kampfes um Marktanteile trat die klammheimliche »negative Konkurrenz« der sozialistischen Produzenten, die versuchen, Ressourcen zu horten und von den Planungsbehörden leicht erfüllbare Vorgaben zu ermogeln.

Welche grotesken Resultate eine solche Wirtschaftsweise hervorbringen muß, sobald der Prozeß der Basisindustrialisierung seinen Abschluß erreicht hat, haben das sowjetische Beispiel und die Entwicklung in den übrigen RGW-Staaten überaus deutlich gemacht.[12] Der jugoslawische »administrative Sozialismus« bildete hier keine Ausnahme. Er scheiterte an den gleichen Problemen, die Ende der 50er Jahren die klassische stalinistische Kommandowirtschaft in die Krise und zu dem in der Chruschtschow-Ära begonnenen Versuch führten, den »Sozialismus« durch eine partielle Übernahme marktwirtschaftlicher Mechanismen zu retten. In Jugoslawien erfolgte der Abschied von der unhaltbaren extremen Variante nur ein paar Jahre früher.

Das Programm des »revolutionären Etatismus« hatte zwar dafür gesorgt, daß die auf Selbstversorgung ausgerichteten kleinbäuerlichen Massen in die Welt von Geldwirtschaft und abstrakter Arbeit hineinkatapultiert wurden; die der zentralisierten Kommandowirtschaft inhärenten Bremsmechanismen drohten diesen Erfolg aber wieder zunichte zu machen. Aufgrund des Mangels an qualifizierten Arbeitskräften und fehlender Feinabstimmung in der Planung erschöpfte sich der sozialistische Aufbau zu einem beträchtlichen Teil in der Errichtung von Geisterfabriken. Viele der neugeschaffenen industriellen Kapazitäten lagen Anfang der 50er Jahre brach. Die Auslastungsquote erreichte im Landesdurchschnitt damals gerade einmal 30%.[13] Die Produktivität bewegte sich insbesondere in den südlichen Republiken auf einem erschreckend niedrigen Niveau. Nicht erst beim Betrieb, schon bei der Errichtung der neuen Fabriken konnte von einem rationellen Umgang mit den knappen Ressourcen kaum die Rede sein. Anfang der 50er Jahre führte in Kroatien die Investition von 100 zusätzlichen Dinar im Schnitt zu einer Steigerung des Sozialprodukts um 68 Dinar. In Mazedonien lag diese Quote dagegen nur bei der Hälfte. Bosnien-Herzegowina und Montenegro unterboten dieses Ergebnis noch. In diesen Teilrepubliken brachten 100 investierte Dinar lediglich einen Zuwachs des Sozialprodukts um 24 bzw. 25 Dinar.[14]

---

12 Phänomenologisch sind die Absurditäten, die der Kommandosozialismus hervorbringt, gut bekannt. Analytisch wurden die Widersprüche und Grundprobleme einer in der Wertbeziehung planenden »sozialistischen Wirtschaft« schon an anderer Stelle systematisch herausgearbeitet. Eine ausführliche grundsätzliche Darstellung des Problems findet sich bei Robert Kurz, Der Kollaps der Modernisierung, Frankfurt 1991; einen ebenso knappen wie prägnanten Abriß der Mechanismen »negativer Konkurrenz« hat Johanna W. Stahlmann in ihrem Beitrag »Die Quadratur des Kreises« geliefert. Dieser Aufsatz erschien in der Krisis 8/9, Erlangen 1990. Ich verzichte daher an dieser Stelle auf eine ausführlichere Auseinandersetzung mit dieser zentralen Fragestellung.

13 Felix Niesmann, »Im Spannungsfeld von Zentralismus und Selbstverwaltung in der sozialistischen föderativen Republik Jugoslawien«, Bochum 1979, S. 91.

14 Furtak, Jugoslawien, S. 161.

6. Der jugoslawische Selbstverwaltungssozialismus, eine Utopie mit eingebauten Sprengsätzen

Die ernüchternde Situation wurde durch ein einschneidendes politisches Ereignis noch verschlimmert. Schon 1948 kam es, sehr zur Bestürzung Titos und seiner Partei, zum Bruch mit Moskau. Die jugoslawischen Kommunisten hatten angeregt, zwischen Jugoslawien und Bulgarien eine Zoll- und Planungsunion zu bilden. Diese Vereinbarung sollte eine Föderation der beiden Balkanstaaten vorbereiten, die die BdKJ-Führung noch um Albanien erweitern wollte. Stalin aber, der nicht bereit war, ein von den sowjetischen Direktiven unabhängiges potentielles sozialistisches Machtzentrum zu dulden und die »Eigenmächtigkeiten« der jugoslawischen Führung schon lange mit Argwohn verfolgte, betrachtete diese Pläne als casus belli. Nachdem Tito, den Stalin im Januar 1948 nach Moskau zitiert hatte, wohlweislich nicht in die sowjetische Hauptstadt[1] reiste, und nur die Politbüromitglieder Djilas und Kardelj entsandte, kam es zum Eklat. Die Kominform begann auf Stalins Order hin einen Feldzug gegen den »Titoismus« und schloß Jugoslawien am 28. Juni 1948, am Jahrestag der Schlacht auf dem Amselfeld, aus. Die Moskauer Führung machte sich daran, die frisch erfundene »Abweichung«, die »die Einheit der kommunistischen Weltbewegung« untergrub, mit Stumpf und Stiel auszurotten. Die Sowjetunion setzte Jugoslawien massiv unter Druck. Sie begnügte sich nicht mit militärischen Drohgebärden, sondern zog parallel dazu im März 1948 auch ihre Wirtschaftsberater ab, die bei der Installation und Aufrechterhaltung der Kommandowirtschaft eine wichtige Rolle gespielt hatten, und verhängte eine Wirtschaftsblockade. Da das Land zu dieser Zeit 50% seines Außenhandels allein mit der Sowjetunion abwickelte und ansonsten vornehmlich Güter aus den anderen Ostblockstaaten bezog, traf auch diese Maßnahme schwer. Gleichzeitig mit diesen Angriffen auf Jugoslawiens Ökonomie rief Stalin die moskautreuen Kommunisten im Land dazu auf, Tito zu stürzen.

Diese für das junge »sozialistische Jugoslawien« prekäre Situation führte aber nicht nur zu einem akuten Einbruch bei den Wachstumsraten und trieb damit die Probleme, mit denen der »revolutionäre Etatismus« in Jugoslawien schon zu kämpfen hatte, auf die Spitze; der Konflikt mit Moskau schuf gleichzeitig den Boden für eine grundsätzliche Neuorientierung. Da die Kreise innerhalb der KP, die sich für

---

1 Tito rechnete wohl damit, und das war auch nicht abwegig, daß er von dieser Reise nicht mehr zurückgekehrt wäre.

eine Unterordnung unter die KPdSU stark machten, gerade vornehmlich unter den Wirtschaftsführern zu suchen waren, lag es für deren Gegner nahe, die Ausschaltung dieses Flügels mit einer Kritik der an ihre Grenzen stoßenden zentralisierten Kommandowirtschaft zu verbinden. Während der Industrieminister und Vorsitzende des Wirtschaftsrats Andrija Hebrang und der Finanzminister Sretan Zujovic ebenso wie einige andere 10.000 »stalinistische Verräter« in Titos Lagern verschwanden, gewannen in der Partei diejenigen an Einfluß, die eine Stärkung der Position der Einzelbetriebe und ihre Anerkennung als Wirtschaftssubjekte anstrebten. Die anfänglichen Versuche, sich gegenüber dem bösen großen Bruder durch Überidentifikation, d.h. durch den verschärften Ausbau der Kommandowirtschaft und den Übergang zur Zwangskollektivierung zu behaupten, zeitigten wirtschaftlich verheerende Resultate, und wurden alsbald abgebrochen.[2] Ab Mai 1949 begann sich eine andere Linie durchzusetzen. In der Abrechnung mit Moskau wurde der berühmt-berüchtigte »Selbstverwaltungssozialismus« jugoslawischer Prägung geboren.

In der Idee des Selbstverwaltungssozialismus verbanden sich zwei gegenläufige Motive. Zum einen lieferte sie der von Stalin verstoßenen, selber aber durch und durch von den stalinistischen Lehren durchdrungenen Partei ein neues Selbstverständnis, eine eigene, nun antistalinistische Identität. Mit dem Bekenntnis zum Selbstverwaltungssozialismus ging die auf den Streit mit Stalin vollkommen unvorbereitete und daher durch diesen Konflikt bis ins Mark getroffene KP ideologisch also in die Gegenoffensive. Andererseits war der Übergang zum Selbstverwaltungssozialismus ökonomisch-pragmatisch gesehen nichts anderes als eine mit sozialistischer Phraseologie verbrämte Teilkapitulation vor der Marktlogik. In der Phase des »administrativen Sozialismus« hatte sich die Titoführung leichtfüßig über die ökonomischen Zwangsgesetze der Warenproduktion hinwegphantasiert, das heißt in der Praxis über den systemimmanenten partikularistischen betriebswirtschaftlichen Standpunkt hinwegdekretiert. Mit diesem Vorgehen hatte sie nach einigen Anfangserfolgen Schiffbruch erlitten. Das Bekenntnis zum Selbstverwaltungssozialismus ermöglichte nun einen halbwegs geordneten, als Aufbruch zu neuen Ufern getarnten Rückzug.

Diese Doppelgesichtigkeit kennzeichnet nicht nur die Entstehung des »Selbstverwaltungssozialismus«, sie ist auch für dessen weitere Fortentwicklung charakteristisch. Die Geschichte des »Selbstverwaltungssozialismus«, die schubweise Stärkung der Position der gesellschaftlichen Teilproduzenten läßt sich insgesamt als eine Geschichte sukzessiver »Frontbegradigungen« lesen. Die Suche der jugoslawischen Führung nach einem »dritten Weg« jenseits von Staatssozialismus und Kapitalismus

---

2 Auf dem 5. Parteitag im Juli 1948 war Tito noch weit davon entfernt, den Streit mit Stalin als grundsätzlichen ideologischen Richtungsstreit zu betrachten. Er erklärte: »Wir sind der tiefsten Überzeugung, daß es sich um ein Mißverständnis handeln muß, zu dem es nicht kommen durfte und das im Interesse der Dinge, denen unsere Partei dient, aufs schnellste liquidiert werden muß«. Blazo Jovanovic , Montenegros Parteisekretär, stieß pflichtschuldig ins gleiche Horn: »Unsere Liebe zur Sowjetunion zu bezweifeln ist ein großes Unrecht. Lenin und Stalin bleiben für Jugoslawien die großen Lehrer. Wir werden auch weiterhin die glühendsten und prinzipiellsten Freunde der Sowjetunion und der bolschewistischen Partei bleiben.«

entpuppt sich, näher besehen, als das permanente Zurückweichen vor der nie durchschauten und nie thematisierten Markt- und Geldlogik.

Hinter dem mit viel Brimborium gefeierten »Selbstverwaltungssozialismus« stand zu keinem Zeitpunkt ein entwickeltes theoretisches Konzept. Das gilt besonders für die Anfangsphase. Die neue Linie entstand aus einer Reihe von ad-hoc-Maßnahmen. Die »wissenschaftliche« Herleitung war nur nachgeschoben und bestand aus bloßer Marx-Exegese. Der Rekurs auf die mehr oder minder auf Humanitätsphrasen verdünnten Marxschen Frühschriften mußte zur Rechtfertigung für jeden Schub bei der Anreicherung der Staatswirtschaft mit marktwirtschaftlichen Elementen herhalten. Seine wichtigsten »Vordenker« fand der Selbstverwaltungsgedanke in den Politbüromitgliedern Milovan Djilas und Edvard Kardelji, Titos getreuestem Paladin. Kardelji, dessen Neigung zu einer gewissen Weltfremdheit die führenden jugoslawischen Genossen jahrzehntelang als besondere Kompetenz in theoretischen Fragen mißverstanden, hatte »entdeckt«, daß besonders der junge Marx die Vollverstaatlichung von Wirtschaft und Gesellschaft gar nicht als das Endziel einer kommunistischen Bewegung betrachtet hatte, sondern eine freie Assoziation der Produzenten propagierte.[3] Der an theoretischen Fragen vollkommen desinteressierte, dafür aber mit sicheren machtpolitischen Instinkten ausgerüstete Tito erkannte, daß diese Idee ausgezeichnet im Kampf gegen Moskau zu instrumentalisieren sei. Man kam überein, Kardeljis Anregungen folgend den Staatssozialismus sowjetischer Prägung künftig als eine sehr »rohe Form von Sozialismus« zu betrachten, an deren Stelle letztendlich die »Selbstregierung der Produzenten« zu treten habe. Die jugoslawischen Kommunisten nahmen für sich in Anspruch, den Übergang zu dieser höheren Form von Sozialismus anzusteuern. Sie wollten den Werktätigen Schritt für Schritt die Kontrolle über die Produktion überantworten und damit beweisen, daß sie und nicht das »bürokratisierte sowjetische Regime« das wahre Erbe von Marx und Lenin fortführten.

Schon 1950 verkündete Tito: »Von nun an geht das staatliche Eigentum an den Produktionsmitteln, den Fabriken, Bergwerken, Eisenbahnen, allmählich in die höhere Form des sozialistischen Eigentums über. Das staatliche Eigentum ist die niedrigste Form des gesellschaftlichen Eigentums, nicht, wie die Führungspersönlichkeiten der Sowjetunion meinen, die höchste.«[4]

Selbst das Marxsche Diktum vom allmählichen »Absterben des Staates« nahm der Führer der Jugokommunisten nun auf. In seinem Herrschaftsbereich sollte es Wirklichkeit werden.[5]

---

3   Die Gründungsväter des Selbstverwaltungssozialismus beriefen sich fast ausschließlich auf Marx, insbesondere auf den Marx der Frühschriften. Der Selbstverwaltungsgedanke hatte daneben aber auch noch eine andere, eigene jugoslawische Wurzel. Unter dem Einfluß westlicher sozialistischer Ideen und der Pariser Kommune hatten die Serben Svetozar Markovic und Dimitrije Cenic schon im 19. Jahrhundert Überlegungen zur Beteiligung der Arbeiter an der Verwaltung von Betrieben entwickelt. Der Selbstverwaltungssozialismus knüpfte auch an diese nicht-marxistische Traditionslinie an.

4   Josip Broz Tito, Der jugoslawische Weg, S. 151.

5   Diese Zielvorgabe hat sich in den folgenden 40 Jahren ironischerweise sogar in einem gewissen überaus tragischen Sinne realisiert. Der jugoslawische Staat ist tatsächlich sukzessive »abgestorben« und wurde

Die Praxis sah im Vergleich zur ausgegebenen Parole ziemlich bescheiden aus. In der ersten Hälfte des Jahres 1950 wurden gemäß dem »Rundschreiben des Zentralausschusses des Gewerkschaftsbundes an die Gewerkschaftskomitees in den Republiken vom 3. Januar« in 520 Industriebetrieben Arbeiterräte gebildet. Die Mitgliedschaft war allerdings Partei- und Gewerkschaftssekretären und politisch zuverlässigen Arbeitern und Angestellten vorbehalten, die durch ihren Arbeitseinsatz ein Vorbild abgaben. Diese Arbeiterräte hatten überdies nur beratende Funktion: »Der Betriebsdirektor, ex officio Mitglied des Arbeiterrats, war lediglich gehalten, dessen Vorschläge in Erwägung zu ziehen und – im Falle von Meinungsverschiedenheiten – nur dann zu verwirklichen, wenn diese von den ihm und den Arbeiterräten übergeordneten Wirtschaftsorganen (Ministerien, Haupt- und Generaldirektionen) gutgeheißen wurden.«[6] Weit wichtiger als diese symbolische Aufwertung der unmittelbaren Produzenten war der gleichzeitig vollzogene Abschied von der Fiktion einer gesellschaftlichen Gesamtfabrik. Der Teilersatz von staatlichem Eigentum durch eine »höhere Form von gesellschaftlichem Eigentum« bedeutete im Klartext nichts anderes als die partielle Anerkennung der Einzelbetriebe als eigene Wirtschafts- und Marktsubjekte. Die Vorstellung von der Wirtschaft als einer Gesamtfabrik erlebte auf zwei Ebenen eine praktische Revision. Einerseits verwandelte die erste Reformwelle die bis dahin unmittelbar »volkseigenen«, das heißt eben in Staatseigentum befindlichen Produktionsgüter in das fixe Kapital der jeweiligen Einzelbetriebe, andererseits koppelte sie die Reproduktion der Arbeitskraft an die im Einzelbetrieb erzielten Gewinne.

Die in den Kombinaten eingesetzten Maschinen und sonstigen Produktionsgüter galten in der Phase des »administrativen Sozialismus« als unmittelbarer Bestandteil der gesamtgesellschaftlichen Grundausstattung. Sie gehörten weder dem Betrieb, in dem sie standen und angewandt wurden, noch mußte der Einzelbetrieb für diese Mittel bezahlen. Diese Art von Rechtsverhältnis führte zu einem ausgesprochen großzügigen und wenig rücksichtsvollen Umgang mit diesen quasi freien Ressourcen. Da sie keinen Wert hatten, bestand für den Einzelbetrieb nicht der geringste Grund, wirtschaftlich mit ihnen zu haushalten, nur die tatsächlich notwendigen Ausrüstungsgegenstände anzuschaffen und sie vor vorzeitigem Verschleiß zu schützen. Im Jahre 1953 schob die Regierung der verschwenderischen Praxis einen Riegel vor. Aus den Grundmitteln wurden nun Waren, die den Einzelbetrieben zur freien Disposition standen und für deren Verwendung sie Zinsen an die staatliche Kasse abzuführen hatten.[7] Damit war ein erster Schritt in Richtung Dezentralisierung der Investitionsentscheidungen geleistet.

---

schließlich in einer Reihe von Explosionen zertrümmert. Allerdings hatte dieser Prozeß nichts Emanzipatives an sich, er war nicht gleichbedeutend mit der Rücknahme der staatlichen Gewalt in die Gesellschaft, die Marx im Auge gehabt hatte; vielmehr war die Paralyse des jugoslawischen Staates Ausdruck der Paralyse jener jugoslawischen Arbeitsgesellschaft, die der Titostaat zu hecken versucht hatte.

6   Robert K. Furtak, Jugoslawien, S. 25.
7   Vgl. Vladimir Bonac , Jugoslawien, S. 35.

In eine ganz ähnliche Richtung orientierte sich die Wirtschaftsführung bei der Umgestaltung des Lohnsystems. Im »administrativen Sozialismus« hatten die Kombinate ihre gesamten Gewinne an die Zentralinstanzen abzuführen. Dafür wurden die Löhne in dieser Phase wie alle anderen Kostenfaktoren unmittelbar aus den allgemeinen Wirtschaftsfonds finanziert. Die Festsetzung der Lohnhöhe fiel ebenso in die Kompetenz der Belgrader Zentrale wie die Preisbestimmung von Rohstoffen und Vorprodukten. Für den Einzelbetrieb bestand unter diesen Umständen natürlich keinerlei Anreiz, mit der Ware Arbeitskraft rationell umzugehen und überflüssige Arbeitskräfte abzustoßen. Das sollten die ersten Wirtschaftsreformen ändern. An die Stelle der zentralen staatlichen Kasse sollten nun die betrieblichen Periodenüberschüsse rücken. Ab 1952 durften die Betriebe 3-17% vom erwirtschafteten »Mehrwert« behalten. Aus diesem Fonds mußten sie nun allerdings die Lohneinkommen bestreiten, und überdies diente der Gehaltsfonds auch als Basis für alle anderen gesellschaftlichen Verpflichtungen, für die die Betriebe mit ihren Mitteln einzuspringen hatten.[8]

Faktisch konnte diese Maßnahme nur auf eine partielle Anerkennung des Warencharakters sozialistischer Arbeit hinauslaufen. Den Protagonisten des »Selbstverwaltungssozialismus« entging dies freilich. Sie apostrophierten, die Marxsche Theorie persiflierend, diese Umgestaltung im Gegenteil als einen entscheidenden Schritt hin zur Aufhebung der Lohnarbeit überhaupt. Da die Arbeiterklasse nicht mehr der Ausbeutung einer Klasse von Privatkapitalisten unterlag und der neuen, vom Selbstverwaltungsgedanken beseelten Staatsdoktrin nach dabei war, unmittelbar die Verfügungsgewalt über die Produkte ihrer Arbeit zu übernehmen, schien in den Augen der politischen Klasse nicht nur der Widerspruch zwischen Kapital und Arbeit der Vergangenheit anzugehören. Im selben Maße, wie die Betriebskollektive damit begannen, das Ergebnis ihrer produktiven Anstrengung selber zu Markte zu tragen, sollten auch die Lohnarbeiterexistenz und die »Entfremdung« verschwinden. »Entfremdung« existierte in dieser mehr an der Ideologie »des vollen Arbeitsertrags« als an der Marxschen Kritik der politischen Ökonomie orientierten Sichtweise im »Selbstverwaltungssozialismus« nur insofern noch fort, als die gesellschaftlich-politischen Gemeinschaften zur Finanzierung gesellschaftlicher Aufgaben den Produzenten einen Teil des von ihnen erzeugten Werts entzogen.[9]

Diese Interpretation überwand die für den administrativen Sozialismus charakteristische Selbsttäuschung nicht, sondern setzte sie nur fort. In der kommandowirtschaftlichen Phase hatten Tito, Kardelj und Co keinen Gedanken darauf verschwendet, warum während des sozialistischen Aufbaus, trotz der vermeintlichen Beseitigung der Warenwirtschaft, das Einkommen der unmittelbaren Produzenten die Ge-

---

8 Die Betriebe hatten soziale und kulturelle Einrichtungen zu unterhalten, also Aufgaben wahrzunehmen, die in den westlichen Gesellschaft den öffentlichen Körperschaften, insbesondere den Kommunen, zufallen.

9 Diese Interpretation läßt sich recht schön an dem heute nur noch grotesk anmutenden Beitrag »Das neue Modell der sozialistischen Selbstverwaltungsorganisation« studieren. Er findet sich in: Olaf Ihlau/Miodrag Vukic (Hrsg.), Jugoslawien – Modell im Wandel, Frankfurt a.M. 1973, S. 100-113.

stalt des Lohnes annehmen mußte. Hinter der Trennung von staatlich verwalteteten Mehrwertfonds und dem Lohn der Beschäftigten, so die Annahme, verberge sich eine qualitativ ganz neuartige gesellschaftliche Beziehung, die mit dem aus dem Kapitalismus vertrauten Verhältnis von Lohnarbeit und Kapital höchstens formal gewisse Ähnlichkeiten habe. Die Befürworter des »Selbstverwaltungssozialismus« dagegen erklärten zwar den Lohn zum Bestandteil des einzelbetrieblichen Profits, diese Umdefinition konnte die funktionale Differenz von Lohn und Profit und den Gegensatz von Konsumtionsbedürfnis und Akkumulation aber natürlich genausowenig außer Kraft setzten wie vorher die geforderte altruistische Begeisterung für den sozialistischen Aufbau. Diese Widersprüche wurden lediglich sukzessive in die Einzelbetriebe zurückverschoben. Während in der Phase des »administrativen Sozialismus« die staatliche Zentralgewalt den gesellschaftlichen Akkumulationszwang gegen die Einzelbetriebe verkörperte, vereinte nun die Selbstorganisation der Beschäftigten in zunehmende Maße beide widerstreitende Pole in sich. An die Stelle der äußeren Unterwerfung unter das staatliche Diktat, gegen die sich die Einzelbetriebe auf schweijksche Weise zu wehren wußten, trat die innere Schizophrenie der Selbstverwaltungskörperschaften, die einerseits berufen waren, das »Arbeiterinteresse« zu wahren, andererseits Kapitalfunktionen wahrzunehmen.[10]

Dieses gemessen am hehren sozialistischen Anspruch wenig erbauliche Ergebnis kann angesichts des historischen Kontextes, in dem sich die Wendung zum Selbstverwaltungssozialismus vollzog, nicht überraschen. Die Lohnarbeit und das Verhalten der unmittelbaren Produzenten als Lohnarbeiter kann nur mit dem Warencharakter der Arbeitskraft und des Arbeitsprodukts verschwinden, nicht jedoch innerhalb einer geldvermittelten, vom einzelbetrieblichen Gewinnstreben bestimmten Wirtschaftsweise. Die ganze Umorganisation, die der Abschied von der Kommandowirtschaft nach sich zog, beinhaltete aber in keiner Weise einen Angriff auf die Warenform, sie war im Gegenteil darauf ausgerichtet, die »objektiven ökonomischen Gesetze« der Warenökonomie für den Aufbau einer »sozialistischen Volkswirtschaft« fruchtbar zu machen. Der ganze Zweck der Umstellung lag gerade darin, den Lohn an die einzel-

---

10 Innerhalb der selbstverwalteten Betriebe hat sich der Widerspruch zwischen Kapitalfunktion und bloßer vernutzter Arbeitskraft natürlich beharrlich reproduziert. Die soziologische Ebene dieses Phänomens war in den 60er und 70er Jahren mehrfach empirischer Forschungsgegenstand. Ihrem Grundtenor nach kamen so gut wie alle Untersuchungen zu dem Schluß, daß die Arbeiterräte, die Grundlage des gesamten Selbstverwaltungssystems, de facto sich auf die formale Sanktionierung bereits anderweitig getroffener Entscheidungen beschränkten. Daran hatten der Ausbau des Selbstverwaltungssystems und die Verlagerung von immer mehr offiziellen Kompetenzen an die Basis nichts, aber auch gar nichts geändert. Die Geschäftsleitung, die seit den 60er Jahren formal nur weisungsgebundenes Exekutivorgan des Arbeiterrates war, dominierte jederzeit eindeutig dank ihres Wissensvorsprungs und ihrer markttechnischen Kompetenz dessen Beschlußfassung. Eine teilnehmende Beobachtung an den Sitzungen der zentralen Arbeiterräte in 20 Arbeitsorganisationen aus vier Republiken in den Jahren 1966-69 kam zu folgendem charakteristischen Ergebnis: »Das Management bestritt drei Viertel der Diskussion und nahm rd. 85% der für die Diskussion verwendeten Zeit in Anspruch, lieferte 90% aller Antworten und unterbreitete drei Viertel aller Vorschläge.« (Robert K. Furtak, Jugoslawien, S. 195) Eine stärkere Beteiligung der Arbeiterratsmitglieder ließ sich nur bei einem Thema feststellen, bei der Einkommensverteilung.

betriebliche Vernutzung und damit an eine reguläre Form von Warenproduktion wieder anzukoppeln. Den Einzelbetrieben sollte künftig die Aufgabe zufallen, durch die marktadäquate Verwertung der Beschäftigten auch diesen Teil des betrieblichen Gesamtkapitals zu reproduzieren. Das Einkommen, das den Arbeitern als Lohn zufloß, mußte, in den Marxschen Termini gesprochen, »variables Kapital«[11] werden.

Die sozialistische Selbstverwaltungsideologie hätte es zwar nie zugelassen, die Lohnfonds mit dieser Vokabel zu bezeichnen. Jeder, der so etwas gewagt hätte, hätte als »Revisionist« den Rest seiner Tage auf der Insel Goli Otok[12] zubringen dürfen; die Selbstverwaltungspraxis kam aber nicht umhin, der geleugneten, aber deswegen nichtweniger realen Differenz zwischen »Selbstverwaltungslohn« und »Mehrwert« Rechnung zu tragen. Zum einen gab es natürlich immer wieder Betriebe, die aus welchen Gründen auch immer gar keinen Gewinn machten, und daher auch keinen Mehrwertfonds zur Verfügung hatten, aus dem sie überhaupt irgendwelche Löhne hätten zahlen können. In solchen Fällen mußte die staatliche Subventionierungsmaschinerie nolens volens die Lohnfonds speisen und damit von sich aus den Lohn aus seiner vermeintlichen Identität mit dem betrieblichen Gewinn befreien.[13] Zum anderen hatten die zentralen Stellen, solange der »Selbstverwaltungssozialismus« bestand, immer mit dem Problem zu kämpfen, daß die untergeordneten Selbstverwaltungskörperschaften allzu oft und allzu schnell geneigt waren, ihre Kapitalfunktion zu »vergessen« und den ihnen überantworteten Anteil am Mehrwert »aufzuessen«, sprich die betrieblichen Investitionsfonds dem individuellen Einkommen der Beschäftigten zu zuführen. Die unmittelbaren Produzenten sahen sich selber unter dem Selbstverwaltungsregime als vernutzte Arbeitskraft und kaum als Inhaber der Betriebe; sie entwickelten daher die schlechte Gewohnheit, sich ohne Rücksicht auf die Selbstverwaltungstheorie auch als solche zu verhalten und eine maximale Erhöhung der kurzfristigen individuellen Einkommen anzustreben. Angesichts dieser nicht abstellbaren Praxis mußten die staatlichen Stellen weiterhin als Hüter des Akkumulationszwangs auftreten und wie gehabt einen beträchtlichen Teil des Mehrwerts verwalten. Nur so ließ sich gegen die Begehrlichkeit der Arbeiter und ihrer Selbstverwaltungsorgane eine auf längerfristiges Wachstum ausgerichtete Investitionspolitik aufrechterhalten.[14]

---

11 Unter »variablen Kapital« versteht Marx den für den Kauf von Arbeitskraft verausgabten Teil eines fungierenden Kapitals.
12 Auf Goli Otok (zu deutsch:»kahle Insel«) befand sich das berüchtigste Konzentrationslager der Jugokommunisten. Während der antistalinistischen Reinigungswellen der 50er Jahre wurden dort vor allem »Informbüroisten« und »Kominformisten«, also die Anhänger Moskaus interniert.
13 Die staatliche Zentrale trug dem in den 50er Jahren insofern Rechnung, als sie zwischen einem festgeschriebenen und vom Staat garantierten »Mindesteinkommen« und dem »Mehrwert« differenzierte. Das in der Branche für die entsprechende Funktion festgesetzte Mindesteinkommen war jedem Beschäftigten unabhängig vom Erfolg »seines Unternehmens« sicher.
14 Die nur scheinbar im Selbstverwaltungsmechanismus überwundene Trennung von Kapital und Arbeit reproduzierte sich in der Unmöglichkeit, die Trennung von Staat und Gesellschaft aufzuheben.

Die Umdefinition von Lohn zu »Mehrwert« blieb eine Illusion. Die reale Differenz, die zwischen diesen beiden Seiten einer von Wert und abstrakter Arbeit bestimmten Gesellschaft nun einmal besteht, ließ sich per Dekret nicht aus der Welt schaffen. Aber auch Fiktionen können zur materiellen Gewalt werden und weitreichende Folgen, beabsichtigte und unbeabsichtigte, zeitigen; insbesondere dann, wenn die Staatsgewalt sie zur Grundlage der gesellschaftlichen Ordnung macht. Das war auch hier der Fall. Zunächst führte die Koppelung des individuellen Einkommens an die einzelbetrieblichen Gewinne zum einen wie gewünscht zur Freisetzung überflüssiger Arbeitskräfte. Die Kombinate gingen dazu über, nur Arbeiter neu einzustellen, für die im Betrieb auch irgendeine Art von Bedarf vorhanden war, denn für die betriebliche Kostenrechnung und die individuellen Einkommen war es nun nicht mehr gleichgültig, wie die Beschäftigten mit ihrer Arbeitszeit umgingen. Zum anderen führte die Vermischung von Lohnform und Gewinn seit den 50er Jahren zu einer merkwürdig anormalen, für den jugoslawischen »Selbstverwaltungssozialismus« künftig charakteristischen Ausdifferenzierung des Lohngefüges. Während die egalitäre Grundtendenz in Jugoslawien innerhalb der einzelnen Betriebe erhalten blieb,[15] bildeten sich zwischen den Branchen und auch innerhalb der einzelnen Fertigungszweige erhebliche Unterschiede in den Lohnhöhen heraus.[16] Da die jugosozialistische »Mehrwertdefinition« die Aneignungsfunktion des Kapitalisten, soweit sie nicht weiterhin vom Staat ausgefüllt wurde, und die Funktion des Arbeiters systematisch zwangsvereinigte, war für das persönliche Einkommen seit den Reformen der Erfolg des eigenen Unternehmens auf dem »sozialistischen Markt« fast wichtiger als die persönliche Qualifikation und die eigene Stellung innerhalb der betrieblichen Hierarchie.

Das jugoslawische Selbstverwaltungsmodell hat seit den 50er Jahren auch außerhalb des Landes heftige Diskussionen hervorgerufen und in der internationalen Linken zahlreiche Liebhaber gefunden. Viele, die von einer besseren und gerechteren Gesellschaft träumten und sich enttäuscht vom stalinistischen System abgewandt hatten, projizierten ihre Hoffnungen auf das »jugoslawische Modell«. In ihrer Euphorie über die wiederentdeckte Selbstverwaltungsform haben die Befürworter allerdings einer entscheidenden Kleinigkeit wenig Beachtung geschenkt. Sie haben sich nicht mit dem Inhalt dessen beschäftigt, was da nun in eigener Regie von den

---

15 Holm Sundhaussen und Wolfgang Höpken schrieben 1984: »Die qualifikationsbedingte Differenzierung in der Entlohnung blieb bis heute gering und ging kaum einmal über einen durchschnittlichen Einkommensunterschied von 1:2,6 zwischen einem unqualifizierten Arbeiter und einem Angestellten mit Universitätsausbildung hinaus... Wenn es dennoch in der Praxis zu erheblichen Einkommensunterschieden kommt, so resultieren diese zum einen aus bestehenden Branchendifferenzen in der Entlohnung... Sozialpolitisch gravierender sind jedoch jene Einkommensdifferenzen, die bei gleicher Qualifikation zwischen Unternehmen derselben Branche bestehen und die aus dem System der Arbeiterselbstverwaltung herrühren... In florierenden Unternehmen, in Betrieben mit marktbeherrschender Position oder Unternehmen, deren Produktion keiner Preisregulierung unterliegt, können auf diesem Wege weniger qualifizierte Beschäftigte ein höheres Einkommen erzielen als höhere und hochqualifizierte Angestellte in Betrieben mit schlechter Marktlage.« Handbuch Band 6, S. 871.

16 Chronisch schlecht bezahlt waren in erster Linie die Beschäftigten der Textilindustrie, der Landwirtschaft sowie der Tabakverarbeitung.

assoziierten umittelbaren Produzenten verwaltet werden sollte. Sie richteten ihr Augenmerk nicht darauf, daß in Jugoslawien der Vormarsch der Selbstverwaltung immer mit der Annahme verknüpft war, »auch in einer sozialistischen Gesellschaft sei eine Warenwirtschaft unumgänglich«,[17] und daß die Selbstverwaltung als ein Vehikel für den Vormarsch der Marktlogik diente. In Jugoslawien zielte die Hinwendung zur Selbstverwaltung gerade nicht auf die unmittelbare stoffliche Aneignung und Regulation der gesellschaftlichen Ressourcen, sie beinhaltete im Kern nur die Anerkennung der einzelbetrieblichen Logik und das Bedürfnis, diese Kapitulation von den »Gesetzen des Marktes« zur »sozialistischen Errungenschaft« aufzuwerten. Selbstverwaltung, die die objektiven ökonomischen Zwangsgesetze, sprich die Verwertungslogik, nicht aus der Welt schafft, sondern das genaue Gegenteil: ihre Anerkennung und Exekution bedeutet, hat mit der von Marx apostrophierten »freien Assoziation der Produzenten« ebensowenig Ähnlichkeit wie das stalinistische Konkurrenzunternehmen. Schon der »administrative Sozialismus« hatte ja den Anspruch erhoben, den gesellschaftlichen Reichtum in die Hände der Bauern- und Arbeitermassen zu legen. Er konnte dieses Versprechen nicht einlösen und setzte stattdessen ersatzweise einen riesigen bürokratischen Apparat ins Leben, weil sich im Medium des Geldes nun einmal nur ungesellschaftliche Gesellschaftlichkeit herstellen läßt, jedoch keine bewußte. Das gilt aber natürlich ebenso für seinen vielgefeierten Nachfolger. Auch wenn jeder Einzelbetrieb sich selber verwaltet und auf jeder denkbaren Ebene gesellschaftlicher Partialsubjekte sich die Menschen beständig zu diskursiven Prozessen versammeln:[18] Solange die unmittelbaren Produzenten ihre Güter als Waren herstellen und der stoffliche Reichtum nur Mittel zum Zweck ist, um damit Geld zu verdienen, können Selbstverwaltungssubjekte nur ihre eigene Konkurrenz und deren Bedingungen organisieren. Im Rahmen einer Warengesellschaft taugen Selbstverwaltungskörperschaften nur in der Propaganda als ein Ort, an dem die Teilproduzenten sich miteinander über die Ausgestaltung des gesellschaftlichen Zusammenhangs ins Benehmen setzen. Tatsächlich werden sie jedoch zum Schlachtfeld, auf dem die Geldsubjekte aufeinander treffen und ihre Interessenkonflikte austragen. In Jugoslawien haben die Werktätigen seit den 50er Jahren hunderte von Arbeitsstunden im Jahr mit Diskussionen verbracht. Kein anderes Land hat die öffentliche Debatte um die Ausgestaltung der Arbeitsbedingungen und des sozialen betrieblichen Rahmens in einem vergleichbaren Maße institutionalisiert. Da das Prinzip der einzelbetriebli-

---

17 Vladimir Bonac , Jugoslawien, S. 33.
18 Dieses Verdikt trifft, wie unschwer zu erkennen ist, auch das von Habermas propagierte »kommunikative Handeln«. Solange der gesellschaftliche Kommunikations- und Willensbildungsprozeß die gesellschaftliche Grundform als blinden Fleck voraussetzt, sind die wesentlichen strukturierenden gesellschaftlichen Prozesse dem Zugriff der demokratischen Protagonisten entzogen. Wenn die Habermas'sche Bürgerbeteiligung sich durchsetzt, dann können die Menschen vielleicht einen »herrschaftsfreien Diskurs« über die Frage beginnen, ob die neue Mülldeponie in A oder B eingerichtet werden soll. Solange selbstgenügsame Warenbesitzer die gesellschaftliche Produktion organisieren, liegt jedoch die Tatsache, daß der Selbstlauf der Warenproduktion überhaupt ständig steigende Abfallmengen ausstößt, jenseits ihres Einflußbereiches.

chen Verwertung und die mit ihm gesetzten »harten ökonomischen Fakten« immer bereits vorausgesetzt waren, blieben jedoch die entscheidenden gesellschaftlichen Fragen ausgeblendet, und es blieb der unmittelbare Zugriff auf die Probleme der stofflichen Reproduktion verwehrt. Als Ware-Geld-Subjekte exekutierten die diversen Protagonisten der Selbstverwaltung aneinander schon das Zwangsdiktat des »sozialistischen Marktes«,[19] bevor sie unter dem Dach der Selbstverwaltung als Staatsbürger überhaupt Stellung zum Resultat ihrer Konkurrenz beziehen konnten.

Jenseits der utopischen Hoffnungen, in der schnöden jugoslawischen Wirklichkeit, funktionierte die Selbstverwaltung nicht als Instrument herrschaftsfreien Diskurses und herrschaftsfreier Regulation, sie war vielmehr Vehikel und Schauplatz harscher Verteilungskämpfe.[20] Das betrifft nicht nur die einzelbetriebliche Ebene und den Dauerkonflikt zwischen »Betriebsegoismus« und dirigistischem Zentralapparat; von Beginn an hatte der Konflikt zwischen Selbstverwaltung und zentralstaatlicher Planung und der teilweise Ersatz der zentralstaatlichen Funktionen durch die Selbstorganisation der Produzenten auch wesentlich eine regionale Komponente. Die Selbstverwaltung wurde nicht nur auf der Ebene der Produzentengemeinschaften installiert, in diese Neuorganisation waren auch die Gebietskörperschaften miteinbezogen. Seit 1954 partizipierten die Kommunen und Republiken an den Gewinnen, die auf ihrem Territorium ansässige Betriebe erwirtschafteten. »Die Kommune wurde schon zu dieser Zeit zu einer Gemeinschaft von Produzenten und Verbrauchern, in der ihre meist gegensätzlichen Interessen am besten zu harmonisieren waren«,[21] so heißt es dazu in Vladminir Bonac s apologetischer Abhandlung zum Selbstverwaltungssozia-

---

19 Es spielt dabei keine entscheidende Rolle, ob die Preisbestimmung dem Staat obliegt, also die Marktsubjekte sich auf einem »administrierten Markt« bewegen, oder ob die Preisregulation dem »freien Spiel der Marktkräfte« überlassen bleibt.

20 An der Blindheit für diesen Zusammenhang hat übrigens auch das jugoslawische Desaster nichts geändert. Die letzten posthumen Verehrer des jugoslawischen »Selbstverwaltungssozialismus« kommen heute noch nicht auf die Idee, daß der glorreiche »Dritte Weg« mit zur Vorgeschichte der gegenwärtigen Nationalitätenkonflikte gehören könnte. Ihnen geht es weniger um kritische Aufarbeitung und eine grundsätzliche Neubestimmung des sozialistischen Ziels, sie sind vielmehr vornehmlich damit beschäftigt, die »utopischen Momente« im jugoslawischen Modell über die schweren Zeiten hinwegzuretten. Wenn sich die ehemaligen jugoslawischen Praxis-Philosophen mittlerweile mehrheitlich im (kroatischen) nationalistischen Lager wiederfinden, dann spricht zwar schon die personelle Kontinuität eigentlich Bände. Sie legt den Verdacht nahe, daß diese Wendung möglicherweise schon im alten Selbstverwaltungsdenken angelegt gewesen sein könnte. Die letzten westeuropäischen Praxisphilosophen haben sich gegen derlei Anfechtungen aber immunisiert. Die schockierende nationalistische Entpuppung taucht bei ihnen nur als Verrat und Verirrung auf. Zur Geschichtsklitterung neigt aber auch der Rest der Linken. In ganz extremer Weise dokumentiert Catherine Samary in ihrem Bändchen »Krieg in Jugoslawien« diese altlinke Apologetik. Dieses Machwerk läßt sich nicht allein sprachlich-stilistisch nur als eine seltene Zumutung bezeichnen, sondern mehr noch inhaltlich. Die Autorin liefert nicht den geringsten Ansatz zu einer Erklärung der postjugoslawischen Situation. Nur ein Anliegen treibt sie stattdessen offenbar um: Sie will den verblichenen Selbstverwaltungssozialismus, koste es was es wolle, im guten Andenken behalten. »Das ›titoistische‹ Experiment ermöglicht es weit mehr als das maoistische China, Hinweise dafür zu erhalten, wie ein dritter Weg hätte aussehen können.« (Catherine Smary, Krieg in Jugoslawien, Köln 1992, S.11), so heißt ihr Credo, und was dieser Verlautbarung auf 150 Seiten noch folgt, markiert den Übergang vom linken Politizismus zum bloßen Geschwätz.

21 Vladimir Bonac, Jugoslawien, S. 37.

lismus. Diese gepriesene »Harmonisierung« bestand, wie könnte es auch anders sein, in erster Linie jedoch in dem gemeinsamen Interesse, einen möglichst großen Anteil am Mehrwert in der eigenen Region zu halten und der gesamtjugoslawischen Redistributionsmaschinerie zu entziehen. Mit dem Vormarsch des Selbstverwaltungselements gewann der Gedanke an Boden, daß der »Mehrwert« in der Region zu verbleiben habe, in der er auch produziert worden war. Die Folgen dieses Trends liegen auf der Hand. Vom Vormarsch des Selbstverwaltungselements profitierte einseitig der »reiche« Norden Jugoslawiens. Der Süden hingegen mußte Einbußen hinnehmen. Das konnte auf Dauer nicht ohne Folgen für die sozioökonomische und schließlich auch die politische Einheit des Landes bleiben. Im selben Maße, wie die gesamtstaatlichen Planungsinstanzen an Gewicht verloren, trat auch die gesamtjugoslawische Entwicklungsperspektive in den Hintergrund und wurde schließlich im Laufe von vierzig Jahren Modernisierung zur Fata Morgana.

Schon die weiter oben erwähnte Veränderung der Lohnstruktur, die Koppelung des Einkommens an die Gewinne der jeweiligen Unternehmen, bevorzugte naturgemäß die fast durchgängig in den entwickelteren Regionen ansässigen gewinnträchtigeren Betriebe und hatte eine recht krasse regionale Einkommenspolarisierung zur Folge. Das gleiche Resultat wie bei diesem Herzstück der ersten Reformwelle hatte der Sieg der Selbstverwaltung auch bei der Verteilung von Investitionen und damit für den langfristigen Verlauf des Akkumulationsprozesses. Wo die Einzelbetriebe über ihre Gewinne selber verfügen, schrumpft der Redistributionsspielraum der Zentralgewalt, das Geld bleibt in den »reichen« Gebieten, die schon vorhandene Schere zwischen den »Gewinner- und Verliererregionen« öffnet sich weiter. Der Selbstverwaltungsgedanke entwickelte sich daher in Jugoslawien de facto allmählich zu einer Waffe des Nordens im Verteilungsstreit mit dem Süden. Bereits bei seiner Entstehung hatte die wirtschaftliche und soziale Inhomogenität des Landes eine Rolle gespielt. Das Instrumentarium des »administrativen Sozialismus« hatte zwar die ökonomische Ineffizienz im gesamten Land gefördert, also auch im Norden, die härtesten Rückschläge hatte die Kommando-Industrialisierung jedoch in den südlichen Republiken hinzunehmen. Hier hatte die Staatswirtschaft in ihrem Entwicklungsehrgeiz gigantische Mittel eingesetzt und im wesentlichen doch nur betriebswirtschaftlich irrationale Subventionsgräber hinterlassen. Mit dieser auf Dauer nicht durchhaltbaren Praxis galt es zu brechen. Es konnte einfach nicht angehen, daß die mazedonischen Stromerzeuger eine sechsmal so hohe Investitionssumme benötigten, um eine zusätzliche Kwh bereitzustellen, wie ihre slowenischen Kollegen.[22]

Der Übergang zum Selbstverwaltungssozialismus und damit zum Prinzip einzelbetrieblicher Zurechnung war aber nicht nur eine Reaktion auf diese ernüchternde Erfahrung beim Versuch, mit administrativen Mitteln das innerjugoslawische Entwicklungsgefälle einzuebnen. Er war gleichzeitig dazu angetan, das zugrundeliegen-

22 Robert. K. Furtak, Jugoslawien, S. 160.

de Faktum, die volkswirtschaftliche Inkohärenz, längerfristig noch weiter zu verstärken. Diese verschärfte Polarisierung wird statistisch sichtbar, wenn wir die regionale Entwicklung des Sozialprodukts pro Kopf betrachten. 1951 erreichte Slowenien 170% des jugoslawischen Durchschnitts. Bis 1981 stieg hier der Index kontinuierlich bis auf 198%. Die Bewohner Kroatiens kamen 1951 auf 114%, 1981 hatte sich diese Republik mit immerhin 126% deutlich vom jugoslawischen Durchschnitt abgesetzt. Während das engere Serbien seinen Anteil mit einigen Schwankungen weitgehend konstant halten konnte (96,2% bzw. 98,3), fiel Bosnien-Herzegowina innerhalb von dreißig Jahren von immerhin 91,3% auf 66,8% zurück. Die montenegrinischen Vergleichsziffern sehen günstiger aus, weisen aber den gleichen grundlegenden Trend auf. Hier sank der Anteil am Sozialprodukt pro Kopf von 83,4% auf 75,5%, im Armenhaus Kosovo sogar von 44,1 auf 30,0%. Der Triumph des Selbstverwaltungsgedankens gegenüber der zentralstaatlichen Sozialismuskonzeption führte also nicht zur notwendigen und von der Tito-Administration projektierten Angleichung der Lebensbedingungen in Gesamtjugoslawien, sondern zu einem Auseinanderdriften der verschiedenen Landesteile, und untergrub schließlich die wirtschaftliche Einheit des Landes. Der schrittweise Abschied von der Kommandowirtschaft und ihrer rigorosen Umverteilung mündete in eine Entwicklung, in der Jugoslawien nicht mehr als einheitlicher wirtschaftlicher Funktionsraum funktionieren konnte.

Diese dem jugoslawischen »Selbstverwaltungssozialismus« inhärente Gefahr entwickelte sich allerdings schleichend. Zwar wurden in den 50er Jahren erstmals erhebliche Kompetenzen und finanzielle Mittel von den Zentralinstanzen auf die Einzelrepubliken verlagert, die Zentralgewalt blieb aber zunächst vergleichsweise stark, und sie setzte ihr erhebliches politisches und ökonomisches Gewicht dazu ein, den aufkommenden zentrifugalen Kräften gegenzusteuern. So behielt Belgrad unter anderem ein Drittel der Investitionsmittel unter seiner direkten Kontrolle. Diese Akkumulationsfonds kamen vorzugsweise den unentwickelten südlichen Republiken zugute. Das Steuersystem, für das vor allem eine progressive Besteuerung aller betrieblichen Mehreinnahmen kennzeichnend war, trug ebenfalls dazu bei, auch das Überleben unterproduktiver Anbieter sicherzustellen und sorgte damit dafür, daß die Kluft zwischen wirtschaftlich erfolgreichen und erfolglosen Regionen nicht allzuweit aufriß. Die staatliche Kreditpolitik folgte der gleichen »egalitaristischen« Orientierung. Bei der Geldvergabe wurden die unterproduktiven Betriebe in den armen Regionen systematisch bevorzugt. Sie konnten mit weit günstigeren Kreditbedingungen rechnen als ihre slowenischen und kroatischen Konkurrenten, was zur Folge hatte, daß gerade im Süden viele Betriebe zu Dauerschuldnern wurden. Solange die Zinssätze deutlich unter der Inflationsrate lagen, warf das für die betroffenen Kombinate aber keine Probleme auf. Allerdings trug diese Form von permanenter Subventionierung zur Konsolidierung des Bundeshaushaltes genausowenig bei, wie die Steuerpolitik einen Anreiz zur Produktivitätssteigerung bot.

7. Staatsökonomie und Marktwirtschaftsreform – die marktwirtschaftliche Reformwelle der 60er Jahre

Als der Versuch, die jugoslawische Gesellschaft zu einer einheitlichen Gesamtfabrik zusammenzufassen, zurückgenommen werden mußte, taten sich erstmals Risse im Gefüge des gesamtjugoslawischen Sozialismus auf. Das Weiterwirken der zentralstaatlichen Redistributionsmaschinerie verkleisterte sie bis auf weiteres. Das war vor allem deshalb möglich, weil mit dem Übergang zum »Selbstverwaltungssozialismus« und mit der Westöffnung Jugoslawiens ein ökonomischer Boom einsetzte. Während die Weltarbeitsgesellschaft insgesamt einen Expansionsschub erlebte, und das Wachstum von Industrieproduktion und Bruttosozialprodukt weltweit historisch einmalige Höhen erreichte, schlug sich das globale »Wirtschaftswunder« nicht zuletzt dank des besonders niedrigen Ausgangsniveaus in Jugoslawien in den Jahren nach 1953 in eindrucksvoll klingenden Zahlen nieder. Auch unter dem neuen Selbstverwaltungsvorzeichen setzte der jugoslawische Staat auf extensive Inputsteigerung, und so schwankten die Wachstumsziffern bis zum Beginn der 60er Jahre zwischen 10,0 und 17,3%. In der zweiten Hälfte der 50er Jahre nahm Jugoslawien damit in den europäischen Wirtschaftsstatistiken in der Disziplin Bruttosozialproduktzuwachs (zusammen mit Rumänien) den absoluten Spitzenplatz ein. Innerhalb von zehn Jahren, zwischen 1952 und 1962, verdreifachte sich der Wert der industriellen Produktion. 1955 verabschiedete sich die Wirtschaftsführung außerdem von der bis dahin maßgeblichen Ausrichtung auf eine einseitige Förderung der Schwerindustrie. In der Folge erhöhte sich der niedrige Lebensstandard erheblich, was den Bewohnern aller Landesteile zugute kam.[1]

Angesichts dieser Erfolge schien die Tatsache, daß sich die relativen wirtschaftlichen Gewichte keineswegs zugunsten der rückständigen Regionen verschoben, zu verblassen. Jugoslawien arbeitete sich an die Schwelle zur Vollindustrialisierung heran, und früher oder später, so die hoffnungsfrohe Erwartung, würde schon noch das ganze Land von der Wirtschaftsdynamik in die Moderne katapultiert werden.

---

1 Mußte ein jugoslawischer Durchschnittsverdiener 1956 noch 50 Minuten arbeiten, um sich von seinem Lohn ein Kilo Brot kaufen zu können, so waren es 1970 nur mehr 19 Minuten. Die Arbeitszeit, die nötig war, um den Gegenwert von einem Paar Herrenschuhe zu erwerben, sank im gleichen Zeitraum von 53 auf 17 Stunden. Um sich einen Kühlschrank zu verdienen, mußte ein Durchschnittsjugoslawe 1956 noch 1150 Stunden arbeiten. 1970 waren es dagegen nur mehr 217. Vgl. dazu: Handbuch der europäischen Wirtschafts- und Sozialgeschichte, Band 6, S. 878

Hinter der scheinbar glänzenden Wachstumsperspektive verbargen sich allerdings enorme, nur oberflächlich gekittete strukturelle Schwierigkeiten. Vor allem zwei Wolken verdüsterten den vorderhand ach so strahlenden jugoslawischen Wirtschaftshimmel. Einerseits konnten die nur partiell aus der Kommandowirtschaft entlassenen jugoslawischen Betriebe die sprunghaft gestiegene Nachfrage nicht hinlänglich befriedigen. Die planmäßige Erhöhung des Volkseinkommens um 9% im Jahr setzte auf dem hochmonopolisierten Inlandsmarkt nur bedingt kontrollierbare inflationäre Tendenzen frei. Andererseits hatte die boomende jugoslawische Wirtschaft mit einer stark defizitären Außenhandelsbilanz zu kämpfen. Im Durchschnitt exportierte Jugoslawien 1956 bis 1960 im Jahr Waren im Werte von 8,0 Mrd. Dinar, während sich die jährlichen Importe auf 12,1 Mrd. beliefen und damit also die eineinhalbfache Höhe erreichten.[2]

Zwei Faktoren trugen vornehmlich zu diesem Minus bei. Zum einen ging Jugoslawien mehr und mehr dazu über, moderne Investitionsgüter aus dem Westen einzuführen, zum anderen bezog das Land in der zweiten Hälfte der 50er Jahre immer mehr Rohstoffe vom Weltmarkt. Der rasante Anstieg des Investitionsgüterimports war dem Streben geschuldet, der jugoslawischen Wirtschaft Zugang zu den hochproduktiven westlichen Fertigungsverfahren und Technologien zu verschaffen. Eine Alternative dazu gab es angesichts des geringen heimischen Innovationspotentials nicht. Auch wenn Jugoslawiens Wirtschaftslenker dem System des »administrativen Sozialismus« treu geblieben wären, hätten sie notgedrungen in erheblichem Umfang teures Know-how einkaufen müssen, um nicht völlig den Anschluß an das auf dem Weltmarkt herrschende Produktivitätsniveau zu verlieren. Die Metamorphose Jugoslawiens vom traditionellen Rohstoffexporteur zum Nettorohstoffimporteur hingegen war unmittelbar das Resultat der gemischten, gleichermaßen von Staatseingriffen und von Marktelementen bestimmten Wirtschaftsweise. Seit der Zeit des ersten Fünfjahresplans hatten die Belgrader Administratoren die Preise für Rohstoffe, Energie und Vorprodukte nach unten dekretiert, um damit das allgemeine Wirtschaftswachstum zu fördern und den industriellen »take off« möglich zu machen. Diese politische Preisfestlegung hatte schon immer den nachteiligen Nebeneffekt gehabt, daß sie zu einem äußerst verschwenderischen Umgang mit diesen »billigen Gütern« führte und die jugoslawischen Betriebe bei gleichem Output ein Vielfaches an Energie verbrauchten wie ihre westlichen Konkurrenten. Mit dem partiellen Abschied von der zentralstaatlichen Investitionslenkung zeigte sie aber noch eine zweite, makroökonomisch gesehen nicht weniger kontraproduktive Wirkung. Im selben Maße, wie die Investitionstätigkeit zusehends von einzelbetrieblichen Rentabilitätskriterien bestimmt wurde, schlugen die künstlich niedrig gehaltenen Preise auf das Produktionsniveau in der Rohstoff- und Energiewirtschaft etc. zurück. Weil die Preise in diesem Bereich weit unter dem Weltmarktniveau lagen und keine Aussicht auf einen

---

2 Handbuch der europäischen Sozial- und Wirtschaftsgeschichte Band 6, S. 907.

nennenswerten betriebswirtschaftlichen Gewinn boten, zeigten die Einzelbetriebe wenig Neigung, von sich aus ihre Akkumulationsmittel ausgerechnet in diese Bereiche zu lenken. Dementsprechend blieben die Zuwächse etwa bei der Rohstoffförderung weit hinter der Expansion der anderen Sektoren zurück. Die Industriepolitik der Kommunen und Republiken, die zu dieser Zeit einen erheblichen Teil der Investitionsmittel kontrollierten, trug das ihrige dazu bei, diese Entwicklung noch zu verstärken. Da die Steuereinnahmen der Gebietskörperschaften von den Betriebsgewinnen der auf ihrem Territorium beheimateten Kombinate abhingen, deckten sich deren Interessen, was die Gestaltung der Investionsstruktur anging, mit denen der Einzelbetriebe. Auch sie zogen es vor, »ihre Investitionen in Branchen zu leiten, die unter den gegebenen Voraussetzungen attraktive Gewinne versprachen.«[3] Während diesen Rahmenbedingungen entsprechend massenhaft »politische Fabriken« im weiterverarbeitenden Sektor entstanden, verkam die einst gehätschelte Basisindustrie.

Neben diesem Ungleichgewicht bestanden noch viele andere, aus dem Nebeneinander von staatlicher Preisfestsetzung und Marktregulation resultierende makroökonomische Disproportionalitäten. Sie waren allesamt dazu angetan, die Entwicklung eines in sich kohärenten und funktionsfähigen Wirtschaftsgefüges zu blockieren. Es würde den Rahmen sprengen, sie hier alle im einzelnen nachzuzeichnen. Das Zurückbleiben der Rohstoff- und Vorprodukterzeugung war allerdings insofern besonders bedrohlich, als in diesem Fall kostbare Devisen vonnöten waren, um den vom dualistischen Wirtschaftssystem auf dem inneren Markt erzeugten Mangel zu beheben – Devisen, die Jugoslawien aus eigener Kraft nicht erwirtschaften konnte. Hätte der Westen, insbesondere die USA, Jugoslawien nicht nach dem Bruch mit Moskau aus politischen Gründen in erheblichem Umfang finanziell unterstützt, so wäre der jugoslawische Aufschwung alsbald am Außenhandelsdefizit erstickt, oder das Land hätte sich schon zu diesem Zeitpunkt auf den internationalen Finanzmärkten erheblich verschulden und jenen fatalen Weg beschreiten müssen, den es seit 1960 einschlug,[4] und der zwanzig Jahre später mit einem bösen Erwachen enden sollte.

Die Marktwirtschaftsapologeten innerhalb und außerhalb von Jugoslawien haben die gefährlichen Störungen im Wirtschaftsgefüge, die zunächst in der Inflation und im Außenhandelsdefizit ihren Ausdruck fanden, einer »falschen« Politik zur Last gelegt. Eine konsequente Reformorientierung, ein radikaler Bruch mit allen staatsdirigistischen Elementen, so ihre Meinung, hätte derlei irrationale Erscheinungen verhindern können. Diese Einschätzung lügt sich allerdings über das Grunddilemma der jugoslawischen Modernisierung hinweg. Ein breites Industrialisierungspro-

---

3 A.a.O., S. 894.
4 Die Geschichte der jugoslawischen Auslandsverschuldung beginnt bezeichnenderweise genau zu dem Zeitpunkt, als der Westen die umfänglichen Hilfslieferungen und Hilfszahlungen reduzierte, mit denen er die jugoslawische Abkehr vom KOMINFORM-Block gestützt hatte. Vgl. in diesem Zusammenhang: Hansgeorg Conert, Bedingungen und Konsequenzen der Weltmarktorientierung nachkapitalistischer Volkswirtschaften, dargestellt am Beispiel der Außenwirtschaftsbeziehungen Jugoslawiens nach der Wirtschaftsreform von 1965, in: Prokla 48, S. 107.

gramm ließ sich in dem rückständigen Balkanland nur dann realisieren, wenn die Administration für die Erfüllung von zwei Bedingungen sorgte: Zum einen mußte sie verhindern, daß die heimischen Produzenten unmittelbar mit der übermächtigen ausländischen Konkurrenz konfrontiert wurden, gegen die sie nicht hätten bestehen können. Zum anderen kam sie nicht umhin, nach innen in den rückständigen Regionen die Industrialisierung gegen die Schwerkraft der Verwertungslogik voranzutreiben. So notwendig diese administrativen Eingriffe jedoch waren, um der inneren Entwicklung einen Schutzraum zu eröffnen, so verwandelten sie sich doch gleichzeitig allenthalben in Fesseln, die die von ihnen erst ermöglichte Entwicklung wiederum abzuwürgen drohten. Die unter der irreführenden Bezeichnung »Sozialismus« bekannte partielle Sistierung der Marktmechanismen erlaubte es den Einzelbetrieben auch dann, gut über die Runden zu kommen, wenn sie, gemessen am Weltmarktniveau, unökonomisch wirtschafteten. Die geschützte Modernisierung und Industrialisierung tendierte also dazu, sich selber stillzustellen.

Der »administrative Sozialismus« verdankte so gesehen sowohl seine Existenz wie sein Scheitern einem letztlich unaufhebbaren Dilemma. Dieses Dilemma war mit seinem Ende aber natürlich nicht aus der Welt entschwunden. Es bestimmte weiterhin den »jugoslawischen Weg« – bis zum bitteren Ende. Der Übergang zu einer ungeschützten freien Marktwirtschaft hätte das gesamtjugoslawische Industrialisierungsprogramm mit einem Schlag beendet und die Grundlage des jugoslawischen Gemeinwesens schon viel früher zerstört; die Fortschreibung starker administrativwirtschaftlicher Momente sorgte dagegen dafür, daß die jugoslawische Volkswirtschaft hoffnungslos hinter dem auf dem Weltmarkt herrschenden Produktivkraftniveau zurückblieb. Mit ihrem aus ad-hoc-Maßnahmen zusammengeschusterten Selbstverwaltungs-Sozialismus schlug die jugoslawische Führung einen mittleren Kurs zwischen beiden Übeln ein, und so wurden, wie meist in solchen Fällen, schließlich beide Wirklichkeit.

Je weiter die Entfaltung des Selbstverwaltungsmechanismus voranschritt, desto mehr Marktelemente drangen in das jugoslawische System ein und desto mehr erodierte die staatliche Lenkungsmacht, während gleichzeitig die Konfrontation mit dem unreglementierten Weltmarkt ein ums andere Mal doch hinausgeschoben wurde. Was immer die jugoslawische Führung in der jeweiligen Etappe als Lösung und neue Selbstverwaltungs-Errungenschaft präsentierte, es ordnete sich allemal in die verwickelte Verlaufsform der Krise nachholender nationalökonomischer Modernisierung ein. In vier Jahrzehnten haben die von einem kruden trial-and-error-Empirismus beseelten Jugosozialisten beharrlich an ihrem Arbeitsgesellschaftsmodell herumgebastelt. Den grundlegenden, jeder zu spät kommenden nachholenden Modernsierung inhärenten »Fehler« konnten sie mit allen zum großartigen Konzept eines »Dritten Wegs zwischen Kapitalismus und Staatssozialismus« aufgeblasenen Flickschustereien aber nicht abstellen. Die jugoslawische Abteilung der Weltarbeitsgesellschaft glich einem PKW, in dem fatalerweise das Gas- und das Bremspedal aneinander gekoppelt sind. Fahrer und Beifahrer stritten sich jahrzehntelang darüber, welches Pedal nun kräftig zu treten sei; aber unabhängig davon, wer von beiden Streithähnen sich bei diesem Kampf auch immer gerade durchsetzte, das Resultat erwies sich allemal als wenig befriedigend.[5]

Die grundlegende jugoslawische Malaise fand ihre politische Erscheinungsform im Dauergefecht zwischen entschiedenen Reformern und den Verteidigern der zentralstaatlichen Lenkungsinstrumente. Die Vertreter von mehr Selbstverwaltungsmarkt befanden sich dabei, über die jeweiligen politischen Konjunkturen hinweg gesehen, in der Offensive. Kaum einer der Reformschritte hin zu mehr Markt war nachträglich noch reversibel. Außerdem hatte der Reformflügel einen unschätzbaren Vorteil in der ideologischen Auseinandersetzung. Der Etatismus hatte sich schon gründlich blamiert. Die Liberalisierung konnte zwar auch auf keiner Stufe eine befriedigende Antwort auf die anstehenden Probleme finden, die Reformer hatten aber noch jedesmal das Alibi auf ihrer Seite, daß die De-Etatisierung eben noch nicht weit genug gegangen sei und der Mißerfolg allein auf diesen Umstand zurückgeführt werden müsse.

Milovan Djilas, Titos Mitstreiter und späterer Chef-Dissident, hatte schon 1953 in einer Artikelserie in der Parteizeitung »Borba« den Selbstverwaltungsgedanken so weit getrieben, daß er das Herrschaftsmonopol der Partei in Frage stellte, und die Auflösung des staatlichen Lenkungsapparates in die Selbstverwaltungsgesellschaft projektiert. Für sein voreiliges politisches Vorpreschen war er 1954 noch aller Ämter entkleidet und zu einer mehrjährigen Haftstrafe verurteilt worden. Anfang der 60er Jahre wandelte schon eine größere Gruppierung innerhalb der Partei auf Djilas` Spuren. Ohne sich allerdings explizit auf den weiterhin verfemten Einzelkämpfer zu beziehen, suchte sie sein theoretisches antibürokratisches Konzept als marktwirtschaftliches Reformprogramm operationalisierbar zu machen. Der Durchbruch zu einer Selbstverwaltungs-Marktwirtschaft sollte mit dem propagierten »Absterben des Staates« Ernst machen, die Verwandlung der jugoslawischen Gesellschaft in eine Produzentengemeinschaft einleiten und damit gleichzeitig das Wertgesetz in sein Recht einsetzen.

In seinem 1961 in Belgrad erschienenen Buch »Ökonomische Theorie der Planwirtschaft« hat Branko Horvat das Grundaxiom der Reformer auf den Punkt gebracht. Er schreibt dort:»Der Markt registriert Verbrauchspräferenzen genau, schnell und billig. Er liefert Informationen von vitaler Bedeutung für den Erlaß von Beschlüssen über Preise und Produktion. Er stimuliert jeden zur Vermeidung von Verschwendung und zur Erhöhung der Produktivität. Diese drei Merkmale bilden die Grundlage für die Verwirklichung des Postulats von der Unabhängigkeit der Unternehmen in der Plan-

---

5 Der Streit erlahmte übrigens erst, als sich beide Parteien darauf einigten, auszukuppeln und auf einer kreditfinanzierten Fallstrecke Jugoslawien in Schwung zu bringen. Dieser Beschleunigungsversuch endete allerdings mit einem Totalschaden und der Auflösung des Fahrzeugs.

wirtschaft. Der Markt übernimmt einfach einen großen Teil der Planung automatisch.«[6]

Angesichts der stagnierenden Produktivität, des chronischen Handelsbilanzdefizits und der durch das Nebeneinander von Selbstverwaltungsmarkt und administrativem Plan verursachten wirtschaftlichen Ungleichgewichte wurde diese Sichtweise im BdKJ mehrheitsfähig, und die propagierte merkwürdige Hybride aus Selbstverwaltungs- und Marktideologie bestimmte nun die weitere Entwicklung in Jugoslawien. Die Tito-Administration dehnte nicht nur das Selbstverwaltungsmodell auf die nichtproduktiven Sektoren (Verwaltung, Bildungs- und Gesundheitswesen) aus; parallel dazu wurde 1961, nach dem Auslaufen der massiven US-Hilfe, das jugoslawische Wirtschaftssystem mit zusätzlichen marktwirtschaftlichen Elementen angereichert. Die Unternehmen erhielten nun die volle Freiheit bei der Regelung der innerbetrieblichen Einkommensverteilung. Damit verschwand die Dualität von durch Staatsintervention garantierten »Mindesteinkommen« und »Mehrwert«. Außerdem rückte die Führung von der bis dahin geltenden progressiven Besteuerung ab und führte stattdessen eine Steuer ein, die das Gesamteinkommen mit einer einheitlichen Abgabenrate belegte, zunächst in Höhe von 15%. Damit wurden die Nettoüberschüsse der Unternehmen in einem bis dahin unbekannten Umfang von ihrem Markterfolg abhängig. Diese Reform hatte zwar, wie von ihren Urhebern gewünscht, eine gewisse Produktivitätssteigerung zur Folge, sie schlug ansonsten aber eher negativ zu Buche. Erstens leitete sie eine massive Einkommensumverteilung zugunsten der entwickelten Regionen und der rentableren Wirtschaftsorganisationen ein und vergrößerte das Einkommensgefälle, das zwischen den Angehörigen verschiedener Betriebe und den Bewohnern produktiver und unterproduktiver Regionen schon existierte. Zweitens brachen mit der Zurücknahme etatistischer Momente sofort die Wachstums- und Beschäftigungsraten ein. 1960 kletterte die industrielle Produktion noch um 15,4%, 1961 und 1962 nur mehr um jeweils 7,0%. Da die Landwirtschaft weiterhin beschleunigt Arbeitskräfte freisetzte, reichte diese noch immer eindrucksvoll klingende Expansion nicht mehr hin, auch nur eine annähernde Vollbeschäftigung zu garantieren. Die offizielle Arbeitslosenquote, die 1960 schon bei 5,1% lag, nahm noch erheblich zu. Dieses enttäuschende Ergebnis läßt sich erklären. Die lineare Besteuerung bürdete den weniger gewinnbringenden Unternehmen eine bedeutende zusätzliche Kostenbelastung auf, die sie daran hinderte, weiterzuwachsen. Von der relativen Steuerersparnis bei den rentableren Betrieben ging aber bei weitem nicht der Wachstumsimpuls aus, den die Reformer erwartet hatten. Die zusätzlichen Einnahmen wanderten hier vornehmlich in den individuellen Konsum der Beschäftigten, während die Selbstverwaltungsbetriebe ihrer Investorenfunktion nur zögerlich nachkamen. Die Steigerung des Konsums lief der Produktivitätsentwicklung davon. Die

---

6 Zitiert nach: Der Osten bleibt rot – vom Staatskapitalismus in die Barbarei? Ex-Anti-Nato Gruppe Freiburg 1993, S. 34.

Reformbemühungen bremsten auf diese Weise nicht nur das nominelle Wachstum erheblich, sie verschärften überdies die inflationären Tendenzen.

Der Regierung sah sich unter diesen Umständen genötigt, die Notbremse zu ziehen. Als der Versuch der Partei- und Staatsorgane, »durch ›moral suasion‹ die Wirtschaftsfunktionäre zum gewünschten Verhalten zu veranlassen«,[7] gescheitert war, vollzog der staatliche Apparat 1962, gerade einmal ein Jahr nach der Einführung der Liberalisierungsmaßnahmen, eine abermalige Kehrtwendung und suchte auf etatistischem Wege Inflation, Handelsbilanzdefizit und Wachstumsschwäche unter Kontrolle zu bekommen: »Die eben erst gewährte größere betriebliche Entscheidungsfreiheit ... erfuhr Einschränkungen. Das Gesetz über die gesellschaftliche Preiskontrolle (Juli 1962) gab der Zentraladministration die Möglichkeit der Preiskontrolle und der Höchstpreisfixierung bei bestimmten Gütern. Ferner wurde das System der Wirtschaftskammern gestrafft und das Betreiben von Außenhandelsgeschäften durch das Gesetz über den Waren- und Dienstleistungsverkehr mit dem Ausland von der Genehmigung des zuständigen Bundesorgans abhängig gemacht.«[8]

Dieses etatistische Notprogramm brachte aber weder eine Lösung der chronischen Wirtschaftsprobleme (Produktivitätsdefizite, deutlich negativer Außenhandelssaldo, Arbeitslosigkeit und Inflation), noch konnte es den Vormarsch der »Reformer« dauerhaft stoppen. Im Gegenteil: Die Schwierigkeiten und makroökonomischen Störungen, die sich aus der jugosozialistischen Vermischung von Planungs-Etatismus und Marktwirtschaft ergaben, führten letztlich nur dazu, daß der Reformflügel im BdKJ sein Liberalisierungsprogramm radikalisierte und einen letztlich beschleunigten Abbau des zentralstaatlichen Lenkungsapparates erzwang.

Seit 1963 drückten die Vertreter einer »sozialistischen Marktwirtschaft« der Wirtschaftsdebatte wieder nachhaltig ihren Stempel auf. Während E. Kardelj mit Titos Segen verstärkt gegen »bürokratistische Tendenzen in der Partei« Front machte, die der Verwirklichung des Selbstverwaltungsgedankens im Wege stünden, klagte der kroatische Parteichef und Wirtschaftsexperte Bakaric, vehement die »konsequente Berücksichtigung des Wertgesetzes« bei der Planung ein. Die Wirtschaft wird erst dann aus ihrer Malaise herausfinden, so die neue Heilslehre der roten Marktwirtschaftsapostel, wenn in Jugoslawien nicht mehr »politische Preise« die Entwicklung regulieren, sondern das freie Spiel der Marktkräfte.

Im September 1964 blies Bakaric auf einer Sitzung des Stadtparteikomitees der Kommunisten in Zagreb zum Generalangriff:»Wir alle wissen, daß unser gestriges System ... überlebt ist... Das alte System zerfällt bereits in solchem Maße, daß niemand es mehr in Wirklichkeit tolerieren kann. Das alte System der Planung (und der Investitionen) verursachte und verursacht noch ... eine ganze Kette von ausweglosen Situationen.«[9]

---

7 Felix Niesmann, Im Spannungsfeld von Zentralismus und Selbstverwaltung, Bochum 1979, S. 162.
8 A.a.O., S. 162.
9 Zitiert nach Carl Gustaf Ströhm, Ohne Tito – Kann Jugoslawien überleben?, Graz, Wien, Köln 1976, S. 142.

Auf dem VIII. Parteikongreß im Dezember 1964 prallten die Konzeptionen der »Reformer« und »Föderalisten« – vorgetragen von dem kroatischen Funktionär Miko Tripalo – und der »Zentralisten« in aller Härte aufeinander. Tripalo forderte insbesondere die »Dezentralisierung der Akkumulationsmittel«. Das langjährige serbische Politbüromitglied Alexander Rankovic, der prominenteste Vertreter der »zentristischen« Position, konnte in den Bestrebungen der um die kroatische Parteiführung[10] gesammelten Erneuerer nur »Kommerzialisierung«, »Lokalpatriotismus«, »illoyale Konkurrenz« und »drohende Anarchie« erkennen. Trotz erbitterten Widerstands innerhalb der Partei setzten sich Bakaric, Kardelji und Co mit ihrem Konzept einer »sozialistischen Marktwirtschaft« durch. Noch 1964 begann eine zweite und folgenreiche Reformoffensive. In diesem Jahr nahm die Tito-Administration die lange angekündigte De-Etatisierung der Investitionstätigkeit in Angriff. Der Bundesstaat übertrug seine Investitionsfonds und die der Kommunen und Republiken den Banken. 1963 hatten die Geldinstitute lediglich 8,3% der Investitionsmittel bereitgestellt, während die öffentliche Hand 51,6% beisteuerte. 1966 stammten dagegen nur mehr 11,0% aller Investitionensmittel aus dem Bundeshaushalt und den Etats der Gebietskörperschaften, während der Anteil der Banken auf 34,9% kletterte. 1970 erreichte er gar 44,1%. Außerdem wurden die gewinnabhängigen Steuern reduziert, das System staatlicher Preiskontrolle erheblich eingeschränkt, ja sogar gesetzliche Möglichkeiten für ausländische Investitionen geschaffen.[11] Auf diese Ouvertüre folgten 1965 weitere Reformschritte. Um die Anpassung der jugoslawischen Binnenökonomie an die Weltmarktbedingungen einzuleiten, begann die Regierung das Subventionsnetz und die Zollschranken, die den heimischen Markt abschirmten, abzubauen. Parallel dazu kam es zu einer Abwertung des Dinar. Sie sollte eine realistischere, auf die wirtschaftliche Leistungsfähigkeit des Landes abgestimmte Geldpolitik ermöglichen.

Trotz dieser flankierenden Maßnahmen zeitigte allerdings das neue Wirtschaftsprogramm und vermeintliche Heilmittel, das von seinen Urhebern auf den schönen Namen »Rentabilnost« getauft wurde, verheerende Nebenwirkungen. Die Öffnung des jugoslawischen Marktes brachte erst ans Licht, wie wenig wettbewerbsfähig die jugoslawische Wirtschaft tatsächlich war. Die erhoffte Exportoffensive blieb aus, stattdessen überschwemmten überlegene ausländische Waren den jugoslawischen Markt. Mit den Reformen brach der Warenabsatz fast augenblicklich ein, die Wachstumsraten fielen in den Keller, die Arbeitslosigkeit nahm sprunghaft zu und

---

10 Es ist natürlich kein Zufall, daß bereits in dieser Auseinandersetzung die Frontlinien im wirtschaftspolitischen Richtungsstreit innerhalb des BdKJ sich im wesentlichen mit den nationalen deckten. Die marktwirtschaftliche Reformoption war die Option der reicheren, nördlichen Republiken und ihrer Parteiorganisationen. Die »Zentralisten« vertraten nicht nur das Sonderinteresse des Apparates, der um seine Privilegien fürchtete, sondern gleichzeitig auch die Interessen derjenigen Regionen, für die die Auflösung der etatistischen Lenkungsinstrumentarien und der Redistributionsinstrumente einen herben Rückschlag bedeuten mußte.

11 Diese Maßnahme sorgte zwar politisch für Furore, praktisch hatte sie allerdings kaum Bedeutung. Das umworbene Auslandskapital zeigte wenig Interesse, sich an jugoslawischen Betrieben zu beteiligen. Bis Mitte 1971 legten westliche Firmen lediglich 63 Millionen Dollar in Jugoslawien an.

überschritt selbst nach den geschönten offiziellen Zahlen 1966 erstmals die Schwelle von 500.000, das Handelsbilanzdefizit wuchs beschleunigt weiter. Das einzige jugoslawische Ausfuhrgut, das außerhalb der jugoslawischen Grenzen auf lebhafte Nachfrage traf, war die Ware Arbeitskraft. Seit Mitte der 60er Jahre strömten massenhaft jugoslawische Arbeitsemigranten nach Westeuropa, insbesondere nach Westdeutschland, und entlasteten damit nicht nur den kaum mehr aufnahmefähigen heimischen Arbeitsmarkt. Die Überweisungen der im Ausland beschäftigten jugoslawischen Arbeitnehmer entwickelten sich außerdem zur wichtigsten Devisenquelle und trugen entscheidend zum Ausgleich der hochdefizitären Zahlungsbilanz des Landes bei. Standen 1960 lediglich 15.000 Jugoslawen in anderen europäischen Ländern in Lohn und Brot, so verzwanzigfachte sich diese Zahl bis 1965 auf 300.000 und wuchs dann bis 1973 kontinuierlich auf schließlich 860.000 an. Die rasante Expansion der internen industriellen Produktion und die Absorption der freigesetzten ländlichen Überschußbevölkerung durch den heimischen Arbeitsmarkt war hingegen mit dem Übergang zur »sozialistischen Marktwirtschaft« ein für allemal abgeschlossen. Nach der partiellen Re-Etatisierung war die Wachstumsquote zwar vorübergehend wieder angeschwollen und erreichte 1963 satte 15,4%, aber nur, um mit der neuerlichen Reformwelle prompt wieder abzustürzen. 1965 belief sie sich nur mehr auf 8,0% und hatte sich damit innerhalb von zwei Jahren glatt halbiert; bis 1967 setzte sich die Talfahrt beschleunigt fort. In diesem Jahr mußte Jugoslawien sogar eine negative Wachstumsrate verzeichnen.

Diese Entwicklung mußte auf die führende »Kraft des Landes«, den BdKJ und insbesondere den Reformflügel, ernüchternd wirken. 1958 hatte die Partei noch in ihrem Wirtschaftsprogramm selbstbewußt deklariert, daß »durch die Einführung des Gesellschaftseigentums an den Produktionsmitteln und durch die Verwaltung der Gesellschaftsproduktion seitens der vereinten Werktätigen in ihrer Eigenschaft als Produzenten und als Konsumenten« die »Bedingungen zur Beseitigung der Anarchie in der Produktion und der periodischen Wirtschaftskrisen«[12] geschaffen worden seien. All diese Phänomene, die den Kapitalismus kennzeichnen, wären in Jugoslawien endgültig überwunden. Die reale Entwicklung hielt sich trotz des zwischenzeitlich erfolgten »zügigen Ausbaus der Selbstverwaltungserrungenschaften« aber einfach nicht an diese Behauptung. Die kapitalistischen Kernländer zeigten sich trotz weltweit nachlassender Wachstumsraten nicht nur weit stabiler als das selbstverwaltete Jugoslawien, sondern ihm auch hoffnungslos überlegen. Die Liberalisierung des Außenhandels löste sofort eine Importwelle aus, die inbesondere die Betriebe in den grenznahen Gebieten arg in Bedrängnis brachte. Sie waren der Konkurrenz der aus Österreich und dem EG-Raum hereinströmenden Waren nicht gewachsen.

Ironischerweise sahen sich in dieser Situation ausgerechnet die kroatischen und slowenischen Wirtschaftsführer, die entschiedensten Marktwirtschaftsapostel in Ju-

---

12 A.a.O., S. 214.

goslawien, genötigt, Zuflucht bei der von ihnen immer kritisierten und gerade erst abgeschafften etatistischen Subventionspolitik zu suchen. Um die drohenden Massenpleiten abzuwenden, erzwangen sie Steuerermäßigungen und umfängliche Bankkredite für die gefährdeten Kombinate. Mit diesem Rettungsprogramm ließ sich zwar die Erhaltung der Industriestruktur im Nordwesten Jugoslawiens sicherstellen, es führte aber gleichzeitig sofort das ganze großartige marktwirtschaftliche Reformprogramm ad absurdum. Die Übertragung der Investitionsfonds auf die Banken hatte den Zweck verfolgt, den Einsatz von Akkumulationsmitteln von politischen Vorgaben unabhängig zu machen und allein dem Kriterium der Verwertungs-Rationalität zu unterwerfen. Das mit neuem Gewicht ausgestattete Bankensystem geriet aber sofort wieder ins Spannungsfeld von politischen Pressionen, aus dem es sich seiner Lebtag nicht mehr befreien konnte. Es übernahm nun jene etatistische Hilfs- und Wachstumsförderungsrolle, der der Angriff auf die staatlichen Wirtschaftslenkungsinstitutionen eigentlich gegolten hatte. Genauso wie vorher die staatliche Investitionstätigkeit, so folgte die Kreditvergabe durch die Geldinstitute nicht so sehr Kriterien einzelbetrieblicher Rentabilität, sondern hing vielmehr von wechselnden, politisch aufoktroyierten Vorgaben ab. Der ökonomische Etatismus war also keineswegs überwunden, er lebte in einem anderen, äußerst verworrenen und von niemandem mehr so recht kontrollierbaren Mechanismus fort.

Diese letztlich anomische Tendenz kennzeichnete nicht nur das reorganisierte Bankensystem, dessen Funktionsfähigkeit[13] durch die Zwangsinkorporation von Aufgaben, die ursprünglich die staatliche Kommandowirtschaft wahrgenommen hatte, paralysiert wurde. Sie reichte tiefer und gab den allgemeinen Trend in der gesamten weiteren Entwicklung Jugoslawiens an. Den Reformern gelang es nicht, ihren Traum zu verwirklichen. Allen Liberalisierungshoffnungen zum Trotz erwies sich die sozialistische Ehe von Staat und Wirtschaft als im arbeitsgesellschaftlichen Leben faktisch unauflösbar. Der Versuch, das zerbröselnde zentralistisch-etatistischen System durch eine gesamtjugoslawische »sozialistische Marktwirtschaft« zu ersetzen, scheiterte schon im Ansatz kläglich. Auch wenn die fortgeschrittensten Regionen Jugoslawiens, die unter der Last der fortexistierenden, von Belgrad aus diktierten kommandowirtschaftlichen Momente seit Jahr und Tag stöhnten, große Erwartungen in den Liberalisierungprozeß gesetzt hatten, zeigte es sich, daß sogar für Slowenien und Kroatien eine konsequente De-Etatisierung nichts anderes als Deindustrialisierung bedeuten konnte. Um der Weltmarktkonkurrenz nicht zu unterliegen, waren selbst sie gezwungen, ad hoc auf das Repertoire staatswirtschaftlicher Schutzmechanismen zurückzugreifen. So sehr sie auch hoffen konnten, vom Abbau des zentral-etatistischen Redistributionsapparates in der gesamtjugoslawischen Umverteilung zu profitieren, so wenig konnten sie sich eine ersatzlose Abschaffung aller

---

13 Der Gesetzgeber machte es den jugoslawischen Banken immer wieder zur Pflicht, Kredite zu Zinsen zu vergeben, die deutlich unter der Inflationsrate lagen. Ein »gesundes« Finanzwesen läßt sich schwerlich auf solche Praktiken gründen.

etatistischen Momente im jugoslawischen System leisten. Zwar schlug auf dem jugoslawischen Binnenmarkt, dank der relativen Überlegenheit dieser Regionen, die Liberalisierung letztlich zu ihren Gunsten aus, sie waren aber nur dann in der glücklichen Lage, die Fürchte dieses Erfolgs auch zu genießen, wenn die Überreste des kommandowirtschaftlichen Instrumentariums sie gleichzeitig einigermaßen vor der unmittelbaren Konfrontation mit der Weltmarktkonkurrenz abschirmten. Die rückständigeren südöstlichen Republiken waren erst recht auf etatistischen Schutz angewiesen. Ohne ihn wäre ihre Wirtschaft dem Zangenangriff von überlegener innerjugoslawischer und übermächtiger westlicher Konkurrenz alsbald erlegen.

8. Die marktwirtschaftlichen Reformen und der »Egoismus der Republiken« – das »jugoslawische Modell« in der Zerreißprobe

Den Reformversuchen der 60er Jahre war kein Erfolg beschieden. Das wirtschaftliche Überleben sämtlicher Teilrepubliken hing davon ab, daß auch weiterhin innerhalb der »sozialistischen Warenproduktion« etatistische Momente eine große Rolle spielten. Diese Gemeinsamkeit war aber keineswegs die Basis, auf der ein allgemeiner gesamtjugoslawischer Interessenausgleich möglich gewesen wäre; sie wurde vielmehr zur Grundlage neu erblühender Partikularismen und subjugoslawischer Nationalismen. Die Offensive der Marktsozialisten hatte den zentralstaatlichen Etatismus zersetzt. Im selben Maße wie diese Offensive steckenblieb, wurde der Etatismus aber dafür als Geflecht konkurrierender und ineinander verwobener Etatismen wiedergeboren[1]

Zentrifugale Tendenzen hatten die Marktwirtschaftsreform von Beginn an begleitet. Sie blieben jedoch politisch verdeckt, solange der Kampf zwischen »Zentristen« und »Reformern« seinen Höhepunkt noch nicht erreicht hatte. Trotz zahlreicher Reibereien zeitigte die marktwirtschaftliche Ideologie bei Freund und Feind ihre Wirkung. Weil die Reformer erwarteten, daß der Übergang zur »sozialistischen Marktwirtschaft« die inneretatistischen Verteilungsstreitereien schließlich gegenstandslos machen würde, konnte sich die Reformbewegung innerhalb des BdKJ überhaupt als eine gesamtjugoslawische Strömung formieren. Sie hatte zwar von Beginn an im Nordwesten des Landes ihre Hochburgen, die Reformer verstanden ihr Programm zunächst dennoch als Heilmittel für alle unter dem jugoslawischen Dach politisch zusammengefaßten Landesteile. Diese gesamtjugoslawische Orientierung

---

1 Diese Entwicklung spiegelt sich natürlich auch in der Binnenentwicklung der Staatspartei wieder. Seitdem die KP sich 1952 in »Bund der Kommunisten Jugoslawiens« umbenannt hatte, definierte sie sich als Zusammenschluß selbständiger Republikparteien. Handelte es sich bei dieser Umorganisation zunächst noch mehr oder minder um einen reinen Formalismus, weil das Politbüro nach stalinistischem Muster de facto alle Fäden in der Hand behielt, so gewann die Trennung im selben Maße eine praktische Bedeutung, wie das Gewicht des Zentralstaates abzunehmen begann. Die Parteien der Einzelrepubliken traten immer mehr als Sachwalter der regionalen Belange innerhalb des etatistischen Mechanismus auf, und die politischen Konflikte innerhalb der Partei schmiegten sich zusehends den nationalen innerjugoslawischen Grenzen an. Der BdKJ wandelte sich allmählich von einer nach dem Muster des »demokratischen Zentralismus« geführten leninistischen Partei zu einer Art von Dachverband, der zwar in sich weitgehend geschlossene, aber untereinander alles andere als einträchtige Republikparteien vereinte.

kam unter anderem darin zum Ausdruck, daß die Reformenthusiasten auch Maßnahmen einleiteten, von denen unmittelbar keineswegs ihre slowenische und kroatische Hauptklientel profitierte. Aus der Preisderegulierung bei Rohstoffen und landwirtschaftlichen Produkten, einem der Hauptanliegen des Reformprogramms von 1965 beispielsweise, zog vor allem Serbien Vorteile, während sie in den Betrieben zwischen Zagreb und Maribor als zusätzlicher Kostenfaktor zu Buche schlug.

Dieser, aus der nordwestjugoslawischen Perspektive altruistisch anmutenden Haltung, lag aber die gleiche Illusion zugrunde, die auch schon den »administrativen Sozialismus« charakterisiert hatte. In der »stalinistischen Phase« hatten die Jugo-Kommunisten nur deshalb überhaupt auf die Idee verfallen können, ein im Staat realisiertes und institutionalisiertes gesamtjugoslawisches Interesse geltend zu machen, weil sie von einer unmittelbaren Interessenidentität aller voneinander getrennten jugoslawischen Teilproduzenten ausgingen und weil sie für das gesamte Territorium zwischen Skopje und Maribor so etwas wie eine eigentliche, nur gelegentlich »vergessene« unmittelbare »Harmonie der Produzenten« unterstellten. Als sich die Titopartei in den Jahren nach 1953 gezwungen gesehen hatte, sich von ihrer Kollektivdemiurgenphantasie zu verabschieden, bedeutete das noch keinen Bruch mit dieser harmonistischen Vorstellung. Die neue selbstverwaltungssozialistische Staatsdoktrin erkannte die Legitimtät der einzelbetrieblichen Logik zwar feierlich an, aber nur um im Rekurs auf den aus dem 19. Jahrhundert überlieferten und notdürftig mit Arbeiterklassen-Phraseologie aufgemotzten Smithschen Mythos von der Segen spendenden Kraft der »invisible hand« die Idee eines vorausgesetzten gesamtjugoslawischen Gemeinwohls fortzuschreiben.

Nachdem sich sowohl die zentralstaatliche Planung als auch der Reformenthusiasmus blamiert hatten, und Jugoslawien mehr denn je die Grenze zu spüren bekam, die seiner arbeitsgesellschaftlichen Entwicklung gesetzt waren, verlor diese harmonistische Vorstellung jedoch endgültig ihre Bindekraft. Unter diesen Umständen konnte die Misere der Reformerriege aber nicht mehr mit einer Wendung zurück zur zentralstaatlichen Planung enden. Stattdessen löste sich die Einheitlichkeit des staatlichen Lenkungsinstumentariums auf, und der jugoslawische Selbstverwaltungssozialismus verkam zusehends zu einem chaotischen System verrückter Konkurrenz und multipler Staatlichkeit. Im selben Maße wie sich immer deutlicher abzeichnete, daß die unkoschere Vermengung von Plan und Markt zum Dauerzustand werden würde, fanden sich die Wirtschaftssubjekte immer weniger bereit, sei es unter dem Vorzeichen zentralstaatlicher Redistribution, sei es dem Marktautomatismus entsprechend, die eigenen Sonderinteressen der zusehends fiktiver werdenden gesamtjugoslawischen Perspektive unterzuordnen.

Diese Entwicklung begann sich seit dem Sommer 1966 auf breiter Front Bahn zu brechen. Mit dem Sturz des »Zentristen«-Oberhaupts, des Geheimdienstchefs und langjährigen serbischen Parteiführers Aleksander Rankovic im Juli dieses Jahres setzte ein beschleunigter Liberalisierungsprozeß ein, der auch den bis zu diesem Zeitpunkt von Tito und seiner Kamarilla ohne sonderliche Rücksicht auf Parteistatut und Verfassung autoritär an der Kandare gehaltenen zentrifugalen Kräften in und außerhalb des BdKJ ein bis dahin nicht gekannten Spielraum eröffnete.

Wie prekär die Grundlage war, auf der Tito seinen Staat errichtet hatte, brachte in erster Linie die kroatische Frage ans Licht. In dieser Republik formierte sich zuerst eine breite Strömung, die offensiv den Primat der teilnationalistischen Entwicklung erkämpfen wollte, dies auch ideologisch begründete und dem »Belgrader Zentralismus« offen den Kampf ansagte. Der »Republikegoismus«, der vorher lediglich als klandestine Tendenz als allgegenwärtige Reibung im Wirtschaftsgetriebe existiert hatte, nahm in Kroatien die Form einer politischen Bewegung an. Ende der 60er Jahre ergriff der sogenannte »kroatische Frühling« große Teile der kroatischen Bevölkerung wie auch den einheimischen Parteiapparat und brachte Tito-Jugoslawien in eine Existenzkrise.

Der neue kroatische Nationalismus begann als ein »Kultur- und Sprachenstreit«. 1967 gab eine Gruppe prominenter Schriftsteller und Intellektueller eine »Deklaration über die kroatische Sprache« heraus, in der sie sich gegen die Überfremdung durch das Serbische wandten und die Eigenständigkeit des kroatischen Idioms proklamierten.[2] Von Beginn an war dem kulturellen Protest aber eine politische und auch eine ökonomische Komponente beigemengt, ohne die seine Massenwirksamkeit auch gar nicht denkbar gewesen wäre.[3] Die Mehrheit der Kroaten sah sich in ihrer relativ weit entwickelten und für jugoslawische Verhältnisse reichen Republik durch den gesamtjugoslawischen Status quo an überlebte diktatorische und für ihre eigenen Bedürfnisse inadäquate Strukturen gefesselt und wirtschaftlich »ausgebeutet«. Der vor allem von der Zagreber Studentenschaft getragene demokratische Protest vermischte sich mit der Kritik an der Belgrader Redistributionsmaschinerie. Der einflußreiche Wirtschaftswissenschaftler Djodan, Mitglied der kroatischen KP, wagte es als erster, auf der unmittelbar ökonomischen Ebene den herrschenden jugoslawischen Konsens in Frage zu stellen. Tito-Jugoslawien, so seine Rechnung, sei vom kroatischen Standpunkt aus gesehen zu den derzeitigen Bedingungen ein Verlustgeschäft: »Im alten Jugoslawien wurden 46% unserer Einnahmen außerhalb Kroatiens verbraucht, in Österreich-Ungarn 55% und jetzt 63%! Ergo ist für die Kroaten die Sozialistische Föderative Republik Jugoslawien ein größerer Ausbeuter und deshalb weniger akzeptabel als Österreich-Ungarn oder das alte Jugoslawien.«[4]

---

2   In Tito-Jugoslawien galt Serbokroatisch als eine Sprache, die in unterschiedlichen Versionen, insbesondere was die geschriebene Sprache angeht, vorliegt. Das kroatische Pen-Zentrum brach mit dieser Sichtweise und sah im Kroatischen nun eine eigenständige Sprache. In der Folge »kündigte die Kulturinstitution ›Matica hrvatska‹ die weitere Mitarbeit am serbokroatischen bzw. kroatoserbischen Wörterbuch auf und erhob die Forderung nach einer eigenen Schriftsprache zum Banner einer kroatischen ›Sammlungsbewegung‹.« (Holm Sundhaussen, Geschichte Jugoslawiens, Stuttgart 1982, S. 194).

3   Schon die Urheber der »Deklaration über die Bezeichnung und die Lage der kroatischen Sprache« vom 15.3.67 verbanden die Sprachenfrage mit der Forderung nach politischen und wirtschaftlichen Reformen.

4   Zitiert nach: Carl Gustaf Ströhm, »Ohne Tito – Kann Jugoslawien überleben?«, Graz, Wien, Köln 1976, S. 195.

Was Djodan in offen antijugoslawischen Tönen als »ökonomische Versklavung und Mehrwertdiebstahl«[5] anprangerte, hatte seinen realen Kern in der nie überwundenen Inhomogenität der jugoslawischen Wirtschaft. Angesichts des sich reproduzierenden sozio-ökonomischen Gefälles fand sich das Land tatsächlich in der innerjugoslawischen Umverteilungsstruktur auf der Geberseite wieder.[6] Während das in Kroatien pro Kopf erwirtschaftete Volkseinkommen den jugoslawischen Durchschnitt um immerhin 25% übertraf, lag das persönliche Einkommensniveau Ende der 60er Jahre lediglich um gut 6% höher. Ein noch krasseres Bild bot die Verteilung der gesellschaftlichen Akkumulationsfonds. Was von den Brutto-Anlageinvestitionen in Gesamtjugoslawien auf Kroatien entfiel, entsprach nicht seinem ökonomischen Gewicht, sondern deckte sich mit 22,9% 1967 und 21,4% 1968 lediglich ziemlich genau mit dem Anteil dieser Teilrepublik an der jugoslawischen Gesamtbevölkerung (21,5%). Stein des Anstoßes war in der öffentlichen Meinung und auch für die kroatische Führung aber vor allem anderen die Devisenfrage. Da Mittel in ausländischer Währung für die auf Importe von westlichen Investitionsgütern angewiesenen Betriebe nicht nur knapp, sondern lebensnotwendig waren, sah sich die kroatische Wirtschaft besonders durch die Tatsache benachteiligt, daß innerhalb der kroatischen Grenzen zwar 35% der jugoslawischen Devisen erwirtschaftet wurden, aber nur 17% davon als Investitionskredite den Weg zurück in diese Teilrepublik fanden. All diese – in kroatischen Augen – eklatanten Mißverhältnisse legte die kroatische Parteispitze ganz im Sinne der Stimmung auf der Straße den in Belgrad zentrierten Banken zur Last. Und in der Tat: Die von den kroatischen und slowenischen Wirtschaftsführern selber in das reorganisierte Bankensystem eingeführte politische Komponente wirkte sich zusehends gegen die nordwestlichen Republiken aus. Vladimir Bakaric, der Chef des kroatischen BdK, forderte denn auch nachdrücklich, der Abhängigkeit der Betriebe von der Macht der Banken ein Ende zu bereiten und »die Banken der Kontrolle der Produzenten« zu unterwerfen. Dieser Vorschlag war auch außerhalb Kroatiens durchaus populär. Er kam einer in ganz Jugoslawien weit verbreiteten egalitaristischen Stimmung entgegen. Der kleine Mann auf der Straße nahm an den weit überdurchschnittlichen Einkommen Anstoß, die die Beschäftigten der selbstverwalteten Geldinstitute sich genehmigten; und wer gegen die »Vormacht der Banken« zu Felde zog, konnte unter diesen Umständen allemal mit breiter Zustimmung rechnen.[7] Dennoch drang die kroatische Parteileitung mit ihrer Initiative nicht durch. Sie traf nämlich auf den erbitterten Widerstand des neuen, überaus agilen serbischen Parteichefs Nikevic. Dieser »liberale« Kommunist, der den Etatisten Rankovic in dieser

---

5 A.a.O., S. 194.
6 Natürlich wurden die transferierten Gewinne vornehmlich auf dem jugoslawischen Binnenmarkt realisiert und wären ohne die Existenz Jugoslawiens gar nicht zustandegekommen. Diese gemeinsame Grundlage des innerjugoslawischen Konkurrenzkampfs setzte die Interessengegensätze zwischen den Teilrepubliken aber nicht außer Kraft.
7 Selbst Dusan Bilandzic, einer der amtlichen Chefideologen, wetterte gegen die Ausbeutung der anderen Arbeitnehmer durch die Arbeitnehmer der Banken.

Funktion abgelöst hatte, bemühte sich darum, die Wirtschaftsreform und die Dezentralisierung zu einer Stärkung des spezifischen Gewichts Serbiens in der Föderation zu nutzen. Bei der Umsetzung dieses Plans spielten gerade die allesamt in Serbiens Hauptstadt beheimateten Großbanken und Außenhandelsgesellschaften die zentrale Rolle. Die Monopolstellung der Belgrader Banken auf dem jugoslawischen Markt war der einzige Faktor, der geeignet schien, die Unterlegenheit der serbischen Betriebe im produktiven Bereich wettzumachen. Indem sie sich dem unmittelbaren Zugriff der gesamtjugoslawischen Instanzen zu entziehen begannen, wurden die Großbanken zum entscheidenden wirtschaftspolitischen Instrument der serbischen Führung. Nikevic konnte sich daher nicht dazu bereit finden, ausgerechnet das einzige Pfund aus der Hand zu geben, mit dem er im innerjugoslawischen Wettbewerb wuchern konnte.

Diese einstweilen ergebnislose Konfrontation stärkte die nationalistische Strömung in Kroatien. Der Parteiführer Vladimir Bakaric, der im Nationalismus eine Folge des Zentralismus sah und darum bemüht war, dieses Problem durch die »Föderalisierung der Föderation« und die Stärkung des Selbstverwaltungssystems gütlich zu lösen, zog sich aus der vordersten politischen Frontlinie zurück. Seinen Platz nahm eine junge Garde entschlossener »Nationalkommunisten« ein.[8] Unter ihrem Einfluß führte das ZK Kroatiens seit dem Januar 1970 offen darüber Klage, »daß Kroatien zum Vorteil anderer Republiken wirtschaftlich ausgeplündert, Kapital in Serbien konzentriert, unrentable Projekte in unterentwickelten Republiken mit kroatischem Kapital und deshalb auf Kosten des entwicklungsfähigeren Kroatien finanziert würden«.[9] Alsbald zog die kroatische Parteiführung auch die logische Konsequenz aus ihrer Diagnose und klagte das Recht jeder Nation ein, über den von ihr erwirtschafteten »Mehrwert« selber verfügen zu dürfen [10]

Der greise Tito hatte die kroatische Führung erst einmal weitgehend gewähren lassen. In der Absicht, auf diese Weise die zentrifugalen Kräfte im Griff zu behalten, versuchte er zunächst, sowohl der kroatischen Bewegung wie auch den Albanerprotesten, die im Kosovo nach dem Sturz des Albanerfressers Rankovics einsetzten,[11]

---

8   Um Belgrad unter Druck zu setzen, schreckte die neue Führung um Miko Tripalo, der seine Karriere als Titos persönlicher Schützling begonnen hatte, und die Parteichefin Savka Dabcevic-Kucar nicht einmal vor einem Bündnis mit der Zagreber außerparlamentarischen Bewegung zurück. Obwohl Vertreter der studentischen Bewegung so weit gingen, für Kroatien einen eigenen Sitz in der UNO und eine eigene kroatische Armee zu fordern, distanzierten sich Miko Tripalo und Dabcevic-Kucar nicht.

9   Robert K. Furtak, a.a.O., S. 178.

10 Eine »theoretische« Herleitung dieser Forderung hat D. Despot, ein Mitglied des Präsidiums der Zagreber Stadtkonferenz des BdKJ Kroatiens geliefert. Den obskuren, für die jugoslawische Selbstverwaltungsidee aber konstitutiven Gedanken, daß der von Marx konstatierte Entfremdungsprozeß dann aufgehoben sei, wenn der Arbeiter über den von ihm produzierten Mehrwert nach Gutdünken verfügen darf, gab Despot eine nationalistische Wendung. Die Verfügungsmacht der Republik über den »nationalen Mehrwert« führt zur Aufhebung von Entfremdung!

11 Auch Rankovics Nachfolger setzten die Diskriminierung der albanischen Bevölkerungsmehrheit im Kosovo fort und hintertrieben de facto die Autonomie der Provinz. Insbesondere auf dem Arbeitsmarkt wurden Albaner von den führenden Serben systematisch benachteiligt. Um dieser Praxis eine Ende zu machen, forderten die Kosovoalbaner auf Massendemonstrationen die Errichtung einer eigenen, von

durch die Stärkung des föderalen Elements entgegenzukommen. So beschloß unter anderem der der IX. Kongreß des BdKJ im März 1969, die Parteileitung einem Präsidium zu übertragen, das genau nach Republikenproporz besetzt wurde. Jede Republik stellte nun sieben Vertreter, die autonomen Provinzen Kosovo und Wojwodina je drei. Tito gehörte dem Präsidium von Amts wegen an, drei Vertreter entsandte außerdem die Parteiorganisation der Bundesarmee. Bei der Zusammensetzung des neugebildeten 15-köpfigen Exekutivbüros wurde ebenfalls der Republikenproporz festgeschrieben. Auf die damit abgeschlossene völlige Föderalisierung des BdKJ folgte die radikale Föderalisierung des Staatswesens. Alle wichtigen Entscheidungen wurden nun von den Vertretern der Republiken und Provinzen gefällt. Es war vorgesehen, daß selbst der Vorsitz im Staatspäsidium künftig regelmäßig in genau festgelegter Reihenfolge dem Republikenproporz entsprechend wechseln sollte, eine Bestimmung, die zu Titos Lebzeiten allerdings noch außer Kraft blieb.[12]

Aber weder durch derlei Verfassungsreformen noch durch handfeste materielle Zugeständnisse Belgrads ließ sich die Entwicklung in Kroatien in den Griff bekommen. Obwohl seit Ende der 60er Jahre die Länder 50% der bisherigen Bundessteuereinnahmen erhielten und die XXII. Verfassungsänderung von 1971 die Kontrolle über die Banken den Arbeitsorganisationen übertrug, die ihre Mittel dort angelegt hatten, zündete der angesammelte politische und ökonomische Sprengstoff. In den umorganisierten gesamtjugoslawischen Gremien stand die kroatische Führung einer geschlossenen Abwehrfront gegenüber; nur von der slowenischen Seite, deren Interessen sich weitgehend mit denen Kroatiens deckten, erhielt sie vorsichtige Unterstützung. Die wirtschaftlichen Binnenkonflikte zwischen den Teilrepubliken spitzten sich zu, und die Oppositionsbewegung in Kroatien radikalisierte sich. Seit 1970, und verstärkt seit 1971, kamen zahlreiche kroatische Firmen ihren Verpflichtungen aus den meist ungünstigen Kreditverträgen mit den Belgrader Banken nicht mehr nach. Am Ende dieses Jahres eklatierte die Situation endgültig. Casus belli war die lange schwelende Devisenfrage. Die kroatische Parteileitung zeigte sich nicht länger bereit, die gängige Praxis, nach der Exportunternehmen lediglich zwischen 7% und 12%.[13] der von ihnen erwirtschafteten Deviseneinkünfte selber behalten durften, den Rest aber an die Belgrader Zentrale abzuführen hatten, hinzunehmen. Gegen den von Serbien geführten Widerstand der südlichen Republiken forderte das kroatische ZK am 5. November 1971 ultimativ, daß künftig jede Teilrepublik über die in ihr Gebiet strömenden Hartwährungszuflüsse selber verfügen solle. Die Konfrontation erreichte eine neue Qualität, als die außerparlamentarische Opposition in ihrem

---

Serbien getrennten Teilrepublik. Soweit wollte Tito, den die Angst umtrieb, eine jugoslawische albanische Republik könne der Versuchung erliegen, sich mit dem albanischen »Mutterland« zu vereinen, nicht gehen. Aber immerhin fand er sich bereit, die verfassungsmäßigen Rechte der autonomen Provinz gegenüber Serbien deutlich zu stärken.

12 Vgl. Holm Sundhaussen, Experiment Jugoslawien, S. 118.

13 In der für Kroatien besonders wichtigen Touristikindustrie belief sich der Satz auf 12%. Vgl. Holm Sundhaussen, Geschichte Jugoslawiens, Stuttgart (Kohlhammer) 1982, S. 196.

Kampf für Demokratie und gegen das »Belgrader Devisenregime« sich das Ansinnen der kroatischen Parteiführung zu eigen machte und am 22. November 30.000 kroatische Studenten in einen unbefristeten Streik traten, um der Forderung des kroatischen BdKJ Nachdruck zu verleihen. Da sich die national-liberale Studentenschaft nicht damit begnügte, ihrer Republiksregierung im BdKJ-internen Kampf als Fußvolk zu dienen, sondern mit ihrem Streben nach demokratischer Erneuerung das politische Monopol der Kommunisten in Frage stellte und einen offen separatistischen Kurs steuerte, zog der greise Staatsgründer schließlich die Notbremse. Einen solchen Angriff konnte Tito nicht nur als kommunistischer Parteiführer nicht hinnehmen, er mußte ihn, da der von ihm kontrollierte BdKJ die einzige gesamtjugoslawische gesellschaftliche Kraft im Lande war, auch als Staatsführer niederschlagen. Im Dezember 1971 schritt Tito zur Tat. Er griff zum einen gegen die Kräfte innerhalb der Partei hart durch, die es so weit hatten kommen lassen, weil sie selber die Auflösung des BdKJ in die Gesellschaft propagierten, und wetterte gegen eine »Art Euphorie, die es darauf abgesehen hatte, alles und jedes bis zu einem solchen Ausmaß zu demokratisieren, daß die Partei von allen wichtigen Fragen des gesellschaftlichen Lebens abgeschnitten ... würde.«[14] Parallel dazu leitete der greise Staatschef die Generalabrechnung mit der außerparlamentarischen Opposition ein, die er fürderhin nur noch als von »ausländischen Mächten« gesteuerte Ansammlung von »Lumpenproletariat, Konterrevolutionären, verschiedenen Nationalisten, Chauvinisten, Dogmatikern und der Teufel weiß, wer alles...«[15] denunzierte. Im Dezember 1971 begann eine Verhaftungswelle, und in der Partei setzte gleichzeitig eine großangelegte Säuberungsbewegung ein, die keineswegs auf Kroatien beschränkt blieb.[16]

---

14 Zitiert nach Felix Niesmann, a.a.O., S. 261.
15 A.a.O., S. 254.
16 Der Kehrtwendung fiel im BdKJ natürlich zunächst die kroatische Führung zum Opfer. Sie wurde am 12.12.1971 zum Rücktritt gezwungen, weil es versäumte hatte, gegen die nationalistische Strömung energisch vorzugehen und es stattdessen vorzog, sie für ihre eigenen Zwecke zu instrumentalisieren. In den nächsten beiden Jahren räumten die Titogarde zur Verteidigung der führenden Rolle der Partei und der Einheit des Landes im Laufe mit den profilierten »liberalen« Kräften insgesamt auf. Prominentestes Opfer war der liberale serbische Gegenspieler der abgesetzten kroatischen Nationalkommunisten, Marko Nikezic . Trotz aller Animositäten hatte der serbische Parteichef in der Angst, daß das Vorgehen Titos in Kroatien zum Fanal einer Rückkehr zu stalinistischen Verhältnissen werden könnte, Kritik an der Ausschaltung der kroatischen Führung per Direktive geübt. Er wollte die serbische Autonomie verteidigen und wandte sich gegen Kräfte in der Partei, die »die Dinge wieder direkt in die Hand nehmen wollten«, anstatt sich auf die Selbstverwaltung zu verlassen. Tito erkannte sehr wohl, wer damit gemeint war, und zwang Marko Nikezic und dessen Parteisekretärin Latinka Perovic, die er »anarcho-liberalistischer Tendenzen« beschuldigte, immer nach stalinistischer Mottenkiste klingenden Begründungen verloren hunderte von hohen und mittleren Funktionären ihre Ämter. Stane Kavcic etwa, der Präsident des slowenischen Exekutivrats, mußte aufgrund seiner »bayernfreundlichen Einstellung« zurücktreten. Ihm wurde allen Ernstes vorgeworfen, daß seine verstärkten Bemühungen um ökonomische Zusammenarbeit mit den westlichen Nachbarn letztlich dem Ziele dienten, Slowenien aus Jugoslawien herauszulösen und mit dem Freistaat Bayern zu vereinen! Selbst im fernen Mazedonien forderten die Zagreber Ereignisse namhafte und weniger namhafte Opfer. Dort wurde unter anderen der Parteisekretär Slavko Miloslavleski, der ein Buch mit dem bezeichnenden Titel »Kommunismus und Demokratie« verfaßt hatte, von seinen Ämtern entbunden. Parallel zum Großreinemachen in den politischen Apparaten verloren auch einige tausend allzu liberale Manager ihre Posten.

Mit der Ausschaltung der liberalen Kräfte in und außerhalb der Partei war zwar das Machtmonopol der BdKJ-Führung um Tito sichergestellt worden, das erzwungene politisch-ideologische Roll-back bedeutete allerdings keineswegs eine Rückkehr zur Zentralwirtschaft. Die einheitsstaatliche Kommandoökonomie der frühen 50er Jahre ließ sich schlicht und einfach nicht mehr zurückdekretieren, und die fünftklassige Funktionärsgarnitur, die nun die Schalthebel der Macht in Händen hielt, war von vornherein zu jeder energischen Aktion außerstande. Die Kluft zwischen Slowenien und Kroatien einerseits und den südlichen Landesteilen andererseits hatte sich so weit geöffnet, daß es unter den Bedingungen der 70er Jahre schlechterdings unmöglich geworden war, eine einheitliche gesamtjugoslawische Entwicklungsstrategie zu formulieren. Während im Süden nur ein rigoros etatistisches Regime den stekkengebliebenen Prozeß der Basisindustrialisierung einstweilen vor dem Kollaps retten konnte, blockierte im Norden gerade die Übermacht der administrativen Elemente den anstehenden Übergang von einseitig extensivem Wachstum zu einem diversifizierten Wirtschaftsgefüge, die deshalb weiter aufgebrochen werden mußte.

In der schon lange vorbereiteten neuen Verfassung von 1974 wurde dieses grundlegende Dilemma quasi Konstitution. Das unter der Leitung von E. Kardelj formulierte Dokument schrieb die während der Reformphase eingeleitete radikale Föderalisierung des Landes fest. Der am 21.2.1974 verabschiedete Verfassungsentwurf behandelte die Teilrepubliken und autonomen Provinzen als die eigentlichen Träger der Souveränität. Der Bundesstaat erscheint in dieser Konstruktion nicht mehr als das Übergeordnete, sondern nur mehr als gemeinschaftliches Instrument der Republiken, das allein aus deren gemeinsamen Bedürfnissen und Entscheidungen seine Legitimation zieht. Die Stellung Belgrads in der jugoslawischen Föderation ähnelte fatal derjenigen der Brüsseler Zentrale in der europäischen Gemeinschaft. Damit war zwar nicht der von den liberalen Reformern ursprünglich geforderte, unter jugoslawischen Bedingungen allerdings illusionäre Abschied vom Etatismus schlechthin Wirklichkeit geworden, aber seine Gravitationszentren hatten sich vervielfacht. Der Bund war außerstande, künftig landeseinheitliche Bedingungen für die Verwertungsbewegung zu definieren. So war es ihm beispielsweise versagt (was bis dahin gängige Praxis war), außerbudgetäre Fonds zu bilden. Nur eine Ausnahme hatte Kardelj der Zentralinstanz vorbehalten: den neu eingerichteten Entwicklungsfonds zur Förderung rückständiger Gebiete, der allerdings auf weniger als 2% des Sozialprodukts limitiert wurde. Alle wesentlichen Kompetenzen zur makroökonomischen Steuerung fielen nun an die Teilrepubliken und autonomen Provinzen, die in der Folge zu recht unterschiedlichen Einzelregelungen fanden. Während in den südlichen Republiken und in Serbien das etatistische Moment unter teilrepublikanischem Vorzeichen weiter eindeutig dominierte, fanden Kroatien und mehr noch Slowenien zu einer Neubestimmung des Selbstverwaltungssozialismus, die den marktwirtschaftlichen Elementen größeren Spielraum ließ. Post mortem kam die neue Verfassung so den Forderungen der abgelösten kroatischen Führung indirekt in vielerlei Hinsicht entgegen. Das gilt im übrigen auch für die umstrittene Devisenfrage. Sie wurde letztlich zugunsten der Einzelbetriebe und Selbstverwaltungsorgane gelöst. Während die regionalen Führungen sich ihres enormen Autonomiezuwachses erfreuen konnten, verwandelte sich Gesamtjugoslawien in ein allein chaostheoretisch beschreibbares System. Die »Planung, die nach der Verfassung von 1974 ein kontinuierlicher Prozeß von unten nach oben sein sollte«,[17] verkam de facto zu einem allgemeinen, kaum durchschaubaren Kuhhandel. Irgendeine längerfristige Entwicklungsorientierung war darin nicht mehr sichtbar. Weil den Republiken in allen »zentrale Überlebensinteressen berührenden Fragen«, also letztlich bei jedem nennenswerten Problem, ein Vetorecht zustand, war jede regionale Führung in der Lage, die zentralen Entscheidungsprozesse zu blockieren. Selbst in Aufgabenbereichen wie Währungs-, Devisen-, Außenhandels- und Preiskontrollangelegenheiten bedurfte Belgrad der Zustimmung der Republiken bzw. Provinzen. Die Regionalfürsten nutzten das konsequent und erzwangen bei jeder sich bietenden Gelegenheit die Berücksichtigung ihrer lokalen Sonderinteressen.

Holm Sundhaussen resümiert diese Veränderungen noch recht vorsichtig, wenn er schreibt: »Mit der quasi-konföderativen Umgestaltung Jugoslawiens seit Anfang der 70er Jahre wurden den wirtschaftlichen Egoismen der Republiken und den Abkapselungstendenzen der Selbstverwalter Möglichkeiten eröffnet, die zu schweren innerjugoslawischen Störungen bei der Versorgung der Bevölkerung und Industrie sowie zu gesamtwirtschaftlich nachteiligen Disproportionen führen können.«[18]

Hans Peter Rullmann ist zuzustimmen, wenn er das drastischer formuliert und zu dem Schluß kommt: »Diese Verfassung machte Jugoslawien praktisch zum völlig unregierbaren Land.«[19]

Mit der Verfassung von 1974 schob sich der unmittelbare Streit der Wirtschaftssubjekte (Teilrepubliken, Kommunen, Branchen), der bisher nur untergründig und in den ideologischen Richtungsstreit eingewebt gewirkt hatte, in den Vordergrund; mit dem hochkomplexen und verwirrenden System von Gesellschaftsverträgen und Selbstverwaltungsabkommen entstand so etwas wie eine entkernte etatistische Ökonomie, eine Staatswirtschaft ohne Zentralstaat. Das jugoslawische Modell erwies sich als kaum lebensfähiges Hybridsystem, in dem die Selbstverwaltungsphraseologie die fehlende gesellschaftliche Integration notdürftig bemäntelte.

---

17 Holm Sundhaussen, Geschichte Jugoslawiens, Stuttgart 1982, S. 204.
18 Holm Sundhaussen, Handbuch der europäischen Sozial- und Wirtschaftsgeschichte, Band 6, S. 912.
19 Hans Peter Rullmann, Krisenherd Balkan, Hamburg 1989, S. 29.

9. Konsolidierung auf brüchiger Grundlage – die letzten Jahre der Titoherrschaft und die Selbstverwaltungsmythologie

Nur selten in der Geschichte hat eine reale Entwicklung die Bedeutung, die ihr die Protagonisten beimessen. Bei der Etablierung des jugoslawischen Selbstverwaltungssozialismus traten das Selbstverständnis der Befürworter und der reale Gehalt in ganz besonders eklatanter Weise auseinander. Faktisch erwuchs der Selbstverwaltungssozialismus aus dem unlösbaren Dilemma, daß Jugoslawien weder unter marktwirtschaftlichen noch unter kommandowirtschaftlichen Vorzeichen eine Entwicklungsperspektive hatte. Das jugoslawische Modell war letztlich nichts anderes als der berüchtigte Mittelweg, der in schwieriger Lage garantiert den Tod bringt. Im Reich der Ideologie aber wurde dieses kaum lebensfähige Hybridsystem ganz anders gehandelt. Nicht nur in Jugoslawien selber, weit über die Grenzen des Titostaates hinaus galt das jugoslawische Modell als Hoffnungsträger, als ein »Dritter Weg« zwischen »Staatssozialismus« und »Kapitalismus«, und ein nicht unerheblicher Teil der westeuropäischen Linken bezog sich über Jahre hinweg ausgesprochen positiv auf die Entwicklung im Adrialand. Gerade die sukzessive Entmachtung des Zentralstaats war es, die dabei die ausländische Fangemeinde faszinierte und anzog. Sie interpretierte die Auflösung einer kohärenten abstrakten Allgemeinheit, wie sie sich in Jugoslawien vollzog, ganz im Sinne der staatlichen Propaganda als die von Marx in seinen Schriften anvisierte »Zurücknahme der staatlichen Gewalt in die Gesellschaft«.[1] Dementsprechend nahm sie das »Absterben« des Zentralstaats sogar als

---

1 Bei großen Teilen der Linken war das Bedürfnis, sich an ein humanistischen Prinzipien genügendes Gegenmodell zu Kapitalismus und Staatssozialismus sowjetischer Provenienz anlehnen zu können, stärker als die Bereitschaft, die Realität ohne ideologischen Filter zur Kenntnis zu nehmen. So gab es beispielsweise Anfang der 70er Jahre in Kreisen der Jungsozialisten eine breite Diskussion darüber, inwieweit der jugoslawische Selbstverwaltungsweg auch für die Bundesrepublik Vorbildcharakter haben könne, ohne daß die realen Probleme, denen das jugoslawische Selbstverwaltungssystem sein Dasein verdankte, überhaupt thematisiert worden wären. Ähnliches läßt sich über die zahlreichen Publikationen sagen, in denen in den 70er Jahren die Selbstverwaltungs-Fangemeinde die Vorzüge des jugoslawischen Modells dem Volke nahezubringen versuchte. Die gesellschaftliche Wirklichkeit Jugoslawiens blieb blaß oder kam vorzugsweise als retardierendes Moment vor, das bei der Umsetzung einer glorreichen Idee zu gewissen Schwierigkeiten führt. Die im Westen erschienene Literatur zeichnet sich vor allem durch Gefühlsduseligkeit und einen Hang zum Ungefähren aus. Noch 1979 konnte denn auch der jugoslawische Botschaftsrat in Bonn, Ivan Ivanji, in seinem Schlußwort zu einer Diskussion, an der unter anderen Wolfgang Leonhard und die Jugoslawienexperten Wolgang Höpken und Carl Gustaf Ströhm beteiligt

einen Beleg für Überlegenheit des »jugoslawischen Modells« und erwarteten allen Ernstes, daß die freiwillige Übereinkunft der Selbstverwaltungssubjekte die staatliche Funktion nun ersetzen könnte.

Wenn die jugoslawische Linke außerhalb des BdKJ und ihre ausländischen Unterstützer Kritik an der von Kardelji erdachten und von Tito gebilligten Selbstverwaltungslinie übten, dann zielte diese immer nur auf die Forderung nach einer konsequenteren Umsetzung der Selbstverwaltungsideologie. Besonders die legendäre »Praxis-Gruppe« wurde nie müde, der BdKJ-Führung die schreiende Diskrepanz zwischen der Verfassung von 1974, die die Reorganisation Jugoslawiens auf der Basis verallgemeinerter Selbstverwaltung auf betrieblicher und territorialer Ebene vorsah, und der Verfassungswirklichkeit, die vom Machtmonopol der Titopartei und von beständigen Eingriffen der Tito-Clique in die Kompetenzen der legitimen Gremien geprägt war, zum Vorwurf zu machen.[2]

---

waren, die jugoslawische Selbstverwaltung allen Ernstes als Synonym für menschliche Selbstbefreiung feiern. Die jugoslawische Selbstverwaltung definierte er pathetisch als eine Ordnung, in der der Mensch »frei für sein Glück arbeiten und schöpferisch sein kann« (in: Christian Gneuss, Klaus-Detlev Grothusen [Hrsg.], Jugoslawien, Stuttgart 1979, S. 142). Als hierzulande die von der 68er Bewegung ausgehende Emanzipationswelle verebbte und Jugoslawien gleichzeitig von manifesten, nicht mehr als bloße Randstörung zu klassifizierenden Krisenerscheinungen erschüttert wurde, verschwand die Idee vom jugoslawischen Modell sang- und klanglos in der Versenkung.

2 Nicht nur die »Praxis-Gruppe«, alle tonangebenden Intellektuellenkreise am Rande und außerhalb des BdKJs haben sich spätestens in den 80er Jahren von dieser Sichtweise verabschiedet. Den Großkonjunkturen des westeuropäischen Geisteslebens folgend, fiel die Selbstkritik allerdings mit einer liberalistischen Wendung hin zu einem zivilitätstheoretischen Diskurs zusammen. Statt auf den Zusammenhang von Warenproduktion und Staatlichkeit zu reflektieren, bezeichnete nun selbst der Wortführer der einstigen marxistischen Opposition, Svetozar Stojanovic, die Marxsche Vorstellung von der Aufhebung des Gegensatzes von Gesellschaft und Staat als »fehlerhaft« und machte sich dafür stark, die nun projektierte »Gesellschaft aller Bürger« (»civilno drustvo«, bzw. »gradanska drustvo«) gegen die Übergriffe der etatistischen Apparate zu verteidigen. Bei diesem liberalen Thema, dem Schutz der Gesellschaft vor jeder Form »etatistischer Willkür«, blieb es aber nicht. Gegen Ende der 80er Jahre zeigte die zivilitätstheoretische Debatte, die vor allem in Slowenien und Serbien einen breiteren Einfluß gewinnen konnte, immer deutlicher eine stark nationalistische Schlagseite. Das Bekenntnis zur »Gesellschaft aller Bürger« schlug bei zahlreichen Disputanten immer mehr in das Bekenntnis zur Volksgemeinschaft um. Insbesondere an der Position des slowenischen Schriftstellers Taras Kermauner wird diese Entwicklung überdeutlich. In seinen 1987 in der NIN veröffentlichten »Briefen an einen serbischen Freund« setzt Kermauner das Bekenntnis zur »Gesellschaft aller Bürger« und die unbedingte Identifikation mit der eigenen, gegen den »Lumpenjugoslawismus« gerichteten slowenischen Nation gleich. Jugoslawien resultiert für ihn aus der Verschmelzung zweier artverwandter Phänomene: des Stalinismus und der ruralen und militaristischen balkanischen Hajduk-Tradition. Die slowenische Zivilisation müsse sich dagegen schützen. Kermauner schreckt in seinen Auslassungen, wie Mojmir Krizan dokumentiert hat, nicht einmal vor offenem, knallhartem Rassismus zurück. Slowenien sei nicht nur von zunehmender Jugoslawisierung in seiner zivilisatorischen Substanz bedroht, sondern schlimmer noch durch die Albanisierung, womit Kermauner die Zuwanderung einiger tausend innerjugoslawischer Arbeitsmigranten aus dem Kosovo meinte: »Die Übervölkerung treibt die Albaner zum territorialen Expansionismus. Die Geschichte der unterentwickelten Völker kennt die Regel, daß sie bei zu dichter Besiedelung ihren Lebensraum (deutsch im Orginal, E.L.) ausweiten. Wenn sie nicht in der Lage sind, sich in sich selbst zu transformieren, werden sie aggressiv, wie übervermehrte Ratten oder Ameisen. Sie entscheiden sich für die Explosion, da sie die Implosion nicht beherrschen. Die Lösung sehen sie in einem Leben auf Kosten anderer.« (Mojmir Krizan Zur Diskussion über eine »Gesellschaft aller Bürger« in Jugoslawien, in Osteuropa, 5/89, S. 368.)

So berechtigt die Klage über die noch immer vorhandenen »stalinistischen« Züge des Regimes auch war, eine Kleinigkeit übersahen die radikalen Selbstverwaltungs-befürworter dabei aber: Die Hoffnung, eine von der Parteiherrschaft befreite und tatsächlich in jeder Beziehung auf den Prinzipien allgemeiner Selbstverwaltung ge-gründete Gesellschaft würde die Probleme des Landes lösen können, war völlig illusionär. Wo die Idee, staatliche Funktionen an Selbstverwaltungskörperschaften zu übertragen, nicht auf die Aushebelung der Marktlogik zielt, sondern ausgerechnet dem paradoxen Zweck dienen soll, die »objektiven ökonomischen Gesetzmäßigkei-ten« bewußt handzuhaben, führt sie sich selber ad absurdum. »Vergesellschaftung der Politik« kann dann nichts anderes bedeuten, als daß die staatliche Gewalt diffun-diert und ausfällt, ohne positiv überflüssig zu werden. Sie wirkt nicht emanzipativ sondern nur chaotisierend.

Vor diesem Hintergrund erscheint die autoritäre Wendung, die Tito mit seinem Vorgehen gegen den kroatischen Frühling eröffnete, in einem anderen Licht. Sie war weniger die Ursache für das Scheitern des »jugoslawischen Weges« als vielmehr selber schon das Resultat der strukturell unaufhebbaren Selbstverwaltungsmisere. Nur indem der Verfassungsvater Kardelji Staatschef Tito vom teilrepublikanischen Rotationsprinzip ausnahm, ihm eine über der Verfassung stehende Stellung einräum-te und durch die Einführung eines äußerst komplizierten indirekten Wahlsystems innerhalb von Partei und Staat der Tito-Gruppe die Umsetzung einer undemokrati-schen Praxis in einem formell radikaldemokratischen System ermöglichte, konnte er das Band retten, das die auseinanderstrebenden Teile Jugoslawiens notdürftig zu-sammenhielt. Allein das etatistische Teildementi des glorreichen Selbstverwaltungs-sozialismus, das zähe Festhalten an der Einparteienherrschaft und das repressive Klima im BdKJ sorgte dafür, daß die Modernisierungsfassade nicht schon in den 70er Jahren einstürzte und das jugoslawische Gemeinwesen einstweilen nicht in seine Einzelteile zerfiel.[3]

---

3   Ganz ähnliche Entwicklungsphasen wie Jugoslawien machte übrigens auch, mit gewissen zeitlichen Verschiebungen, die Sowjetunion durch. Wie in Jugoslawien stieß auch »im Vaterland aller Werktätigen« das Stalinsche Kommandosystem nach dem Abschluß der ersten Wiederaufbauphase an seine Grenzen. Der anstehende Übergang von einem extensiven Tonnenwachstum zu einem modernen industriellen Entwicklungsprogramm ließ sich in den überlieferten etatistischen Formen nicht bewerkstelligen. Der Prozeß der Entstalinisierung und der Versuch, die Sowjetökonomie durch die Aufnahme marktwirt-schaftlicher Elemente aus der Stagnation zu führen, bildeten in dieser Situation zwei Seiten der gleichen Medaille. Die Reformversuche liefen aber auf die Quadratur des Kreises hinaus und konnten weder im Sowjetreich noch auf dem Balkan das erwünschte Ergebnis bringen. Ihr Scheitern entzog auch dem Tauwetter seine Grundlage, und die Sowjetunion verfiel nach dem Sturz Chruschtschows 1964 mit dem Beginn der Breschnew-Ära in eine Totenstarre. In Jugoslawien vollzog sich dieser Umschlag, »die Rück-kehr zu den bewährten Methoden der Partei«, acht Jahre später. Hier wie dort bedeutete er ein perspekti-vloses, simulatives »Weiter so«. Als sich diese Simulation nicht mehr aufrechterhalten ließ, folgte in beiden Ländern die panische Flucht in die Reform, d.h. in die als Erneuerung mißverstandene bedin-gungslose Kapitulation des ergrauten Modernisierungsregimes vor den Zwangsgesetzen der Konkurrenz und des Weltmarkts. Diese Parallele weist darauf hin, daß das Wechselspiel von Reform und Restauration im Realsozialismus keineswegs allein den Zufällen politischer Konjunkturen und Kräfteverhältnissen geschuldet ist, sondern einer tiefer reichenden Logik unterliegt.

Im Westen zeigten sich die linken, oft mit den jugoslawischen »Praxisphilosophen« liierten Liebhaber des Selbstverwaltungssozialismus blind für diese Zusammenhänge. Andere, weniger zu Enthusiasmus neigende Beobachter waren sich allerdings über die stabilisierende Funktion der autoritären, undemokratischen Praxis im klaren. Carl Gustaf Ströhm etwa schrieb schon 1976: »Solange das jugoslawische Selbstverwaltungssystem durch die Kontrolle des Bundes der Kommunisten ausbalanciert wird, solange auch die persönliche Autorität Titos und anderer kommunistischer Führer hier eine Rolle spielt, so lange ist mit Reibungen nicht zu rechnen. Aber was wird geschehen, wenn eines Tages irgendwelche Kräfte die theoretischen Spielregeln der Selbstverwaltung und das Räteprinzip wörtlich nehmen, die Kontrolle der Partei ausschalten und eine jugoslawische Räterepublik konstruieren sollten? Zu Lebzeiten Titos ist das undenkbar – aber die Vorstellung, daß es den jugoslawischen Kommunisten eines Tages mit dem von ihnen geschaffenen System so ergehen sollte wie dem Zauberlehrling im Märchen, der den Besen nicht mehr bändigen kann, ist nicht ganz abwegig. Dann könnte das gleiche System, das sich als Element der Stabilisierung Jugoslawiens erwiesen hat, plötzlich zu einem Faktor extremer Instabilität werden.«[4]

Drei Klammern hielten nach der Verabschiedung der dysfunktionalen Verfassung von 1974 Jugoslawien noch zusammen: die Symbolfigur des Staatsgründers, als Hintergrunddrohung die gesamtjugoslawische Institution par excellence, nämlich die Bundesarmee, und in der Alltagspraxis die Herrschaft des BdKJ. Zwei dieser Klammern konnten auf Dauer nicht halten. Tito, den die Verfassung von 1974 als Staatspräsident auf Lebenszeit bestätigte, stand zu diesem Zeitpunkt bereits im 82. Lebensjahr, sein Ableben war also schon absehbar. Damit war die Integrationsfunktion der Partei aber gleich mit in Frage gestellt. Sie wurde zwar nicht von außen durch eine radikale demokratische Bewegung in ihrem Machtmonopol gefährdet, womit Gustaf Ströhm gerechnet hatte, dafür aber umso mehr von innen. Allein der Mythos Tito und seine überinstitutionelle Autorität waren in der Lage, gegen die föderalistischen Parteistatuten und die Sonderinteressen der Republikparteien den BdKJ auf eine gesamtjugoslawische Linie zu zwingen, und selbst Tito konnte diesen Konsens nur in der Form von Säuberungen und parteiinterner Friedhofsruhe sicherstellen. Die vom amtierenden Parteichef und der Verfassung auf die Prinzipien kollektiver Führung im Republiksproporz festgelegten Nachfolger mußten es schwer haben, diese Art von Pseudostabilisierung aufrechtzuerhalten. Die regionalen Gegensätze im BdKJ waren nicht aufgehoben, sondern nur provisorisch zugedeckt und reproduzierten sich im Hintergrund.

In der Geschichte gibt es so etwas wie Schlüsseljahre, die sich aus dem Kontinuum der historischen Abläufe herausheben und in denen die Weichen für die weitere Entwicklung gestellt werden. In Nachkriegsjugoslawien war das Dezennium von 1963 bis 1973 ein solcher Zeitabschnitt. Als 1974 die neue konföderale Verfassung in

---

4   Carl Gustaf Ströhm, Ohne Tito – Kann Jugoslawien überleben?, Graz Wien Köln 1976, S. 153.

Kraft trat, war nicht nur entschieden, daß das jugoslawische Modell einer »Selbstver-waltungs-Marktwirtschaft« nicht, wie seine Protagonisten es sich gewünscht hatten, zu allgemeinem Wohlstand und einer qualitativen neuen Form von Demokratie führen würde; zu diesem Zeitpunkt waren im Grunde die Würfel über das Schicksal des jugoslawischen Staatswesens gefallen. Der Zerfall des jugoslawischen Staates wurde zwar erst Ende der 80er Jahre offenkundig; die Krankheit, die den gesamtju-goslawischen Rahmen zerstörte und zu den postjugoslawischen Kriegswirren führte, trug Titos Gründung jedoch schon lange vorher, noch zu dessen Lebzeiten, in sich. Die knapp zwanzig Jahre zwischen dem Scheitern der Reformen und der Staatsim-plosion lassen sich als eine Art historische Inkubationszeit beschreiben.

Diese Einschätzung mag zunächst »deterministisch« anmuten. Dieser Eindruck beruht jedoch auf der tief sitzenden Neigung, die Existenz bestimmter, im Prozeß der Durchsetzung der Moderne entstandener Staatsgebilde und erst recht die staatliche Form als solche als feststehende Größen zu betrachten, die nur durch äußere und dementsprechend nicht vorhersehbare Gewaltakte zerstört werden können. Tatsäch-lich sind der moderne Staat im allgemeinen und auch die einzelnen Staaten jedoch keine für sich stabilen leeren Hüllen, die jeden beliebigen gesellschaftlichen Inhalt beherbergen können. Sie stehen und fallen mit dem gesellschaftlichen Basisprozeß, dem sie einen politischen Rahmen geben. Der Staat ist nichts Statisches. Er muß sich täglich neu reproduzieren; und das kann er nur, wenn sich unter seiner Ägide das arbeitsgesellschaftliche Gefüge reproduziert, das er mit seiner gesetzgeberischen Ge-walt und seiner Redistributionspotenz umgreift.[5] Der Staat verfügt über kein eigenes Eingriffs- und Gestaltungsmedium; er kann nur handeln und sich selber erhalten, indem er sich des Geldes und der Geldbeziehungen bedient. Auf beständige Blut-transfusionen angewiesen, führt er ein Leben aus zweiter Hand. Er kann nicht fortbe-stehen, wenn die Quellen des abstrakten gesellschaftlichen Reichtums versiegen und Steuern und Kreditaufnahme ihm nicht mehr in ausreichendem Maße sein Lebense-lixier verschaffen.

---

5 Diese Identität von modernem Staat und Arbeitsgesellschaft wird erst sichtbar, wenn die arbeitsgesell-schaftliche Reproduktion aufhört, eine Selbstverständlichkeit zu sein und zum Problem wird.

10. Kreditfinanzierte Scheinprosperität – die jugoslawische Wirtschaft in den 70er Jahren

In den letzten Abschnitten habe ich versucht, den Zusammenhang von Marktwirtschaftsreform und nationalistischen Bestrebungen darzulegen. Diese Darstellung bliebe allerdings unvollständig und letztlich unverständlich, wollte ich mich auf die innerjugoslawische Entwicklungsdynamik beschränken und allein aus endogenen Faktoren die Entstehung des für das Jugoslawien der 70er Jahre charakteristische Hybridsystem von autoritärer Parteiherrschaft, Personenkult, Arbeiterselbstverwaltung und sozialistischer Marktwirtschaft erklären. Das Schicksal der jugoslawischen Abteilung der Weltarbeitsgesellschaft und des jugoslawischen Staates hing in allen Phasen immer auch von den langfristigen Trends der Weltmarktentwicklung ab und reflektierte sie auf ihre Weise. Hinter der jugoslawischen Reform-Misere verbarg sich, trotz all ihrer besonderen Züge, das allgemeine Elend nachholender Entwicklung unter den am Ende der fordistischen Ära herrschenden globalen Rahmenbedingungen. Wenn die innerjugoslawischen Gegensätze in dieser Zeit in aller Schärfe aufrissen, dann in erster Linie deshalb, weil die rauhere weltwirtschaftliche See den klapprigen, nur für Schönwetterfahrten tauglichen jugoslawischen Modernisierungsdampfer ins Schlingern brachte. Mehr noch: Die Erosion des jugoslawischen Staatswesen reflektiert das weltweite Ende der Epoche nationalökonomischer Formierung.

Unabhängig vom staatsdirigistischen Rahmen war schon der Prozeß der Basisindustrialisierung, der in den 50er Jahren Jugoslawien in die moderne Warengesellschaft hineinkatapultiert hatte, in die damals globale arbeitsgesellschaftliche Expansionsbewegung eingebettet. Die gigantischen Wachstumsraten im industriellen Sektor, die eine weitgehende Absorption der auf dem Land freigesetzten Arbeitskraft ermöglichten, entsprangen in Jugoslawien der gleichen selbsttragenden Dynamik von Massenarbeit und Massenkonsum, die auch in anderern Ländern die Errichtung der fordistischen Industrien in Gang setzte. Die ökonomischen und politischen Entwicklungen der 60er und 70er Jahre standen natürlich ebenfalls in einem größeren, über Jugoslawien hinausweisenden Kontext. In dieser Phase, in der die Führung überdies die bewußte Öffnung zum Weltmarkt suchte, traf das jugoslawische Modernisierungsregime allerdings auf bei weitem nicht mehr so günstige Rahmenbedingungen wie in der Nachkriegszeit mit ihrem weltweiten Wirtschaftswunder. Mit der beschleunigten Einführung arbeitssparender Fertigungstechnologien in den fordistischen Schlüsselbranchen des Westens strebte der kurze Sommer des globalen Fordismus zu dieser Zeit bereits seinem Höhepunkt und Abschluß entgegen. Für die jugoslawische Wirtschaft, die Anstalten machte, den Übergang von einem auf extensives Wachstum ausgerichteten Industrialisierungsprogramm zu einer weniger arbeits- und mehr kapitalintensiven Fertigung nachzuvollziehen, verengten sich damit die Spielräume. Während die Selbstverwaltungsbetriebe darauf angewiesen gewesen wären, ihren Absatz erheblich auszudehnen, um die Mittel für die anstehenden Investitionen zu erwirtschaften, waren sie innen wie außen mit nur noch langsam wachsenden Märkten konfrontiert, auf denen sich die Chancen nur bedingt konkurrenzfähiger Anbieter nachhaltig verschlechterten. Für die jugoslawische Wirtschaft stieg der Rationalisierungsdruck, ohne daß aber andererseits eine entsprechende Ausdehnung der Produktion auch nur annähernd die Freisetzungseffekte solcher »Effizienzanpassungen« hätte kompensieren können.

Dieses Dilemma verschärfte jene makroökonomischen Ungleichgewichte, aus denen die Reformpolitik Jugoslawien hatte befreien sollen. Die geschönte offizielle Arbeitslosenquote lag schon zu Beginn der 70er Jahre landesweit bei 7% und bewegte sich das ganze Jahrzehnt hindurch auf einem deutlich höheren Niveau als in den 60er Jahren. Das aus dem Zwang zum Import von Investitionsgütern resultierende chronische Defizit schwoll nach Anwendung der markwirtschaftlichen Heilmittel ebenfalls drastisch an. 1965 hatten die Einnahmen aus dem Export die Ausgaben für Einfuhren immerhin noch zu 84,7% gedeckt. In der Folge sank diese Rate sukzessive und erreichte in der zweiten Hälfte der 70er Jahre nur mehr 56%.[1]

Dieser Trend würgte die durch die sozialistische Version von »deficit-spending« getragene Expansion der jugoslawischen Wirtschaft nur deshalb nicht alsbald ab, weil die Weltmarktöffnung Jugoslawien gleichzeitig zusätzliche Devisenzuflüsse verschaffte, die es ermöglichten, das gähnende Loch in der Außenhandelsbilanz zumindest teilweise zu stopfen. In erster Linie rettet wie schon in den 60er Jahren das Phänomen der Arbeitsemigration die jugoslawische Wirtschaft über die Runden, in zweiter Linie der in den 70er Jahren beschleunigt expandierende Adria-Tourismus.

Beide Devisenquellen verschärften zwar die ökonomischen Interessengegensätze zwischen den Republiken,[2] sie ersparten Jugoslawien aber immerhin einstweilen den Offenbarungseid. Allerdings trübte sich die auf diese Weise noch tragbare Gesamtsituation mit dem Ölpreisschock und dem Nachlassen der Weltkonjunktur weiter ein.

---

1 Vgl. dazu den kurzen Aufsatz von Fred Singleton »Yugoslavia's Foreign Trade und External Relations«, in: Roland Scönfeld (Hrsg.) »Südosteuropa in Weltpolitik und Weltwirtschaft der achtziger Jahre«, München 1983, S. 227.

2 Im Zusammenhang mit dem Kampf um die Verteilung der Devisen habe ich schon darauf hingewiesen, daß die umfänglichen Einnahmen aus dem Tourismus in erster Linie an der zu Kroatien gehörenden dalmatinischen Küste anfielen. Eine ähnliche, wenn auch nicht so ausgeprägte regionale Schlagseite kennzeichnet aber auch die jugoslawische Arbeitsemigration. Unter den im Ausland beschäftigten Arbeitnehmern waren die Kroaten deutlich überrepräsentiert. Obwohl in Jugoslawien nur etwa halb soviele Kroaten wie Serben lebten, lag der Anteil der Kroaten an der jugoslawischen Arbeitsemigration Anfang der 70er Jahre in etwa doppelt so hoch wie der der serbischen Bevölkerungsgruppe.

Zum einen verschlechterte sich die Konkurrenzsituation der unterproduktiven und gerade mit Energie recht verschwenderisch umgehenden jugoslawischen Industrie.[3] Zum anderen stieg die Ölrechnung des Landes gewaltig an. Die Ausfuhr von Waren und Dienstleistungen war zwischen 1971 und 1973 noch um 8,7% jährlich gestiegen, 1974 wuchs sie nur mehr um 1% und ging 1975 sogar um 1,8% zurück.[4]

Zu allem Überfluß wuchsen die Lückenfüller, die das Projekt Gesamtjugoslawien am Laufen gehalten hatten, nun nicht mehr mit dem steigenden Handelsbilanzdefizit zusammen mit. Vor allem die entlastende Funktion der Arbeitsemigration kam nur mehr vermindert zum Tragen. Während 1973 die Zahl der jugoslawischen »Gastarbeiter« in Europa mit 860.000 ihren Höchststand erreichte, sank sie mit dem Anwerbestop in der Bundesrepublik und der nachlassenden Konjunktur im EG-Raum allmählich ab. 1975 waren 770.000 Jugoslawen im Ausland beschäftigt, 1979 unterschritt ihre Zahl die Grenze von 700.000. Das bedeutete nicht nur den Reimport einer beträchtlichen zusätzlichen Arbeitslosigkeit. Auch die nicht aus dem Warenexport stammenden Devisenzuflüsse (in erster Linie die Transferleistungen der Arbeitsemigranten), die 1971 und 1972 noch jährlich um 21% gestiegen waren, stagnierten nun oder sanken zeitweise sogar ab. Während das Defizit in der Handelsbilanz bis 1979 auf schließlich 7,2 Mrd. Dollar jährlich stieg, schwankten die Überweisungen im Durchschnitt der Jahre 1973-78 um 1,4 Mrd. Dollar. Da nach der Verfassungsreform von 1974 die Tourismuseinnahmen in die Kassen der Republiken, also in erster Linie nach Kroatien flossen, befanden sich die Zentralinstanzen in einer ökonomisch äußerst prekären Lage.

Zwar gelang es, die drohende Massenarbeitslosigkeit durch Selbstverwaltungsvereinbarungen zwischen den Kombinaten und den territorialen Verwaltungen einigermaßen im Griff zu behalten (die Zahl der Beschäftigten stieg zwischen 1971 und 1975 jährlich sogar um 4,3%); dieser nominelle Erfolg schlug makroökonomisch aber insofern negativ zu Buche, als die Anstellung im Grunde überflüssiger Arbeiter bei dem ohnehin geringen Auslastungsgrad der industriellen Kapazitäten von im Durchschnitt 70% nicht gerade zur Produktivitätssteigerung beitrug. Schon in der Planungsperiode 1971-75 verlangsamte sich denn auch der jährliche Produktivitätszu-

---

3   Der wachsende Abstand zum Weltniveau läßt sich unter anderem an der Veränderung in der geographischen Verteilung der jugoslawischen Exporte ablesen. In den fortgeschritten westlichen Ländern verlor die jugoslawische Ausfuhr von Industriegütern beständig an Boden. Nur den geringeren Qualitätsansprüchen der Ostblockstaaten taten die jugoslawischen Waren noch Genüge. 1973 gingen immerhin 35,8% der jugoslawischen Ausfuhren in die Europäische Gemeinschaft, 1977 verringerte sich dieser Anteil auf 26,5% und 1981 schließlich 23,5%. Gleichzeitig verlagerten sich die Exportschwerpunkte gen Osten, und die Sowjetunion stieg zum wichtigsten Handelspartner auf. Der Anteil der osteuropäischen Staaten wuchs allen Schwankungen in der politischen Wetterlage zum Trotz kontinuierlich von 32,2% im Jahre 1973, über 39,7% 1977 auf satte 49,2% 1981. Der ökonomische Zusammenbruch der Sowjetunion, die Umstellung des Rest-Handels auf wenig attraktive Bardergeschäfte traf die jugoslawische Wirtschaft entsprechend hart. (Die Zahlen stammen aus dem Aufsatz Fred Singelton's »Yugoslavia's Foreign-Trade and External Relations«.)

4   Gudrun Leman , Jugoslawien in Hans-Hermann Höhmann (Hrsg.), Die Wirtschaft Osteuropas und der VR China 1970-1980, Stuttgart, Berlin, Köln, Mainz, 1987. S. 293.

106

wachs im Vergleich zum vorhergehenden Jahrfünft von 5,9% auf 2,4%, ja, er sank 1975 bereits um 0,4%. Diese Entwicklung riß zusätzliche Löcher in die Zahlungsbilanz. Die Konkurrenzfähigkeit jugoslawischer Produkte ließ nach, die Exporte in die westlichen Industrieländer verringerten sich jährlich um 4,2%, während die Importe sich um 3,3% erhöhten.[5] In der zweiten Hälfte der 70er Jahre setzte sich dieser doppelte Trend, rückläufige Produktivität und steigendes Handelsbilanzdefizit, weiter fort.

Wenn Jugoslawien trotz der Verschlechterung seiner Weltmarktposition nicht alsbald vor einer neuen Zerreißprobe stand, dann hat das nur einen Grund: Es war der Zufluß von ausländischem Bankkapital, der dem Land eine Schonfrist und der Führung des sozialistischen Gemeinwesens als Ersatz für die fehlenden realen Entwicklungsmöglichkeiten einen simulativen Spielraum verschaffte. Als mit der Weltkonjunktur auch die Wachstumsraten der jugoslawischen Wirtschaft zunächst einbrachen, dann gegen Null tendierten und die Einzelrepubliken vornehmlich auf die Verteidigung ihres jeweils erreichten Einkommensniveaus[6] bedacht waren, konnte Jugoslawien in großem Umfang auf den internationalen Finanzmärkten billiges Geldkapital leihen, das nach dem Auslaufen der fordistischen Akkumulationsbewegung nach anderweitiger Anlage suchte.

Dieser Geldsegen erlaubte es der jugoslawischen Regierung, die staatlichen Banken auf die Fortsetzung jener merkwürdigen Praxis zu verpflichten, die schon am Ende der zweiten Reformwelle eingerissen war: Sie verliehen auch weiterhin Geldkapital zu Zinssätzen, die deutlich unter der Inflationsrate lagen und ersparten es den Einzelbetrieben auf diese Weise, ihre wenig gewinnversprechenden Investitionen aus den bescheidenen Profiten finanzieren zu müssen. Die auf dem Zufluß von ausländischem Kapital beruhende Freigiebigkeit der Banken wirkte aber nicht nur als ein künstliches Investitionsprogramm, sie zeigte auch auf der konsumtiven Seite ihre Wirkung. Wie die Betriebe, so nahmen angesichts der negativen Zinsen auch die privaten Verbraucher exzessiv Kredite bei den Staatsbanken auf, und erlaubten sich Ausgaben, die sie aus ihren laufenden Einnahmen nicht hätten bestreiten können.[7] Der »Erfolg« dieser »Strategie« ließ nicht lange auf sich warten. Nominell konnte das Land noch einmal an die gewohnten Wachstumsraten anknüpfen und sich weiter an die Schwelle der Vollindustrialisierung heranschieben. In den Jahren von 1975 bis 1981 schwankte die jährliche Zunahme der industriellen Produktion zwischen 3,3% und 9,5%. Verteilungskonflikte von größerer politischer Tragweite blieben in dieser

---

5 Gudrun Leman , A.a.O., S. 294.
6 Zwischen 1955 und 1980 hat sich der Reallohn in Jugoslawien verdreifacht. 1979 kam es erstmals zu einem massiven Reallohneinbruch von immerhin 7%. 1980-84 verringerte er sich um rund ein Drittel. Ohne die kompensatorische Wirkung des internationalen Kredits hätte diese Talfahrt schon 10 Jahre früher beginnen müssen.
7 Diese Art von jeder realwirtschaftlichen Basis abgelöst Konjunkturpolitik mußte auf Dauer den monetären Überbau natürlich zerstören. Bereits Ende der 70er Jahre standen die jugoslawischen Geldinstitute trotz innovativer Bilanztechniken allesamt am Rande des Bankrotts.

Zeit aus. Die Sonderinteressen aller Wirtschaftssubjekte wurden weitgehend auf Pump befriedigt. Die Regierungen in Mazedonien, Montenegro und Serbien konnten unbekümmert einen Industrialisierungsprozeß fortsetzen, der keinem Rentabilitätskriterium genügte, und weiterhin nunmehr vornehmlich durch Auslandskredite und Geldschöpfung finanzierte »politische Fabriken« errichten. Aber auch die kroatischen und slowenischen Kombinate zogen aus dem Status quo einstweilen ihren Vorteil. Sie waren zwar kaum in der Lage, auf den internationalen Märkten mitzuhalten, dafür standen ihnen jedoch in Jugoslawien sichere Absatzmärkte offen, und ihre oft monopolistische Stellung verschaffte ihnen recht befriedigende Verdienstmöglichkeiten. Die manifeste Arbeitslosigkeit stieg zwar trotz der Zuwachsraten beharrlich und erreichte 1980 im Landesdurchschnitt 11,9% [8]; es handelte sich dabei im wesentlichen aber um ein regionales Sonderproblem der südlichen Republiken. In Kroatien lag die Quote niedrig, in Slowenien war Arbeitslosigkeit ein vollkommen unbekanntes Problem. 30-50% der im Land erwirtschafteten »Werte« und die zu ihrer Erzeugung verausgabte Arbeit waren nach Weltmarktmaßstäben zwar ungültig, und von einer wie auch immer gearteten Entwicklungsstrategie für Jugoslawien ließ sich keine Spur mehr entdecken, der Weltkredit sorgte jedoch dafür, daß die Vollstreckung dieses Urteils einstweilen ausgesetzt blieb.

Die Folgen dieser Art von Pseudostabilisierung waren allerdings verhängnisvoll. Zum einen stammten die inländischen Mittel für das suizidale deficit-spending vornehmlich aus der Notenpresse. Die Geldmenge vervielfachte sich, so daß ihr Wachstum selbst dann in überhaupt keinem Verhältnis mehr zur Steigerung der realen Produktion stand, wenn man großzügigerweise die nach Weltmarktkriterien eigentlich ungültige Wertschöpfung der realökonomischen Seite zuschlägt.[9] Diese Entwicklung mußte die Inflation, die schon 1970 bei 11% und 1971 bei 18% gelegen hatte, kräftig anheizen. 1975 überschritt die Teuerung denn auch, obwohl zahlreiche Preise nach wie vor staatlich festgesetzt blieben, die 25%-Marke. Zum anderen – und das wog noch schwerer – akkumulierte das Land in für seine Verhältnisse gewaltigem Umfang Auslandsschulden.[10] Diese Last war nicht nur eine schwere Hypothek für die weitere Zukunft. Als Anfang der 80er Jahre das Zinsniveau weltweit deutlich anzog, wurde die Auslandsverschuldung auch zu einem unmittelbar drängenden

---

8   In absoluten Zahlen 1975 bei 540.000 und kletterte bis 1980 auf 785.000. Die Grenze von 1 Million Arbeitslosen wurde 1985 überschritten.

9   Während 1966 in Jugoslawien noch 6,9 Mrd. Dinar zirkulierten, versiebenfachte sich der Notenumlauf innerhalb der nächsten zehn Jahre und erreicht 1976 49,1 Mrd. Bis 1980 setzte sich diese Entwicklung fort. In diesem Jahr waren bereits 116 Mrd. im Umlauf. Danach geriet das Geldmengenwachstum, trotz des dann propagierten Austerity-Programms, endgültig außer Kontrolle. 1981 betrug die Geldmenge 148,9 Mrd. Dinar, 1982 195,6 Mrd. und 1983 249 Mrd.

10 Mitte der 60er Jahre lag Jugoslawiens Nettoverschuldung noch deutlich unter 1 Mrd. Dollar. Bis 1970 stieg sie auf sicherlich noch tragbare 1,8 Mrd. Dollar. Fünf Jahre später summierte sich die Schuldenlast bereits auf 5,8 Mrd. Dollar und überstieg 1978 die 10-Mrd.-Grenze. Bis 1980, dem Todesjahr Titos, hatte Jugoslawien schließlich Auslandschulden von insgesamt 16,9 Mrd Dollar. aufgehäuft. Dazu kamen noch Devisenschulden gegenüber den eigenen Staatsbürgern in Höhe von 7 Mrd. Dollar.

Tagesproblem. Zu dieser Zeit hielten sich die durch Neuverschuldung ermöglichte Frischgeldzufuhr und die zur Bedienung der längst unproduktiv verausgabten Altkredite notwendigen Kapitalabflüsse gerade noch die Waage. Nicht nur den Proportionen, sondern auch den absoluten Zahlen nach steckte Jugoslawien damit nur noch tiefer in der Bredouille, die das Land durch die exzessive Kreditaufnahme zu überspielen versucht hatte. Als sich Titos Herrschaft zu Ende neigte, lag die staatliche Devisenreserve bei 2,5 Mrd. Dollar, aber allein die jährlichen Zinszahlungen summierten sich auf 2 bis 3 Milliarden Dollar. Die für 1981 anstehenden Zins- und Tilgungszahlungen entsprachen 25% sämtlicher Devisenzuflüsse des Landes in konvertiblen Valuten – Tendenz steigend.

Jugoslawien hatte in den 70er Jahren den gleichen Weg beschritten, den gleichzeitig auch andere Schwellenländer der »Dritten Welt« einschlugen. Ein halbes Dezennium hindurch wurden die inneren Widersprüche der jugoslawischen Modernisierung mit gepumptem Geld zugeschüttet. Die Folgen konnten nicht ausbleiben. Das ganze Land lebte (im Rahmen und nach den Gesetzen des Ware-Geld-Systems) über seine sich im Grunde beständig verschlechternden Verhältnisse, und es ließ sich kaum vermeiden, daß alsbald die Rechnung dafür präsentiert wurde.[11] Anfang der 80er Jahre war es soweit. Das Vaterland des Selbstverwaltungs-Sozialismus fand sich zusammen mit Mexiko, Brasilien, Argentinien und einem halben Dutzend anderer Staaten in der vielzitierten Schuldenfalle wieder.

---

11 In absoluten wie in relativen Zahlen fällt die jugoslawische Verschuldungspolitik keineswegs aus dem Rahmen. Die öffentliche und private Verschuldung in Ländern wie den USA, der BRD oder Italien bewegt sich auch im Verhältnis zum Bruttosozialprodukt gesehen heute längst in weit größeren Dimensionen als in Jugoslawien in den 70er und 80er Jahren. Das Balkanland verfügte allerdings nie über die Kreditwürdigkeit dieser Weltmarktkernländer und stieß daher viel schneller an die Grenzen dieser auf der Grundlage des »fiktiven Kapitals« genährten Wirtschaftsweise als die reichen Onkel.

11. Der Konkurs der Selbstverwaltungswirtschaft – Titojugoslawien ohne Tito

Als Tito am 4. Mai 1980 starb, mußte Jugoslawien nicht nur Abschied von seiner kaum ersetzbaren Symbol- und Integrationsfigur nehmen. Zur gleichen Zeit wurden auch die Dimensionen der bis dahin wohlweislich als Staatsgeheimnis behandelten horrenden Außenverschuldung bekannt und damit die gesamte wirtschaftliche Misere des Landes offenkundig.[1] Auch das wirkte krisenverschärfend. Schon während Tito im Sterben lag, führten die allgemeine Unsicherheit über Jugoslawiens Zukunft und die durchsickernden Hiobsbotschaften über die prekäre finanzielle Lage zu einer Fluchtbewegung. Als Tito erkrankte, mußte eine jugoslawische Bankersitzung in Frankfurt feststellen, »daß die Einzahlungen jugoslawischer Gastarbeiter auf Konten jugoslawischer Banken um zwischen 48 und 60 Prozent zurückgegangen waren.«[2] Dabei blieb es aber nicht. Binnen weniger Monate wurden zwei Drittel aller Guthaben, die auf jugoslawischen Girokonten geparkt waren, von ihren Besitzern abgezogen. Die bankeigenen Reservefonds schmolzen wie Schnee in der Sonne auf magere zehn Millionen Dollar dahin. Westliche Firmen verlangten plötzlich von ihren jugoslawischen Partnern Barzahlung.

Unter diesen Umständen sahen sich Titos Erben genötigt, schon um den Run auf die Banken zu begrenzen und die Gemüter zu beruhigen, die alte Defizitpolitik fortzuschreiben. Es gelang ihnen auch, den Offenbarungseid noch einmal um zwei Jahre hinauszuzögern. Während das Land längst bankrott war, mimte die Regierung um jeden Preis Normalität. Selbst das Lohnniveau zog noch ein letztes Mal kräftig an. 1980 betrug der monatliche Durchschnittsverdienst umgerechnet 491 DM (=7368 Dinar)[3] und lag damit deutlich unter dem Vorjahresniveau, 1981 kletterte er auf 615 DM (=9846 Dinar) und erreichte 1982 mit 660 DM (=12542 Dinar) seinen historischen Höchststand. Der Preis für diese potemkinsche »Weiter so«-Politik war allerdings

---

1 In Jugoslawien wurde die Auslandsverschuldung der verschiedenen Wirtschaftssubjekte (Teilrepubliken, Einzelbetriebe, Banken) nicht allgemein statistisch erfaßt. Exakte Zahlen gab es daher nie. Bei den von mir verwendeten Zahlen handelt es sich lediglich um die gängigen Schätzgrößen. Ende 1982 wurde zwar eine Parteikommission eingesetzt, die Licht ins Verschuldungsdunkel bringen sollte, sie scheiterte allerdings bei diesem Unterfangen kläglich.
2 Hans Peter Rullmann, Krisenherd Balkan, Hamburg 1989, S. 421.
3 Angesichts der horrenden Inflationsraten in den 80er Jahren drängt es sich auf, die Entwicklung monetärer Größen immer in DM und Dollar zu beschreiben. Auf Dinarbasis bedarf es einiger Rechenakrobatik, um die längerfristigen Trends noch zu extrapolieren.

nicht unerheblich. Die Auslandsverschuldung stieg kräftig weiter und erreichte alsbald die Grenze von 22 Mrd. Dollar. Die Inflation, mit der die Jugoslawen schon lange zu leben gelernt hatten, überschritt noch in Titos Sterbejahr die Marke von 45 Prozent. 1941 hatte die deutsche Invasion den lange schon paralysierten ersten jugoslawischen Staat zum Einsturz gebracht. 41 Jahre später kam der Anstoß für den Zusammenbruch des zweiten jugoslawischen Staates abermals von außen. Die Umstände waren diesmal weit undramatischer, die Folgen aber nicht weniger verheerend. 1982 kam, was früher oder später kommen mußte. Nachdem sich die Fristenstruktur der Schulden verschlechterte, weil Jugoslawien jahrelang mit der Aufnahme kurzfristiger Kredite die Tilgung langfristiger Schulden »finanziert« hatte, war das Land 1982 außerstande, die in diesem Jahr anstehenden Mittel für Tilgung und Zinszahlungen von 4,8 Mrd. Dollar aufzubringen. Die ausländischen Kreditgeber verzichteten daraufhin zwar bis auf weiteres auf Tilgungszahlungen und begnügten sich mit der Überweisung der fälligen Zinsen in Höhe von 2,0 Mrd. Dollar;[4] damit verlor Jugoslawien aber auch seine Kreditbonität. Ohne zusätzliche Frischgeldzufuhr war es aber unmöglich, das Außenhandelsbilanzdefizit, auf dem Jugoslawiens Scheinprosperität beruhte, zu finanzieren. Der IWF fand sich zwar bereit, Jugoslawien zu stützen und den Konkurs des Landes zu verhindern, er machte aber die »marktwirtschaftliche Sanierung«, insbesondere den Ausgleich der hochdefizitären Zahlungsbilanz, zur Bedingung seiner Hilfe. Da eine sprunghafte Erhöhung der Ausfuhren an den Weltmarktbedingungen scheitern mußte, blieben unter diesen Umständen als einzige »Lösung« massive Importrestriktionen. 1981 hatte Jugoslawien Güter im Werte von 19 Mrd. Dollar eingeführt und für knapp 11 Mrd. Dollar exportiert, bis 1983 sanken die Einfuhren drastisch auf rund 12 Mrd. Dollar, während die Ausfuhren nur verhältnismäßig leicht nachgaben und nun bei 10 Mrd. Dollar lagen. Trotz einer mit Dumpingpreisen betriebenen Exportoffensive verblieb der Außenhandel die nächsten Jahre etwa auf diesem Niveau, um 1988 schließlich noch einmal einzubrechen. Für die auf Importgüter angewiesene jugoslawische Wirtschaft hatte die partielle Abkopplung von ausländischen Waren aber verheerende Folgen. Zum einen wurden bestehende Reproduktionskreisläufe gestört, zum anderen wurde Jugoslawien vollständig von der technologischen Entwicklung abgeschnitten. Die industrielle Produktion stagnierte oder zeigte sogar rückläufige Tendenzen, und die Arbeitsproduktivität ließ angesichts fehlender Zulieferungen auch in den Schlüsselsektoren erheblich nach.

---

4 Die internationalen Banken konnten zwar schon damals nicht damit rechnen, daß die uneintreibbaren Titel irgendwann einmal tatsächlich wieder zurückfließen würden; solange aber die Zahlung von Zinsen erfolgte, waren sie nicht gezwungen, diese Forderungen offiziell abzuschreiben und als Verluste in ihren Bilanzen auszuweisen. Daher waren die Banken und mit ihnen Weltbank und IWF daran interessiert, die Fiktion einer jugoslawischen Zahlungsfähigkeit aufrechtzuerhalten.

Aber selbst dieses Ergebnis ließ sich nur durch eine etatistische Krisenverwaltung sicherstellen, die die äußere Verschuldung durch die Dynamik eines inneren Verschuldungsprozesses substituierte. Die ins Schlingern geratenen Wirtschaftsbetriebe entließen zwar nur zu einem Bruchteil die nach marktwirtschaftlichen Kriterien überschüssigen Arbeitskräfte; sie konnten das aber nur, weil sie ihren Zahlungsverpflichtungen einfach nicht nachkamen; und die Republiksregierungen und auch Belgrad sanktionierten faktisch diese Praxis. Als diese Phase mit dem Amtsantritt von Ministerpräsident Markovic im Frühjahr 1989 zu Ende ging, bestanden 80% des jugoslawischen Bruttosozialprodukts aus den Defiziten des vergesellschafteten Sektors. Die unbeglichenen Schulden der Unternehmen und Banken untereinander waren offiziell zwar nur auf wenig mehr als 1 Mrd. Dollar aufgelaufen. Hinzu kamen allerdings noch sogenannte »graue Gelder« in mindestens siebenfacher Höhe – Wechsel, die nur zu einem Bruchteil durch reale Werte gedeckt waren. Insgesamt summierte sich die innere Verschuldung nach damaligen Schätzungen auf 20 Mrd. Dollar und erreichte damit ungefähr die gleiche Höhe wie die Auslandsverschuldung.[5] Aber auch wenn die jugoslawischen Betriebe einstweilen nicht ihre Tore schlossen, sondern weiterwirtschafteten, indem sie fiktive (weil uneintreibbare) Rechnungen und Zahlungsverpflichtungen akkumulierten, begann die jugoslawische Ökonomie ihre eigene Substanz aufzuzehren. Indikatoren dafür sind zum einen die Entwicklung der Bruttoanlageinvestitionen und zum anderen die Entwicklung der Arbeitsproduktivität. Die Bruttoanlageinvestionen gingen von 1980 bis 1988 kontinuierlich (preisbereinigt um insgesamt 36%) zurück;[6] die Arbeitsproduktivität sank seit 1982 stetig und brach 1988/89 in den Schlüsselbranchen dramatisch ein.

Als der Schutzschild der Außenverschuldung zerbrach, kamen Titos Nachfolger nicht umhin, zumindest partiell den Ernst der Lage zur Kenntnis zu nehmen und die jugoslawische Bevölkerung damit zu konfrontieren. Im April 1982 bezeichnete das in Schönfärberei geübte ZK des BdKJ erstmals die wirtschaftlichen Probleme des Landes als dramatisch und forderte die jugoslawische Bevölkerung unmißverständlich auf, den Gürtel nun enger zu schnallen. Gleichzeitig wurde die Dysfunktionalität der jugoslawischen Wirtschaftsverfassung zum Thema. Hauptkritikpunkt war dabei das groteske Verhältnis von Zentralstaat und Teilrepubliken. In der offiziellen jugoslawischen Presse fanden sich nun gehäuft Klagen darüber, »daß egoistische Partikularinteressen bereits die Aktionseinheit des BdKJ gefährden.« »Abweichungen von der Parteilinie«, so konnte das über die neue Offenheit verdutzte Publikum lesen, »seien an der Tagesordnung, weil einzelne Gruppen, die die Interessen der Republiken und Autonomen Provinzen vertreten, ohne Rücksicht auf gemeinsame Zielsetzungen nur das eigene Wohl im Auge haben. Die Gegensätze zwischen den einzelnen Parteifüh-

---

5 Diese Angaben sind allesamt dem Handelsblatt vom 24.5.1989 entnommen.
6 Länderbericht des statistischen Bundesamtes, Jugoslawien 1990, S. 48.

rungen hätten sich inzwischen so verschärft, daß es kaum noch möglich sei, gemeinsame Interessen zu definieren.«[7]

Die Parteizeitung Borba argumentierte regelmäßig im gleichen Sinne: »Die Republiken und Autonomen Provinzen fordern ohne Rücksicht auf die gesamtwirtschaftliche Entwicklung Jugoslawiens und dessen außenwirtschaftliche Probleme stets die gleiche Summe an Devisen. Sie verlangen außerdem für den ›Export‹ von Waren in andere Republiken, in denen Devisen in Form von Vorleistungen für Rohstoffe, Reproduktionsmaterialien oder Lizenzen stecken, Kompensation.«[8]

»Es kommt sehr häufig vor, daß Waren aus einer Republik exportiert werden, damit diese Republik ihre Devisenposition realisiert, und daß eben diese Waren zu einem höheren Preis für die Bedürfnisse einer anderen Republik importiert werden.«[9]

Die einsetzende Reformdiskussion kam über die Beschreibung dieser handgreiflichen Symptome zunächst aber nicht hinaus. Die zahlreichen Verteidiger Jugoslawiens in der Führung des BdKJ waren sich zwar durchaus darüber im klaren, daß die Blockade der Zentralgewalt die Gesamtentwicklung des Landes paralysierte; ein Konzept zur Beendigung des schleichenden innerjugoslawischen Wirtschaftskrieges hatte jedoch niemand anzubieten. Die vielfach eingeklagte Abkehr vom »Republikegoismus« blieb bloßer Wunsch.

Zwar wurde bereits im Juli 1981 die Verfassung an mehreren Stellen mit der Absicht verändert, die kollektive Führung und damit die Zentralgewalt zu stärken, doch fünf Jahre später mußte der 13. Parteitag des »Bundes der Kommmunisten Jugoslawiens« feststellen, daß diese Reformen nichts, aber auch gar nichts verändert hatten. Das ernüchternde Ergebnis kann nicht überraschen. Da die Mitglieder des Staatspräsidiums sich in allererster Linie als Vertreter der Republiken verstanden, die sie in dieses Gremium entsandt hatten, funktionierten sie als verlängerter Arm der jeweiligen Landesregierung. Das Staatspräsidium wurde in seiner Handlungsfähigkeit daher nicht erst von außen eingeengt, dieses Gremium paralysierte sich schon selber. Jede Maßnahme, die das Sonderinteresse irgendeiner Teilrepublik tangierte (und es gab keine, für die das nicht galt), zog unweigerlich das Veto des Vertreters dieser Teilrepublik nach sich.

Wenn dieser Zustand erhalten blieb, so ist das ebensowenig nur ungünstigen Kräfteverhältnissen geschuldet wie dem Umstand, daß bloße Appelle am zähen Beharren der Provinzmogule und ihrer Belgrader Stellvertreter abgeprallt wären. Die Demontage der zentralen Staatsgewalt geht letztinstanzlich ebensowenig allein auf die institutionelle Schwerkraft einer dysfunktionalen Verfassung zurück. Der merkwürdige Staatsaufbau war selber schon ein Symptom von tieferliegenden strukturel-

---

7 So das Mitglied des ZK des BdKJ Vlado Jonzic in: Politika, 9.4.1982, zitiert nach Irena Reuter Hendrichs, Die Reformdiskussion in Jugoslawien, in Südosteuropa in: Weltpolitik und Weltwirtschaft der achtziger Jahre, München 1983, S. 30.
8 A.a.O., S. 31.
9 A.a.O., S. 32.

len Ursachen. Die Rezentralisierung mißlang in erster Linie deshalb, weil der Inhalt, die volkswirtschaftliche Sanierung Jugoslawiens, unmöglich zu realisieren war. In den 80er Jahren stand Jugoslawien nicht nur vor den gleichen unlösbaren Grundproblemen, an denen die Marktwirtschaftsreformen ebenso wie die Staatswirtschaft mehrfach gescheitert waren; zu allem Überfluß war das Land auch noch im Produktivitätswettlauf sehr weit zurückgefallen und stöhnte unter einer beträchtlichen Schuldenlast. Wie sollte der schleichende Zerfall Jugoslawiens unter diesen radikal verschlechterten Rahmenbedingungen plötzlich reversibel sein? Wie sollte nun, sei es unter marktwirtschaftlichem, sei es unter etatistischem Vorzeichen, gelingen, was im weit milderen Klima der 60er Jahre schon nicht funktioniert hatte? Wenn eines der Oberhäupter der »Praxis«-Gruppe, Svetovar Stojanovic, damals klagte: »Das Hauptmerkmal der Situation Jugoslawiens ist, daß wir erstklassige Probleme, aber eine drittklassige Führung haben«, so geht dieses Lamento am Grundproblem schlicht vorbei. Die Konzeptionslosigkeit der jugoslawischen »Elite« entsprach vollkommen der Aussichtslosigkeit jedes marktwirtschaftlich inspirierten, auf staatliche Formierung ausgerichteten »Reform«-Unterfangens.[10]

Die ideologische Konfrontation zwischen den Vertretern einer konsequent partikular-nationalistischen Linie und den Befürwortern eines einheitlichen Jugoslawien gewann relativ spät schärfere Konturen. Das gemeinsame Erbe band auch über Titos Tod hinaus die politische Klasse des Landes, und keiner wagte es, offen mit dem »bewährten Konsens« zu brechen. Das gilt natürlich auch und vor allem für die offizielle jugoslawische Regierung. Während die Inflation sich zusehends beschleunigte und die Arbeitslosigkeit schon im Gefolge sehr zögerlich durchgeführter und alsbald halb zurückgenommener Austerity-Maßnahmen monatlich neue Rekordmarken passierte, träumte auch sie (wie ihre Vorgänger schon so oft vor ihr) wieder einmal davon, die Krise durch die Anreicherung des verstaubten »Selbstverwaltungssozialismus« mit mehr marktwirtschaftlichen Elementen zu bewältigen. Sie vermied es dabei, die brisante Frage nach den Kompetenzen der Teilrepubliken ernsthaft zu stellen. Nicht nur während der Amtszeit der von der kroatischen Führung auf diesen Posten abgeschobenen Ministerpräsidentin Milka Planinc versank die Chefetage des Landes im Dornröschenschlaf; auch als der Bosnier Branko Mikulic im Mai 1986 turnusgemäß in dieses Amt hineinrotierte, fand diese Praxis ihre Fortsetzung. Als ob der Selbstverwaltungssozialismus durch eine neue Bezeichnung und Zusatzinstitutionen zu retten gewesen wäre, prägten er und seine Mannschaft den Begriff einer »verabredeten Wirtschaft« und regten die Bildung von Gremien an, in denen »Kontrahenten im Wirtschaftsleben wie Unternehmen und Beschäftigte, Ban-

---

10 Die Moderne bringt in ihrer Durchsetzungsgeschichte aktive, geschichtsmächtige Führergestalten nur dort hervor, wo es auch etwas durchzusetzen und zu gestalten gibt. Am Ende dieser Epoche, wenn in den Medien von Markt und Staatlichkeit keine Entwicklung mehr möglich ist, finden die verschwundenen »großen Männer« bestenfalls im »Aussitzwunder« ihr Pendant. Tito, der fast 40 Jahre an der Spitze Jugoslawiens stand, vereinte als eine Art Kreuzung aus Stalin und Kohl beide Qualitäten in sich.

ken und Bankkunden, Verkäufer und Käufer mit Blick auf das Wohlergehen Jugoslawiens ihre Forderungen aufeinander abstimmen« sollten.[11] Der merkwürdige, für die ganze Selbstverwaltungstradition aber charakteristische Appell, die Wirtschaftssubjekte möchten jedes für sich als Konkurrenzsubjekte reüssieren, untereinander sich aber nicht als solche, sondern als Staatsbürger verhalten, zeitigte verständlicherweise keinen Erfolg. Sämtliche wirtschaftlichen Eckdaten von der Inflation bis zur Arbeitslosigkeit verschlechterten sich während der Präsidentschaft Mikulics nachhaltig. Als er am 13.12.1988 zurücktrat, addierte sich die offene und verdeckte Arbeitslosigkeit bereits auf 60% der aktiven Bevölkerung. Gleichzeitig nahm der innerjugoslawische Konkurrenzkampf dem amtlichen Eiapopeia zum Trotz immer härtere Formen an. Der verdeckte Kampf der etatistischen Apparate steigerte sich in der Zeit der »abgesprochenen Wirtschaft« zum unerklärten, aber dennoch allgemeinen innerjugoslawischen Wirtschaftskrieg. In Serbien verschwanden, soweit irgend substituierbar, die slowenischen Waren aus den Regalen und umgekehrt, während sich auf den Auslandsmärkten die Serben und Kroaten mit Dumpingpreisen gegenseitig auszustechen suchten. Dementsprechend gingen sämtliche Republiken auch im Kampf gegen die Arbeitslosigkeit ihre eigenen Wege.

Aber nicht erst auf der Ebene der Republiks-Beziehungen erwies sich die »abgesprochene Wirtschaft« als völliger Flop. Auch hinsichtlich der selbstverwalteten Betriebe war dieses »System« nicht gerade von Erfolg gekennzeichnet. Die Kombinate hüteten sich, den angemahnten gesellschaftlichen Verpflichtungen nachzukommen. Die ihnen im Kampf gegen die Arbeitslosigkeit aufoktroyierten Pflichteinstellungen von Ausbildungsabsolventen etwa unterliefen sie konsequent und operierten trotz allen guten Zuredens mehr denn je als closed-shop-Vereinigungen. Ihr Interesse lag einzig und allein in der Besitzstandswahrung. Zusätzliche Stellen verkleinerten aber den auf jeden Beschäftigten entfallenden Einkommensfonds und wurden daher, solange sie keine unmittelbare Erhöhung der Gewinne und damit wiederum eine Vergrößerung des Konsumfonds versprachen, nicht eingerichtet. Da im gesellschaftlichen Sektor Mitte der 80er Jahre nach vorsichtigen Schätzungen ein Beschäftigungsüberhang von 20-30% herrschte, die Arbeitskollektive jedoch Entlassungen unter allen Umständen zu vermeiden suchten, hatten die Berufsneulinge die Hauptlast der Arbeitslosigkeit zu tragen. Das war zwar schon traditionell so (auch schon in den 60er Jahren stellten Schulabgänger das Gros der Arbeitslosen), angesichts der wachsenden Dimension des Problems führte das nun aber zu einem schon grotesken Mißverhältnis.

Ende 1985 klagte Vladimir Karakasevic in der Zeitschrift Ekonomika: »In der Welt sind überwiegend Industriearbeiter arbeitslos, die ihre Arbeitsplätze verloren haben, während bei uns überwiegend die Angehörigen der jüngeren Generation arbeitslos sind, die nach dem Abschluß ihrer Ausbildung keine Arbeit finden können.«[12]

---

11 Thomas Brey, Jugoslawien: Der Vielvölkerstaat zerfällt, in: Osteuropa 41.1/1991, S. 419.

Die amtlichen Zahlen sprechen eine deutliche Sprache. 1983 gehörten 69,7% aller Arbeitslosen in die Kategorie der Berufsanfänger. 1985, als Mikulic eifrig mit dem Motto hausieren ging: »Das Schicksal der Arbeitslosen liegt in den Händen der Beschäftigten«, war die Arbeitslosigkeit nicht nur absolut beträchtlich gestiegen, sondern auch der Anteil jugendlicher Arbeitsloser kletterte weiter und passierte damals die 75%-Grenze.[13] Dieses Schicksal traf insbesondere die akademische und hochqualifizierte Jugend.[14] Die jugoslawische Wirtschaft setzte ihre Zukunft außer Kurs.

Genausowenig wie die Selbstverwaltungsbetriebe das Problem der Arbeitslosigkeit lösen konnten, waren sie in der Lage, aus eigener Kraft ihre Sanierung in Angriff zu nehmen. Ultima ratio blieb gerade angesichts der mit der Inflation drastisch sinkenden Reallöhne die Einkommenssicherung der Beschäftigten und die Vermeidung von Entlassungen. Diese beiden Ziele wurden auch dort noch konsequent weiterverfolgt, wo sie nur auf Kosten der betrieblichen Substanz zu erreichen waren. Die Kombinate häuften auch deshalb Verbindlichkeiten auf, weil sie lieber die mit der Geldentwertung dahinschmelzenden Konsumfonds aufstockten, als Geldmittel für die Zahlung von Lieferanten zu verschwenden. Auch die angesichts der realen Negativzinsen[15] nach wie vor exzessive Kreditaufnahme bei den Banken floß nicht in den investiven Bereich, sondern diente vornehmlich dazu, den nach betriebswirtschaftlichen Kriterien unrentablen laufenden Betrieb aufrechtzuerhalten.

Diese Defacto-Aufblähung der Geldmenge trieb die bereits galoppierende Inflation auf groteske Höhen. 1985 lag sie offiziell bei 76%, 1986 erreichte sie 92%, verdoppelte sich bis zum Ende des Jahres 1987 auf 168% und überschritt schließlich im Dezember 1988 die 250%-Marke.[16] Die Zentralregierung und Regierungen der Teilrepubliken griffen wiederholt zu etatistischen Mitteln, um den Verfall der Währung aufzuhalten. 1987 nahm das Mikulic-Kabinett zu einem allgemeinen Preis- und Lohnstop Zuflucht. Die Inflationsbekämpfung via Dekret beschleunigte aber nur den sozialen Verelendungsprozeß und löste eine Streikwelle aus, ohne einen nennenswerten Erfolg zu bringen. Der im Januar 1988 neuerlich verhängte Preis- und Lohnstop führte zum gleichen Resultat. Die Teuerung verlangsamte sich vorübergehend, um nach wenigen Wochen wieder kräftig anzuziehen.

---

12 Zitiert nach: Osteuropa Archiv 36/1986, S. 618.
13 In den rückständigen Gebieten lag deren Anteil sogar noch höher, in Montenegro bei etwa 86%.
14 Eine besonders zugespitzte Situation bot sich schon zu Beginn der 80er Jahre für die albanischen Studenten. An der Universität von Pristina waren damals 50.000 Studenten eingeschrieben. Kaum einer von ihnen hatte aber irgendeine berufliche Perspektive. Die Alma mater ersetzte nur das Arbeitsamt und sorgte für eine Schönung der amtlichen Beschäftigungslosen-Statistiken. »Ohne Rücksichtnahme auf die tatsächlichen Bedürfnisse und Kapazitäten der Provinz war der Versuch unternommen worden, gravierende Probleme auf dem Arbeitsmarkt kurzfristig durch die Umleitung des Stroms arbeitssuchender Jugendlicher an die Hoch- und Fachschulen Kosovos zu überdecken.« (Jens Reuter, Die Albaner in Jugoslawien, München 1982, S. 79). Vor diesem Hintergrund kann es kaum überraschen, daß die Universität im März 1981 als der Ausgangspunkt der gewaltsamen Unruhen im Kosovo Schlagzeilen machte.
15 Die Inflation lag höher als der amtlich festgesetzte Zinssatz.
16 Länderbericht Jugoslawien, S. 89.

Hilflose staatliche Elendsverwaltung bestimmte aber nicht nur den Umgang mit der Teuerung. Auch im Kampf mit den Beschäftigungsproblemen brachten sowohl Belgrad als auch die regionalen Führungen das staatsdirigistische Notinstrumentarium zur Anwendung. Eine einheitliche jugoslawische Politik ergab sich daraus längst nicht mehr. 1985 wurde vor allem in den südlichen Republiken heftig darüber diskutiert, ob erstmals in der jugoslawischen Geschichte im Kampf mit der Arbeitslosigkeit auf Zwangsanleihen zurückzugreifen sei. Die Regierung von Bosnien-Herzegowina übernahm dabei eine Vorreiterrolle. In dieser Teilrepublik, die mit 23,3% nach dem Kosovo in Jugoslawien die niedrigste Beschäftigungsquote aufzuweisen hatte, preßte sie vom Dezember 1984 bis zum Februar 1986 immerhin 166 Mrd. Dinar aus den Einkommensfonds der Betriebe, um damit außerordentliche Arbeitsplätze zu schaffen. Mazedonien versuchte nachzuziehen. Im Kosovo und in Montenegro wurde ein solches Vorgehen zwar ebenfalls breit debattiert, die Umsetzung solcher Pläne scheiterte allerdings am fehlenden finanziellen Spielraum. In diesen Gebieten lagen die Löhne nicht nur traditionell deutlich unter dem jugoslawischen Durchschnittsniveau, die Arbeitnehmer hatten zwischen 1982 und 1985 durch die Inflation auch noch rund ein Drittel ihrer Realeinkommen eingebüßt[17] und zeigten sich schon von daher kaum bereit, zugunsten der Arbeitslosen weitere Verluste in Kauf zu nehmen. Im engeren Serbien (d.h. Serbien ohne seine autonomen Provinzen) setzten sich die Gegner eines solchen Programms mit dem nicht ganz unberechtigten Hinweis durch, daß es sowohl grotesk wäre, zusätzliche Arbeitskräfte einzustellen als auch neue Anlagen aus dem Boden zu stampfen, solange der Auslastungsgrad der bestehenden industriellen Kapazitäten in Serbien und in Gesamtjugoslawien bei lediglich 65% läge. Ein Konzept, wie diese Quote zu erhöhen wäre, hatten aber auch die Kritiker nicht anzubieten. In Kroatien fand die Idee einer Zwangsanleihe kaum Resonanz. Slowenien wiederum zog es vor, seinen noch kaum erschütterten Arbeitsmarkt durch die »Rückführung« der nicht sonderlich zahlreichen innerjugoslawischen »Gastarbeiter« in ihre Herkunftsrepubliken ins Gleichgewicht zu bringen. Das ganze Programm, das schon angesichts der beständig sinkenden Arbeitsproduktivität auf die unzulängliche Simulation von Beschäftigung hinauslaufen mußte, verschwand alsbald sang- und klanglos in der Versenkung, während die Arbeitslosigkeit bis zum Ende der 80er Jahre die Grenze von 1,5-Millionen überschritt.

Das gleiche Schicksal ereilte leider auch den einzigen halbwegs tauglichen und ausbaufähigen Krisenverwaltungsansatz, der von einigen Zirkeln der jugoslawischen Administration eine Zeitlang diskutiert wurde. Eine der Hauptvertreterinnen dieser über embryonale Ansätze nicht hinausgekommenen Position war die Vorsitzende des »Komitees für Arbeit der sozialistischen Republik Serbien«, Marija Todorovic. Sie erklärte schlicht: »Es ist klar, daß der gesellschaftliche Sektor der Wirtschaft

---

17 Der monatliche Durchschnittsverdienst lag 1982 bei umgerechnet 660 DM, 1985 betrug er nur mehr 428 DM.

nicht alle, die kommen, aufnehmen kann«, erwartete aber deshalb nicht das Heil von großangelegten Privatisierungen, sondern kratzte am arbeitsgesellschaftlichen Dogma selber. Sie wies darauf hin, welche immense Bedeutung die informelle Selbstversorgungswirtschaft nach wie vor für die Reproduktion der Menschen in Jugoslawien habe. Unter den 270.000 Arbeitslosen, die 1985 in den Listen der serbischen Arbeitsämter gemeldet waren, lebten 60% auf dem Lande und verfügten in der Mehrheit über einen gewissen außererwerbswirtschaftlichen (meist landwirtschaftlichen) Rückhalt. Marija Todorovic schlußfolgerte aus dieser Tatsache, daß es darauf ankäme, diesen informellen Bereich in das gesellschaftliche und soziale Netz zu integrieren, um auf diese Weise so etwas wie eine »gemischte Wirtschaft« zu stabilisieren. Das zentrale Kettenglied bei diesem Bemühen sah sie in einer neuen Arbeitszeitgesetzgebung, insbesondere in der massiven Förderung von Teilzeitarbeit.

»Wir haben ... großen Lärm um Zwitter (polutane) gemacht, um jene, die mit einem Fuß in der Fabrik und mit dem anderen auf dem Acker sind, und jetzt habe ich unlängst die Frage gehört: Warum geben die, die Land besitzen, nicht die Arbeitsplätze frei? Und warum nicht auch die, die Wohnungen vermieten und die Geld auf der Bank haben? Nun, wir müssen heute wohl über die gemischten Wirtschaften glücklich sein, denn wenn es sie nicht gäbe, hätten wir Millionen von Sozialfällen. Aber wenn unser Mann, der halb Bauer, halb Arbeiter ist, den Weizen ernten oder Kukuruz schneiden will, muß er in den Krankenstand gehen, er muß lügen und sich wie ein sozialer Parasit verhalten – um eine in Wirklichkeit gesellschaftlich sehr nützliche Arbeit zu verrichten. Das alles, weil unsere Arbeitsgesetzgebung und überhaupt unsere Ansichten über Arbeitsverhältnisse auf dem Niveau einer längst überwundenen Zeit sind, die den grundlegenden Bestimmungen über die freie Assoziation der Arbeiter widerspricht. Warum ermöglichen wir diesen Menschen nicht ein Arbeitsverhältnis, in dem von vornherein vorgesehen ist, daß er einige Monate nicht an der Maschine, sondern auf dem Acker arbeiten wird? Warum ist im Kapitalismus möglich und im Sozialismus unmöglich, daß die Frau Mutter und Hausfrau sein kann und auch vier Stunden berufstätig ist?«[18]

Solche vorsichtigen Fragen kamen gegen die Fixierung der Modernisierungs-Administration und des Gros der Bevölkerung auf die längst unwiederbringlich verlorene arbeitsgesellschaftliche Normalität jedoch nicht an. Auch wenn der Kollaps nachholender sozialistischer Modernisierung von Kamtschatka bis Brioni in letzter Instanz nur anzeigt, daß die arbeitsgesellschaftliche Grundlage, auf der sich der Systemgegensatz zwischen »Kapitalismus« und »Sozialismus« bewegte, selber brüchig wird, so ist das herrschende, in den Aporien der Moderne gefangene Bewußtsein, solange das westliche Modell in den Zentren noch zu funktionieren scheint, doch nicht in der Lage, in diesem Prozeß etwas anderes als den Beweis für die Überlegenheit der marktwirtschaftlichen Version von Arbeitsgesellschaft zu erkennen. Nichts

---

18 Zitiert nach: Osteuropa Archiv, Band 36, 1986, S. 632.

lag Titos Erben denn auch ferner als der »esoterische« Gedanke, das Modernisierungsziel, die Verwandlung der Bewohner Jugoslawiens in Arbeitsmonaden und Geldsubjekte, zu hinterfragen. Stattdessen fügte sich die jugoslawische Entwicklung auf ihre Weise in die Zeitströmungen, die in den ausgehenden 80er und beginnenden 90er Jahren dominierten. Auch wenn die Krisenwirklichkeit im arbeitsgesellschaftlichen Bezugssystem in keiner Weise in den Griff zu bekommen war, so war sich die neue Marktwirtschaftsreformer-Generation mit den Verteidigern etatistischer Regulation in dem Bemühen einig, die arbeitsgesellschaftliche Ordnung bis zum bitteren Ende weiterzusimulieren. Dabei konnten sie sich der Unterstützung durch die westlichen Kreditgeber sicher sein. Diese verwandten ihre Mittel und ihren Einfluß ausschließlich dazu, Jugoslawien zur Aufrechterhaltung der arbeitsgesellschaftlichen Fiktion zu zwingen, indem sie alle weiteren Hilfszahlungen und Umschuldungsprogramme von marktwirtschaftlichen Reformen abhängig machten. Auch nachdem die äußere Verschuldungsdynamik an ihre Grenzen gestoßen war, bewährte sich der monetäre Schein noch als materielle Gewalt. Der unhinterfragte, weil selbstverständlich anmutende Glaubenssatz, daß die jugoslawische Gesellschaft nur im Rahmen von Erwerbsarbeit und Warenproduktion all die Probleme lösen könne, die der Prozeß der nachholenden Errichtung eines warengesellschaftlichen Systems hervorgerufen hatte, verhinderte die Suche nach anderen Auswegen. Der Krisenprozeß, die Auflösung jeder nationalökonomischen Ordnung, nötigte zwar große Teile der Bevölkerung dazu, sich mehr und mehr jenseits von klassischer Erwerbsarbeit und Ware-Geld-Beziehungen zu reproduzieren, diese Entwicklung vollzog sich aber nicht als bewußter gesellschaftlicher Akt, sondern durch die einzelnen im inoffiziellen Rahmen. Der Abschied von der arbeitsgesellschaftlichen Perspektive fiel so mit einem Entgesellschaftungsprozeß zusammen. Die breite Mehrheit der Bevölkerung des ehemaligen Jugoslawien ist gezwungen, ein postvolkswirtschafliches Dasein auf materiell erbärmlichstem Niveau zu fristen, das sich nicht nur der volkswirtschaftlich-statistischen Erfassung entzieht, sondern damit auch jenseits eines mit etatistischen und monetären Verknüpfungen identifizierten gesellschaftlichen Zusammenhangs angesiedelt zu sein scheint. Die öffentliche Bühne monopolisieren hingegen bis zum heutigen Tag diejenigen, die die Existenz eines noch von den Koordinaten Staat und Markt bestimmten gesellschaftlichen Bezugssystems mimen und es doch nicht mehr rekonstruieren können.

Das Festhalten an der Fiktion von Arbeitsgesellschaft, Nationalökonomie und Staatlichkeit konnte Jugoslawien nicht retten, es bestimmte aber die barbarische Form, in der sich der überfällige Abschied vom tito-sozialistischen Entwicklungregime vollzog. Nicht die fatale Orientierung auf die Etablierung der westlichen Grundwerte Arbeit, Ware und Geld wurde zum Thema; stattdessen zerbrach mit ihrer Modernisierungsgrundlage die Gemeinschaft der jugoslawischen Völker. Die Teilrepubliken hatten sich im Selbstverwaltungssystem als Konkurrenzsubjekte aufeinander bezogen; der stumme Zwang der Waren- und Weltmarktlogik trat für die Bürger

Jugoslawiens über den Wirrwarr von Selbstverwaltungsabkommen und permanenten Kuhhandel vermittelt in Erscheinung. Was lag da näher, als das Scheitern der jugoslawischen Entwicklung und die Misere der eigenen Region dem bösen Willen der Mitkonkurrenten zur Last zu legen? Die tausenderlei Reibungen und Interessenkonflikte im Selbstverwaltungs-Hickhack boten mehr als genug empirisches Anschauungsmaterial, um die Vorstellung einer systematischen Benachteiligung zu schüren, und so transformierte sich die simple ökonomische Konkurrenz der Republiken mit der Auflösung des Bezugssystems ihrer Konkurrenz zusehends in erbitterte national besetzte Gegensätze.

Ciril Ribicic hatte schon 1985 anläßlich eines Symposiums in Pristina bei seiner Analyse der in seiner slowenischen Heimat um sich greifenden nationalistischen Tendenzen darauf hingewiesen, daß die regionalen etatistischen Führungen seit Jahren der Neigung nicht wiederstehen, sämtliche Schwierigkeiten, mit denen sie zu kämpfen haben, der Zentralregierung bzw. den anderen Teilrepubliken zur Last zu legen. Sie legitimierten sich gegenüber der eigenen Bevölkerung, indem sie die Föderation als »Hindernis und Beschränkung behandeln« und die bestehenden »wechselseitigen Abhängigkeiten« vergessen.[19] Diese Art von Selbstfreispruch legte aber mit der Verschärfung der wirtschaftlichen Krise den illusionären Gedanken nahe, daß es außerhalb des jugoslawischen Rahmens einen erfolgversprechenden nationalen Entwicklungspfad geben müsse. Die Regierungen der Teilrepubliken ebneten auf diese Weise mit dem beständig bemühten Alibi radikaleren nationalistischen Strömungen den Weg, und die Parteien der Republiken gerieten selber immer mehr in deren Sog. Im öffentlichen Bewußtsein überlagerten und verdrängten die nationalen Gegensätze die auf arbeitsgesellschaftlicher Basis unlösbaren Probleme des jugoslawischen Gemeinwesens. Während sich in Slowenien und Kroatien die Ansicht breit machte, daß das untergehende Jugoslawien nur ein Mühlstein sei, der diese Republiken mit in den Abgrund zu ziehen droht, begann der aufblühende serbische Nationalismus den antihegemonialen titojugoslawischen Konsens in Frage zu stellen und forderte den Umbau der jugoslawischen Gemeinschaft im Sinne der vermeintlich unterdrückten staatstragenden serbischen Nation. Die großserbischen Ambitionen gaben den separatistischen Bestrebungen Nahrung; die Separatismen wiederum boten den großserbischen Tendenzen eine Rechtfertigung.

---

19 Vgl. Osteuropa Archiv 1986, S. 264f.

12. Ein Ausbruchsversuch in die Marktwirtschaft – die kurze Ära des Ante Markovic

Als das Jahr 1988 zu Ende ging, hatten der slowenische, der kroatische und insbesondere der serbische Nationalismus schon beträchtlichen Einfluß gewonnen. Die jugoslawische Idee war gegenüber den Einzelnationalismen immer mehr ins Hintertreffen geraten, und die Belgrader Zentrale drohte,auf der politischen Bühne zur völligen Bedeutungslosigkeit herabzusinken. Aber gerade in dieser Situation stieg der Jugoslawismus noch einmal – nun unter dem Vorzeichen marktwirtschaftlichen Wandels und von den westlichen Geldgebern kräftig unterstützt – zum Programm auf.[1] Sieben Jahre lang hatte die paralysierte jugoslawische Führung auf die galoppierende Schwindsucht der jugoslawischen Wirtschaft mit halbseidenen Pseudoreformen reagiert und sehr zum Unwillen der Kontrolleure von Weltbank und IWF einen mittleren Kurs zwischen der Ankündigung marktwirtschaftlicher Reformen und etatistischer Notstandspraxis gehalten. Unter Ministerpräsident Mikulic hatte sie sich damit begnügt, den Status quo so weit irgend möglich zu sichern und dabei die Explosion der nationalen Gegensätze dadurch verhindert, daß sie ihre gesamte Energie darauf verwandte, die borniertern Republiksinteressen auf Kosten wachsender innerer Verschuldung notdürftig auszutarieren. Eine ernsthafte Reform der untragbaren Verfassung von 1974 hatte sie nicht versucht. Als das jugoslawische Parlament im Dezember 1988 ein vom IWF erzwungenes Sparprogramm ablehnte und der Wegfall der internationalen Beistandskredite und Umschuldungsprogramme drohte, war es aber soweit. Die Zeit des Weiterwurstelns ging schließlich doch zu Ende, und eine kurze Phase panischer »Reformunternehmen« löste sie ab. Der blasse Branko Mikulic, der

---

1 In der deutschen Linken geht die Fama um, daß der »Imperialismus«, insbesondere der bundesdeutsche, planmäßig die Zerstörung Jugoslawiens betrieben hätte. Mit den Fakten ist diese Sichtweise schwerlich zu vereinbaren. Bis zum letzten Augenblick setzten sowohl die EG wie auch die USA und der IWF auf die Einheit des Landes und machten ihren jugoslawischen Gesprächspartnern regelmäßig klar, daß weitere Kreditspritzen ausbleiben würden, sollten die Teilrepubliken auseinanderstreben. Die vom damaligen Außenminister Genscher 1991 initiierte Kehrtwendung in der von der BRD bis dahin getreulich mitgetragenen westeuropäischen Jugoslawien-Politik erfolgte erst, als sich der jugoslawische Bundesstaat als unhaltbar erwies. Die Anerkennung Sloweniens und Kroatiens durch die EG mag übereilt gewesen sein, es handelte sich bei diesem Schritt aber nur um einen (mißglückten) Akt der Schadensbegrenzung und keineswegs um den Bestandteil einer längerfristigen »Strategie«. Ein anonymer Autor hat diese Tatsache in der linken Zeitschrift »ak« recht klar herausgearbeitet. Er überschrieb seinen gründlich recherchierten, am 3.6.91 veröffentlichten Artikel denn auch bezeichnenderweise mit »Jugoslawien: Imperialismus drängt auf Einheit«.

in seiner dreijährigen Amtszeit immer wieder nach bewährter Praxis etatistischen Bestrebungen nachgegeben hatte, konnte kaum das Marktwirtschaftsprogramm repräsentieren, dessen Verfolgung allein den Zugang zu den internationalen Hilfsgeldern garantierte. Er trat nach seiner Abstimmungsniederlage vom Amt des Ministerpräsidenten zurück. Angesichts der Warnung namhafter jugoslawischer Ökonomen, daß der Bruch des Abkommens mit dem IWF die »ökonomische und zivilisatorische Katastrophe für Jugoslawien« zur Folge hätte, und »wir« dann »Gras essen werden«, wie Papic in der Zeitung Osmica zum besten gab,[2] wurde der von Kroatien und Slowenien favorisierte kroatische »Wirtschaftsexperte« Ante Markovic vom Staatspräsidium zum Nachfolger bestimmt.

Dieser personelle Wechsel bedeutete nicht nur in der Wirtschaftspolitik eine Zäsur, sondern auch im Verhältnis der Teilrepubliken und der jugoslawischen Regierung in Belgrad. Mit Markovic übernahm erstmals ein Mann die Leitung der Regierungsgeschäfte, der entschlossen war, Jugoslawien um jeden Preis auf den Pfad marktwirtschaftlicher Tugend zu führen. Der neue Amtsinhaber bemühte sich auch nach Kräften darum, der Zentralregierung die für seine Reformpolitik nötigen Kompetenzen zu verschaffen. Schon die Wahl von Markovic signalisierte die Aufkündigung des vom Republikproporz gekennzeichneten Status quo. Da bereits Mikulics Vorgängerin Milka Planinc aus Kroatien stammte, hatte eigentlich turnusgemäß nun Serbien Anspruch darauf, den neuen Ministerpräsidenten zu stellen. Von der Furcht vor dem erstarkenden serbischen Nationalismus getrieben und um das Wohlwollen von Weltbank und IWF bemüht, zogen die nichtserbischen Vertreter im Staatspräsidium mit Ausnahme des Repräsentaten von Montenegro es indes vor, den kroatischen Gegenkandidaten zu küren, obwohl dieser Kandidat die Übernahme der Verantwortung davon abhängig machte, daß er bei der Zusammenstellung seines Kabinetts freie Hand haben und keine Rücksicht auf nationale Besitzstände nehmen müsse. Das Schicksal des jugoslawischen Gesamtstaates war nun mit dem Erfolg der marktwirtschaftlichen Umwälzung verknüpft und damit endgültig besiegelt. Der verzweifelte Ausbruchsversuch des Reformers brachte den lange angesammelten Sprengstoff zur Explosion.

Als Markovic im März 1989 Mikulics Nachfolge antrat, lag seine Marschroute fest. Der von ihm propagierte »Sozialismus neuen Typs« bedeutete nichts anderes als ein rigides marktwirtschaftliches Schockprogramm und den Abschied vom Selbstverwaltungssozialismus. Die Markovic-Administration nahm sofort zwei zentrale Maßnahmen in Angriff. Zum einen leitete sie im Vertrauen auf die segensreiche und ausgleichende Wirkung der »invisible hand« die Freigabe aller Preise ein. Zum anderen hob sie die geltenden Nutzungsbeschränkungen für Devisenkonten auf. Die Anpassung der Zinssätze an das EG-Niveau ergänzte den abermaligen Abschied von der Devisenbewirtschaftung. 10 bis 20 Milliarden Dollar[3], die jugoslawische Bürger

---

2 Zitiert nach: Thomas Brey, Jugoslawien in der Zerreißprobe, Osteuropa, Juni 1989, S. 571.

in ihren Sparstrümpfen bzw. auf ausländischen Konten horteten, sollten damit endlich dem inländischen Wirtschaftskreislauf zugeführt werden. Diese Maßnahme war in ein breiter angelegtes und vom IWF abgesegnetes Konzept zur Sanierung des Bankwesens eingebunden. Während die Weltbank sich schließlich bereiterklärte, Mittel in Höhe von 1 Mrd. Dollar zur Installierung funktionsfähiger Banken zur Verfügung zu stellen, setzte Markovic die Einführung realer Sollzinsen durch, um damit überhaupt eine ökonomische Grundlage für das Bankwesen zu schaffen. Die staatlichen Geldinstitute sollten nicht länger mit Defacto-Zuschüssen die unrentablen Betriebe über Wasser halten. Zahlungsunfähige Firmen wollte Markovic tatsächlich künftig dem Bankrott anheimfallen lassen.

Vom Standpunkt marktwirtschaftlicher Grundsätze mutet eine solche Vorgehensweise durchaus vernünftig und notwendig an. Ihre Wirkung auf die jugoslawische Wirtschaft konnte unter den gegebenen Bedingungen allerdings kein bißchen heilsam sein, sondern schlicht und einfach nur selbstmörderisch. Die Einführung positiver Zinsen als einer Art wirtschaftliches Realitätsprinzip führte zur völligen Demontage der jugoslawischen Wirtschaft. Da nicht nur die unterproduktiven, sondern dank allgemeiner wechselseitiger Verschuldung ganze Sektoren im vergesellschafteten Bereich zahlungsunfähig waren, konnte eine nunmehr restriktive Frischgeldzufuhr keineswegs zwischen lebensfähigen und vom betriebswirtschaftlichen Standpunkt lange überfälligen Firmen selektieren. Ein solche Umstellung war vielmehr nur geeignet, tabula rasa zu machen und die Deindustrialisierung des Landes zu besiegeln. Wenn der stellvertretende Ministerpräsident Zivko Pregl nonchalant und offenherzig verkündete, daß »Verlustbetriebe mit rund zwei Millionen Beschäftigten« »ihre Pforten eben endgültig zu schließen«[4] hätten, dann bedurfte es schon eines gerüttelten Maßes an Verblendung, um darin kein Desaster, sondern eine notwendige »Reinigungskrise« zu sehen. Zumindest in Serbien und den südlichen Teilrepubliken, den Gebieten, in denen die gegenseitigen Zahlungsausstände längst unübersehbare Ausmaße angenommen hatten[5] und wo die maroden Fabriken in der Mehrzahl waren, mußten diese Schritte augenblicklich auf eine mehr oder minder flächendeckende Stillegung des Wirtschaftslebens hinauslaufen.[6] Angesichts der mit der Krise

3 Von 10 Milliarden war in der SZ vom 27.6.1989 die Rede, von 20 Milliarden Dollar ging Dusan Sekulic in seinem NIN-Artikel vom 10.11.1985 aus. Die tatsächliche Summe läßt sich auch im nachhinein nicht mehr feststellen, sie dürfte sich aber zwischen den beiden genannten Beträgen bewegen.
4 Thomas Brey, Jugoslawien: Der Vielvölkerstaat zerfällt, in: Osteuropa, Mai 1991, S. 421.
5 Die landesweite interne Verschuldung schätzte das »Handelsblatt« in der Ausgabe vom 16.10.1989 auf 40 bis 60 Milliarden Dollar!
6 Diese Grundproblematik betrifft natürlich nicht nur Jugoslawien, sondern alle osteuropäischen »Reformstaaten«. Was Jugoslawien von den in ihren Entwicklungsniveaus homogeneren östlichen Nachbarländern unterscheidet, ist nur die Tatsache, daß der Kampf für oder gegen die Reform hier von vornherein auch eine regionale Komponente hatte, ja haben mußte. Die Umsetzung der Reformen traf die zurückgebliebenen Landesteile wesentlich härter als die am höchsten entwickelten. Überdies benachteiligte sie im inneren Verteilungskampf systematisch die »armen« Landstriche gegenüber den »reichen«. Die politische Polarisierung pro oder kontra Markt fiel vor diesem Hintergrund mit einer regionalen zusammen. Vergleichbare Ausgangsbedingungen führen zu vergleichbaren Konfliktkonstellationen und ähnlichen

voranschreitenden Demontage aller sozialen, infrastrukturellen und industriellen Ressourcen beruhte die Erwartung, die Abschreibung aller nicht weltmarktfähigen Sektoren könne zu einer Gesundung und zur Erneuerung der jugoslawischen Arbeitsgesellschaft auf neuer Grundlage führen, auf purem Wunschdenken. Die Reform bracht nicht nur mit dem Modell »sozialistischer Selbstverwaltung«, sie beseitigte sämtliche Voraussetzungen für eine die Reproduktion der jugoslawischen Gesellschaft sicherstellende arbeitsgesellschaftliche Vernutzung gleich mit.

Der Hang zum wirtschaftlichen und gesellschaftlichen Suizid zeigt sich auf allen Ebenen von Markovics Wirtschaftsprogramm, angefangen bei den Vorstellungen der »Reformer« zur Lohnentwicklung. Die neue Administration propagierte die Bindung der Löhne an das Produktivitätsniveau. In der marktwirtschaftlichen Dogmatik hat diese Koppelung nicht nur ihre Berechtigung, sondern scheint unumgänglich, um überhaupt zu einer »realistischen« Wirtschaftspolitik zu gelangen. An der jugoslawischen Wirklichkeit ging diese Form von »Realismus« aber gänzlich vorbei. 1988 lebten nach offiziellen Statistiken bereits drei Viertel der Bevölkerung unter der Armutsgrenze. Innerhalb von 10 Jahren war der monatliche Durchschnittslohn um mehr als 30% auf dürftige 212 Dollar[7] gesunken. Gleichzeitig hatten die Importrestriktion und der Zerfall der wirtschaftlichen Beziehungen aber zu einem noch einschneidenderen Rückgang der Arbeitsproduktivität geführt. Von einem Gleichgewichtszustand war die jugoslawische Wirtschaft daher mehr denn je entfernt. Wie weit, das brachte der jugoslawische Wirtschaftsexperte Branmir Lokin ganz gut auf den Punkt. In einem »Spiegel-Gespräch« im Herbst 1989 stellte er lakonisch fest: »Wenn wir aber unsere Löhne an der Effektivität der Wirtschaft orientieren würden, hätten wir schlichtweg keine Löhne mehr.«[8]

Um den sprichwörtlichen Gürtel überhaupt noch enger schnallen zu können, hätte der ebenso sprichwörtliche »kleine Mann« ihn sich schon freiwillig statt um die dürren Lenden um den Hals winden und stramm zuziehen müssen.

Die Anpassung der Löhne an die Produktivität, also ihre faktische Abschaffung bei Beibehaltung der Lohnarbeit, blieb Theorie. Die Selbstverwaltungseinheiten unterliefen die Umsetzung dieser Maßnahme. Dafür gelang es Markovic, einen anderen, ebenso zentralen Punkt seines liberalistischen Wirtschaftsprogramms durchzusetzen, die Freigabe der Preise. Markovic und der IWF betrachteten die Deregulierung des Preisgefüges als Voraussetzung für die Normalisierung der wirtschaftlichen Beziehungen; unter den jugoslawischen Bedingungen konnte davon aber keine Rede sein. Da der jugoslawische Markt in fast allen zentralen Sektoren von Monopolanbietern beherrscht wurde, konnten diese nach der Aufhebung der Preisbindung die Binnen-

---

Ergebnissen. Neben Jugoslawien prägten auch die Sowjetunion und die Tschechoslowakei enorme Entwicklungsgefälle. In allen drei Ländern setzten sich in den »reichen« Regionen die liberalen Kräfte durch, während die abgehalfterten Industrie- und Agrardistrikte durch die Bank sich zu Hochburgen der »Konservativen« bzw. »Kommunisten« entwickelt haben. Keiner dieser drei Staaten existiert heute noch.

7   Spiegel 40/1989.
8   A.a.O., S. 90.

preise fast nach Belieben hochschrauben. Selbst das nun wahrlich keiner antimarkt-wirtschaftlichen Haltung verdächtige »Handelsblatt« mußte denn bereits im Mai 1989 feststellen: »Die von der Markovic-Regierung mit Konsequenz betriebene Liberalisierung der Preise, die als eine der wichtigsten Vorbereitungen für die Aufnahme des Wettbewerbs der jugoslawischen Produzenten auf dem Weltmarkt gedacht ist, erweist sich in Wirklichkeit als ein Instrument der materiellen Ausbeutung des Schwächeren (Bevölkerung) durch den Stärkeren (Monopole).«[9]

Die marktwirtschaftliche Reform hatte unter diesen Umständen vor allem eine Wirkung: Sie sorgte dafür, daß die galoppierende Inflation sich zu überschlagen begann und der Dinar schließlich seine Funktion als Zahlungsmittel einbüßte. Als Mikulic abtrat, lag die Inflationsrate immerhin schon bei phantastischen 250%. Im März 1989, als Markovic mit der Verwirklichung seiner Reformpolitik begann, schnellte sie sofort auf 467%.[10] Im Mai überschritt die Teuerungsrate bereits die 600%-Marke. Im Juni berichtete die »Süddeutsche Zeitung«, daß es mittlerweile unmöglich geworden sei, Ferngespräche von jugoslawischen Münztelefonen aus zu führen, weil kein Mensch das notwendige Hartgeld schnell genug nachwerfen kön-ne.[11] Bereits zu dieser Zeit verkam der Dinar zu einer Art Spielgeld, während als reales Zahlungsmittel in erster Linie die Deutsche Mark zirkulierte.[12]

Die Regierung ließ sich von dieser Entwicklung zunächst wenig beeindrucken. Selbst als die Inflation im September 1989 die 1000%-Schallmauer durchstieß und der Außenwert des Dinar im gleichen Umfang verdampft war, blieb sie ihrem Konzept treu. Die Markovic-Administration versuchte in erster Linie, durch Importliberalisie-rungen, die die Monopolmacht der einheimischen Anbieter brechen sollten, langfri-stig gegenzusteuern. Ansonsten fiel ihr nur eine Maßnahme ein. Sie wollte die mitt-lerweile üblichen mehrmaligen Lohnzahlungen im Monat verbieten lassen, um auf diese Weise der Beschleunigung des Geldumlaufs Grenzen zu setzen.

Eine entsprechende Gesetzesvorlage scheiterte allerdings am 29.6.1989 im Bundes-parlament. Diese massive Reallohnkürzung war gegen den erklärten Willen der Vertreter Montenegros und Serbiens nicht durchzusetzen. Schon drei Monate nach ihrem Amtsantritt geriet die Markovic-Mannschaft damit in die Defensive.

---

9   Handelsblatt vom 11.5.1989.
10 Handelsblatt vom 27.4.1989.
11 »16300 Dinar (rund 2,25 DM) kostet eine Fernsprechminute Belgrad-München. Das sind 163 mal eine 100-Dinar-Münze, höhere Geldwerte gibt es nicht. Nicht einmal der Fingerfertigkeit eines Zauberkünst-lers würde es gelingen, so viele Münzen in so kurzer Zeit in den Schlitz zu stecken.« (»Süddeutsche Zeitung« vom 27.6.1989).
12 Im gleichen »SZ«-Artikel lesen wir: »Die D-Mark ist zur zweiten Währung Jugoslawiens geworden. Die Preise auf den Gebrauchtwagenmärkten sind in D-Mark ausgezeichnet, die Honorare für Popsänger und Zigeunerkapelle, Hotel und Inlandsflugpreise werden auf D-Mark-Basis berechnet. Zur Einkommenssta-bilisierung ihrer Beschäftigten legen immer mehr Unternehmen ihre Dinar-Gehälter nach dem D-Mark-Kurs fest, und sogar in der tiefsten serbischen Provinz werden Kühe, Schafe und Schweine auf den Viehmärkten nur noch gegen harte Mark verkauft.«

Einen Monat später mußten die »Reformer« bereits eine weitere Niederlage einstecken. Diesmal ging es um den für den jugoslawischen Staat äußerst kostspieligen Warenexport nach Osteuropa. Seit den 70er Jahren war die Sowjetunion, darauf habe ich an anderer Stelle schon hingewiesen, zum Hauptkunden der jugoslawischen Exportwirtschaft aufgestiegen. Anders als die westlichen Handelspartner waren die Staatshandelsländer bereit, sich auch mit den qualitativ minderwertigen jugoslawischen Industriegütern zufriedenzugeben. Diese enge Beziehung zu den RGW-Staaten hatte allerdings den entscheidenden Nachteil, daß diese Länder entweder mit Naturalien[13], in nichtkonvertibler Währung, oder gar nicht bezahlten. Allein im Güterverkehr mit der maroden Sowjetunion waren bis zum Juni 1989 praktisch uneintreibbare Außenstände in Höhe von rund 1,7 Mrd. Dollar aufgelaufen. Dieses Defizit hatte die Bundeskasse übernommen. Sie streckte den beteiligten Exportfirmen die nicht eingehenden Mittel vor und übernahm offiziell ihre Forderungen. Angesichts der dauernden Zahlungsunfähigkeit der Sowjetunion bedeutete das aber nichts anderes als staatlich finanzierte Gratisausfuhren zum Erhalt der heimischen Exportwirtschaft. Bei seinem Bemühen, die zerrütteten staatlichen Finanzen zu ordnen, suchte Markovic mit dieser Praxis zu brechen; der entschiedene Widerstand insbesondere der serbischen Teilrepublik machte ihm jedoch einen Strich durch die Rechnung. Es blieb alles beim Alten. Die Ausfuhren nach Osteuropa liefen weiter, die entsprechende Finanzierung stellte weiterhin in vielen Überstunden die jugoslawische Bundesdruckerei sicher.

Ein halbes Jahr, nachdem die Reformerriege die Regierungsgeschäfte übernommen hatte, hatte sich der Widerstand gegen sie schon auf breiter Front formiert. Seit dem »Treffen der Hungrigen« im montenegrinischen Niksic im August 1989 kam es immer häufiger zu Protestaktionen der von Verelendung bedrohten Bevölkerung. Gleichzeitig verweigerten die Führungen der Einzelrepubliken dem aus Kroatien stammenden Ministerpräsidenten in allen wichtigen Fragen die Gefolgschaft. Die Regierung Serbiens, der mächtigsten Teilrepublik, profilierte sich dabei als Haupt einer breitangelegten Fronde. Im Mai 1989 spitzte sich die seit dem Amtsantritt von Markovic absehbare Konfrontation ein erstes Mal zu. Die serbische Führung startete für ihr Territorium zu diesem Zeitpunkt eine aufsehenerregende, mit den Austerity-Plänen Markovics unvereinbare Staatsanleihe zur Ankurbelung der Wirtschaft. »Die Bürger Serbiens wurden mit großem propagandistischem Aufwand angehalten, eine Milliarde Dollar und 200 Billionen Dinar als Spende oder zehnjährigen Kredit zu zeichnen.«[14] Dieser Anlauf endete zwar mit einem Flop,[15] der Linienkampf zwischen

---

13 Das wichtigste Importgut aus der Sowjetunion war Erdöl.
14 Thomas Brey, Jugoslawien: Der Vielvölkerstaat zerfällt, S. 421.
15 »Die eingezahlten Beträge erreichten bei weitem nicht die Vorgaben. Nach letzten Angaben haben die Bürger bisher 378 Millionen Dinar (von 600 Millionen geplanten) einbezahlt. Diese Zahl muß jedoch durch die Inflationsentwicklung real um weit über die Hälfte verringert werden. Bei dem Devisenanteil der Anleihe, der eine Milliarde Dollar betragen sollte, sieht das Ergebnis mit 80 Millionen Dollar noch bescheidener aus (Statistisches Amt, 3.7.1990)«, ebenda, S. 421.

dem etatistisch orientierten Serbien und den »Reformern« in der Zentralregierung war damit aber noch lange nicht beendet, im Gegenteil. Die Auseinandersetzung konzentrierte sich zunächst auf das Problem der Inflationsbekämpfung. Das von der serbischen Republik geführte »konservative« Lager verlangte vehement die Rücknahme der Preisliberalisierung. Angesichts der prekären Lage an der Inflationsfront fand diese Forderung breite Resonanz. Am 14.9.1989 organisierten die »Konservativen« in Belgrad eine Großdemonstration gegen die Politik der Markovic-Regierung und für einen allgemeinen Lohn-und Preisstop. Die Anti-Markovic-Stimmung verschärfte sich. Anfang Dezember, als die jugoslawische Inflationsrate mit 2700% einen neuen Höchststand erreichte, kündigten zahlreiche Betriebe in Serbien, Mazedonien, Montenegro und Bosnien-Herzegowina einen Generalstreik an, falls Markovic auch weiterhin von seiner liberalistischen Linie bei der Inflationsbekämpfung nicht abweichen sollte.

Mitte Dezember 1989 eröffnete die serbische Regierung eine neue Front. »Serbiens Regierungschef Stanko Radmilovic erklärte, daß die serbischen Unternehmen die Belastung durch die hohen Zinsen nicht mehr aushalten könnten, während sich die Banken ungerechtfertigt bereicherten.«[16] Die serbische Führung zog daraus die Konsequenz und kündigte für ihre Einflußsphäre die Aufgabe »realer« Zinsen an.

Die Konfrontation zwischen der serbischen Führung und dem kroatischen Ministerpräsidenten ist nicht allein als politischer Richtungsstreit zu verstehen. In der Auseinandersetzung zwischen »Liberalen« und »Etatisten« ging es immer auch um einen regionalen Verteilungskampf. Die von Markovic in Angriff genommene Umsetzung eines liberalen Wirtschaftsprogramms besiegelte nicht nur deshalb den Untergang Jugoslawiens, weil sie mit tiefen, unerträglichen Schnitten ins ökonomische und soziale Gefüge verbunden war. Die Rücknahme der interventionistischen Momente verschlechterte überdies dramatisch die Position der ärmeren südlichen Republiken im innerjugoslawischen Verteilungskampf. Die Monopolbetriebe, die von der Preisfreigabe profitierten, lagen fast alle im Nordwesten des Landes; die Betriebe, die der Zahlungsunfähigkeit anheimfielen, waren hingegen vorzugsweise in Serbien, in Bosnien-Herzegowina und in Montenegro beheimatet. Wenn sie sich den Markovic-Plänen gefügt hätten, dann wären die Führungen sämtlicher Teilrepubliken, von Slowenien und Kroatien natürlich abgesehen, der faktischen Abkopplung ihrer Regionen zu Diensten gewesen. Selbst als Markovic im Dezember 1989 unter dem Eindruck des Massenprotestes teilweise von seiner konsequenten Marktwirtschaftslinie abwich und zumindest die Preisbindung für kommunale Dienstleistungen und Medikamente sowie für Strom, Kohle und metallurgische Erzeugnisse wiederherstellte, lief das auf eine einseitige Lastenverteilung hinaus. Gerade Serbien als der größte Rohstoff- und Lebensmittellieferant Jugoslawiens mußte auf der Einnahmenseite Einbußen verzeichnen, während auf der Einfuhrseite die Preise ungehindert weiterstiegen.

---

16 A.a.O., S. 421.

Angesichts dieser Interessenlage konnte Markovic zwar auf die vorsichtige Unterstützung der slowenischen und der kroatischen Regierung hoffen, die für die Umsetzung des »Reformprogramms« unumgängliche Stärkung der Zentralgewalt war aber gegen den Widerstand der übrigen Republiken nicht durchzusetzen. So sehr sich der Regierungschef mit Unterstützung des IWF auch darum bemühte, die Geld- und Wirtschaftspolitik zu rezentralisieren, der zur Revision der Verfassung von 1974 notwendige Konsens war zu keinem Zeitpunkt in Sicht. Nicht nur die serbische Führung, auch die Vertreter von Bosnien-Herzegowina, Montenegro und Mazedonien hüteten sich wohlweislich davor, Kompetenzen an die in der Hand der Reformer befindliche gesamtjugoslawische Regierung abzutreten.

Die Marktwirtschaftsreform, die in den 80er Jahren vor allem in Slowenien und Kroatien immer mehr Anhänger gewann und mit der Amtsübernahme von Markovic zur Richtlinie der offiziellen Politik avancierte, war dazu angetan, das prekäre innerjugoslawische Gleichgewicht zuungunsten der südlichen Republiken über den Haufen zu werfen. Es kann daher kaum überraschen, daß in den südlich und östlich von Save und Donau gelegenen Regionen, für die die marktwirtschaftliche Variante der Fortschreibung Jugoslawiens kaum etwas Verlockendes hatte, mit dem Zerfall des gesamtjugoslawischen Marktes und der Paralyse der Wirtschaft ein alternativer Bezug auf die jugoslawische Modernisierungsruine Konturen gewann. Schauplatz dieser Entwicklung war in erster Linie die größte jugoslawische Teilrepublik, nämlich Serbien. Hier wurde mit den großserbischen Nationalisten eine zweite Totengräberriege aktiv, die im Wettbewerb mit den Markwirtschaftsreformern ebenfalls an Jugoslawiens Grab schaufelte.

13. Die Ausschlachtung einer Modernisierungsruine – die Renaissance des großserbischen Nationalismus

Die »aufgeklärten Westeuropäer« sehen in der Wiederkehr nationalistischer Ideologien in Osteuropa gern einen Anachronismus. Insbesondere die Renaissance des Nationalismus in Jugoslawien behandeln sie als Musterbeispiel für den Einbruch einer nur schwer erklärbaren archaischen Gewalt, die nach dem Zusammenbruch eines sozialistischen Systems die Errichtung einer modernen Gesellschaft nach westlichem Vorbild verhindert hat und den Weg zu Wohlstand und Demokratie blockiert. Diese Einschätzung beruht allerdings auf zwei grundlegenden Mißverständnissen. Zum einem nimmt sie die ideologischen Verlautbarungen der Protagonisten schlicht beim Wort und verwechselt deren Selbstverständnis mit der sozialen Wirklichkeit. Aus der Tatsache, daß die serbischen Nationalisten sich als die unmittelbaren Erben von Fürst Lázár und den königstreuen Cetniks gerieren und sich die kroatischen Sinnesverwandten auf die Ustascha-Herrschaft und die kroatischen Staatsbildungen im frühen Mittelalter berufen, leiten sie bereitwillig ab, daß diese Strömungen auch ihrem sozialen Gehalt nach Wiedergänger ihrer imaginierten historischen Vorbilder wären. Die Neonationalisten wären aber beileibe nicht die ersten in der Geschichte der bürgerlichen Gesellschaft, die für die Rückkehr zu vormodernen Verhältnissen zu kämpfen glaubten, ihrem sozialen Sein nach jedoch selber nur die Logik der Moderne exekutierten.[1]

Zum anderen unterstellt diese Wald- und Wiesenkritik ganz selbstverständlich eine Zielperspektive, die auf dem Gebiet des einstigen Jugoslawien längst außer Reichweite gerückt ist. Wie in den meisten anderen Teilen der Erde, so entbehrt auch in Jugoslawien der Traum von der Herstellung einer funktions- und konkurrenzfähigen Arbeitsgesellschaft unabhängig von den neonationalistischen Exzessen längst jeder Grundlage. Etwas genauer betrachtet läuft also die ganze Interpretation letzt-

---

1 Der nationalistischen Ideologie ist der Zwang inhärent, so etwas wie nationale Traditionslinien zu konstruieren. Das Erwachen des deutschen Nationalbewußtseins etwa ging mit der Erfindung des »deutschen Mittelalters« und einer Hinwendung zu einem phantastischen Germanentum einher. Dennoch ordnet sich der deutsche Nationalismus in die Modernisierungsgeschichte ein, und die kleindeutsche Reichsbildung bedeutet in keiner Weise eine Rückkehr zum untergegangenen Heiligen Römischen Reich deutscher Nation. Auch im Prozeß nachholender Nationenbildung in Afrika und Asien spielte die Entdeckung und Hypostasierung der eigenen vorkolonialen Wurzeln eine entscheidende Rolle. Das ändert aber nichts daran, daß gerade die nationalistischen Bewegungen in diesen Ländern eine Vorreiterrolle in der nachholenden Modernisierung übernahmen und keineswegs eine Rückkehr zu den vor der Konfrontation mit dem weißen Mann herrschenden Zuständen in die Wege leiteten.

lich auf eine simple Verwechslung von Ursache und Wirkung hinaus. Natürlich wären die diversen Sondernationalismen unzeitgemäße Fremdkörper, ginge es im ausgehenden 20. Jahrhundert historisch noch einmal darum, einen staatlichen und arbeitsgesellschaftlichen Funktionsraum zu errichten, in dem alle Menschen als Arbeitssubjekte, Geldbesitzer und Staatsbürger miteinander verkehren und auf diese Weise ihr Dasein reproduzieren. Die Epoche der territorialen und sektoralen Expansion der Arbeits- und Warengesellschaft ist aber schon zu Ende gegangen, und die Renaissance des Nationalismus hat gerade den Zerfall dieser Ordnung zur Voraussetzung. Das Auseinanderbrechen Jugoslawiens und der »Bürgerkrieg« sind so gesehen Teil eines allgemeineren, über den Balkan hinausweisenden Desasters; außerdem bilden sie nicht den ersten Akt der Balkantragödie, sondern sind bereits Folgeprodukt und Ergebnis vorangegangener Entwicklungen. Noch bevor offen nationalistische Bestrebungen den Gang der Ereignisse zu diktieren begannen, hatte sich das stolze jugoslawische Entwicklungsprojekt in einen Trümmerhaufen verwandelt, den keine wie auch immer geartete politisch-volkswirtschaftliche Reorganisation wieder in ein bewohnbares Gebäude hätte verwandeln können. Vor diesem Hintergrund gewinnt der neue Nationalismus aber durchaus so etwas wie eine verrückte Logik, ja innere Rationalität. Im gnadenlosen Kampf um die verbliebene Konkursmasse der jugoslawischen Arbeitsgesellschaft funktioniert der Nationalismus als letzte Integrationsideologie, die auf äußerst prekärer Grundlage noch einmal die Errichtung pseudostaatlicher Ordnungen ermöglicht, indem sie die Mitglieder der wiederentdeckten Sondernationen zur Treibjagd auf die nun als Fremde definierten ehemaligen Mitbürger sammelt. Die Ethnonationalismen im ehemaligen Jugoslawien, allen voran der serbische Chauvinismus, bemühen penetrant die Historie. Ihre Zugkraft verdanken sie aber keineswegs der zum Massenwahn gesteigerten Fixierung auf die (im übrigen zurechtkonstruierte) Überlieferung, sondern einzig und allein der zeitgenössischen, vom Kollaps der Modernisierung bestimmten Konstellation. Die großserbischen Ambitionen stiegen allein deshalb in den Jahren nach Titos Tod zur obersten Richtlinie der serbischen Politik auf, weil sie im Bestreben, die nicht zu rettende jugoslawische Modernisierungsruine den Partikularinteressen Serbiens gemäß auszuschlachten, fokussierend wirkten.

Ich habe in einem früheren Kapitel darauf hingewiesen, daß es sich beim ersten Jugoslawien um einen jugoslawisch verkleideten großserbischen Staat handelte. Die parasitäre Rolle, die Serbien und seine Eliten in der Zwischenkriegszeit im jugoslawischen Staatswesen spielten, fügte sich in einen Prozeß blockierter nationalökonomischer Entwicklung ein. Der Titopartei gelang es, diese Verhältnisse aufzubrechen und das serbische Element im Widerstand gegen die Okkupanten und beim Aufbau der sozialistischen Nachkriegsordnung gesamtjugoslawisch zu zähmen. Die Errichtung der autonomen Provinzen und eine innerjugoslawische Grenzziehung, die ein Drittel aller Serben außerhalb der Mutterrepublik beließ, sind Ausdruck für die Befreiung des neuen Jugoslawien von der serbischen Vorherrschaft. Der Kollaps der jugoslawischen Modernisierung, der Verlust einer das Land umgreifenden Entwicklungsperspektive entzog aber dieser Einbindung ihre Grundlage. Mit der Erosion des jugoslawischen Entwicklungsmodells erschien von einem partikularistischen serbischen Standpunkt aus Vorkriegsjugoslawien nun in einem verklärten Licht, und die serbische öffentliche Meinung begann mangels Erklärungsalternative zusehends, die (wie wir gesehen haben, nie problemlose) Einordnung der ehemaligen Vormacht in den gesamtjugoslawischen Rahmen als Unterwerfung zu interpretieren. Unterschwellig grassierte diese Kritik schon geraume Zeit im serbischen Bevölkerungsteil. Bereits Anfang der 80er Jahre hatten nationalistische Kreise Zulauf, die den verstorbenen Tito als das Haupt einer gegen Serbien gerichteten »katholisch-kommunistischen Verschwörung« denunzierten. Gleichzeitig ging bezeichnenderweise das nicht ausrottbare Gerücht um, die Staatsführung habe in den 50er und 60er Jahren, als die Konfrontation mit der Sowjetunion ihren Höhepunkt erreichte, Vorbereitungen getroffen, im Falle einer Invasion den Donaudurchbruch am Eisernen Tor durch Sprengungen zu blockieren, um damit das ganze serbische Tiefland mitsamt den Großstädten Belgrad und Novi Sad in ein riesiges Binnenmeer zu verwandeln. Diese ungeheuerliche Mutmaßung offenbart: Schon bald nach Titos Tod erklärten nicht wenige Serben, vom Niedergang der jugoslawischen Wirtschaft und Gesellschaft bitter enttäuscht, die Titoregierung zu einem antiserbischen Regime und gingen auf Distanz zu dem bestehenden, von der serbischen Hegemonie weitgehend befreiten jugoslawischen Staatswesen. Die Ausbreitung nationalistischer Strömungen in den anderen Regionen des Landes war wenig geeignet, zum Abbau der in Serbien weitverbreiteten Ressentiments beizutragen. Als sich Nachrichten über nationalistische Zusammenstöße häuften,[2] gewann stattdessen der Wille zur nationalen Selbstbehauptung immer mehr die Lufthoheit über den Stammtischen.

Mitte der 80er Jahre war dieser Prozeß in Serbien, aber auch in den anderen Republiken schon weit fortgeschritten. Eine zu dieser Zeit durchgeführte Meinungsumfrage zum Problem der Mobilität unter Jugendlichen macht das deutlich. Sie kam zu dem bezeichnenden Ergebnis, daß die Befragten sich zwar mehrheitlich ohne weiteres vorstellen konnten, irgendwann in ihrem Leben Beruf und Arbeitsplatz zu wechseln, die meisten waren auch dazu bereit, ins Ausland zu gehen; einen Umzug in eine andere jugoslawische Teilrepublik konnte sich hingegen kaum einer und kaum eine vorstellen. Die tatsächlichen Wanderungsbewegungen bestätigen diesen Befund. Die innerjugoslawische Mobilität führte insgesamt nicht zur Vermischung der jugoslawischen Völker, sondern folgte schon seit den 70er Jahren gerade umgekehrt dem Prinzip ethnischer Polarisierung.[3]

---

2 Beispielsweise kam es im kroatischen Split anläßlich eines Fußballspiels mit Roter Stern Belgrad im November 1985 zu massiven Ausschreitungen. Dabei griffen nationalistisch gesinnte Hooligans nicht nur die Fans des serbischen Vereins an, sondern auch Militärkadetten aus den nichtkroatischen Teilen Jugoslawien. Das war aber beileibe nicht der einzige Vorfall dieser Art. So zogen etwa zur gleichen Zeit in dem beschaulichen slowenischen Städtchen Idrija Jugendliche mit der Parole »Säubern wir Slowenien von Bosniaken« vor die Wohnbaracken mazedonischer, kosovo-albanischer und serbischer Arbeiter.

Die ethno-nationalistische Wendung vollzog aber nicht nur der sprichwörtliche »kleine Mann«, auch unter den Intellektuellen fand sie immer mehr Fürsprecher. Insbesondere im Nordwesten des Landes machte sich in diesen Kreisen die Ansicht breit, daß es sich bei Jugoslawien um ein künstliches Gebilde handle. Aber auch immer mehr serbische und montenegrinische Autoren distanzierten sich von der titojugoslawischen Tradition. Der Historiker Veselin Durjetic etwa suchte 1985 die großserbischen Cetnik-Bewegung zu rehabilitieren. Die Cetniks verkörperten in seiner Lesart den »nationalen Realismus«, während die siegreichen Kommunisten einseitig auf Kosten Serbiens ein »politisches Abenteuer« initiiert hätten. Der Professor der Philosophischen Fakultät von Novi Sad, Dragoljub Petrovic, schlug in die gleiche Kerbe. Beide wurden zwar daraufhin aus dem BdKJ ausgeschlossen; die geistige Strömung, die einer solchen Geschichtsrevision zugrunde lag, ließ sich auf diese Weise aber natürlich nicht aufhalten. Schon 1986 kam denn auch die großserbische Umdeutung des Jugoslawismus zu offiziellen Weihen. Im Januar dieses Jahres verfaßten 212 bekannte Belgrader Intellektuelle eine Petition an die Parlamente Jugoslawiens und Serbiens, die Ende September durch ein Memorandum der serbischen Akademie der Wissenschaften und Künste ergänzt wurde. In diesen beiden Schriften beklagten die Unterzeichner quasi als serbischer Gesamtintellektueller, daß »die Verfassung von 1974 aus Jugoslawien eine Konföderation gemacht habe, in der die zu selbständigen Staaten gewordenen Republiken und autonomen Provinzen nur ihre partikularen Interessen verfolgen. Selbst der BdKJ sei ein Opfer dieser desintegrativen Tendenzen geworden. Diese ökonomische und politische Ordnung entspreche den Interessen Sloweniens und Kroatiens als den am höchsten entwickelten Republiken. Sie sei jedoch weder demokratisch noch liberal.« Damit dieser Zustand sich ändern könne, müsse »man sich von jener Ideologie befreien, in der Nationalität und Territorialität im Mittelpunkt des Interesses stehen.« Mit dieser nicht ganz unplausiblen, in der Auflösung allerdings blauäugigen Klage geben sich die Verfasser indes nicht zufrieden. Ihr Bekenntnis zum Jugoslawismus und die Kritik an den Partikularnationalismen spitzen sie zu einem paranoid-aggressiven Bekenntnis zum Serbentum zu und machen sich für die Wiederaufnahme der unitaristischen Tradition und für eine rücksichtslose Serbien-zuerst Politik stark.

---

3 Bei der innerjugoslawischen Bevölkerungsverschiebung hatten die jeweiligen Mutterrepubliken schon in den 70er Jahren für gewöhnlich einen positiven Wanderungssaldo zu verzeichnen. Von 1975 bis 1985 zogen beispielsweise 70.293 Serben aus Bosnien-Herzegowina ins eigentliche Serbien, während nur 17.934 den umgekehrten Weg gingen. Die gleiche Grundtendenz läßt sich auch zwischen Kroatien und Bosnien-Herzegowina ablesen. Die Zahl der kroatischen Abwanderer überstieg die der Zuwanderer um 39.643. Außerdem verließen zahlreiche Serben ihre angestammte kroatische Heimat, um sich in Serbien anzusiedeln. Eine dramatische Lage bot in dieser Beziehung auch das Kosovo. Den massenhaften Rückzug von Serben und Montenegrinern aus der bis dahin autonomen Provinz (die Zahl der Abwanderungen erhöhte sich von 45.058 im Jahre 1961 auf 120.934 1981) werteten die serbischen Nationalisten als »Vertreibung« aus der Wiege des Serbentums. Die Zahlen sind allesamt dem Aufsatz von Milan Milosevic, Nacije i migracije, NIN, Nr.1820, 17.1.1985 entnommen. Er erschien auf deutsch unter dem Titel: Nationen und Wanderungsbewegungen, in: Osteuropa-Archiv 36/1986, S. 274 f.

Die Kritik am jugoslawischen Status quo kippt in die Wahnidee einer antiserbischen Verschwörung um, die Mojmir Krizan folgendermaßen zusammenfaßt: »Für das wirtschaftliche Desaster sei die ›Parteilichkeit‹ des Wirtschaftssystems zugunsten der wirtschaftlich stärkeren Republiken und die politische Unterlegenheit Serbiens verantwortlich. Diese Unterlegenheit sei ein Ergebnis der antiserbischen Politik der Kommunistischen Internationale, die Jugoslawien zerschlagen und Serbien schwächen wollte, der Politik des BdKJ, der in deren Fußstapfen tritt – einer ›revanchistischen Politik‹, die ›letztlich im Genozid zum Ausdruck gekommen ist‹ – und der permanenten ›antiserbischen Koalition‹, an der primär Slowenien und Kroatien beteiligt seien.«[4]

Der aktuelle Hauptgegner der vom Verschwörungswahn getriebenen serbischen Vordenker waren die Albaner. Mit dem ominösen »Genozid am serbischen Volk« ist, wie die Petition unmißverständlich deutlich macht, nämlich nichts anderes als die nach den Kosovounruhen von 1981 verstärkt einsetzende Abwanderung von Serben aus dieser Region gemeint: »Im Frühjahr 1981 wurde dem serbischen Volk ein wirklich spezieller, aber offener und totaler Krieg erklärt, der während der verschiedenen Perioden administrativer, politischer und staatsrechtlicher Veränderungen vorbereitet wurde... Die organisierten politischen Kräfte zeigen sich plötzlich nicht nur ineffizient und unfähig, sondern beinahe uninteressiert, auf den offenen Krieg in der einzig zwingenden Weise zu antworten: mit der entschiedenen Verteidigung des eigenen Volkes und des eigenen Territoriums... Der physische, politische, juristische und kulturelle Genozid an der serbischen Bevölkerung von Kosovo und Metohija ist die schwerste Niederlage in den von Serbien geführten Befreiungskämpfen.«[5]

Zunächst einmal konnte die eingeklagte Abwehr der »Genozidgefahr« in nichts anderem als der brutalen ökonomischen, sozialen und politischen Diskriminierung des albanischen Bevölkerungsteils bestehen. Potentiell jedoch richtete sie sich gegen alle nichtserbischen Völkerschaften in Jugoslawien mit Ausnahme der traditionell mit den Serben eng verbundenen Montenegriner. Die geforderte Aufhebung des Autonomiestatus des Kosovo und der Vojvodina arbeitete der Majorisierung der anderen Republiken vor und wurde in diesem Sinne auch von der öffentlichen Meinung im Nordwesten Jugoslawiens verstanden und kritisiert. Das erneuerte Jugoslawien, das der Mehrheit der serbischen Intellektuellen vorschwebte, bot nicht nur den Albanern, sondern auch den Kroaten, Slowenen und Makedoniern keine Heimat mehr.

Die verführerisch einfache Auflösung der Doppelmisere von jugoslawischer Arbeitsgesellschaft und Staatlichkeit in nationalistische Gegensätze fand in Serbien dank ihrer jugoslawistischen Einkleidung sehr schnell, vor allen anderen Republiken, Eingang in die offizielle Politik. Während in Slowenien und Kroatien der Sieg des

---

4 Mojmir Krizan, Nationalismen in Jugoslawien, in Osteuropa: 42.1/1992 S. 129.
5 Zitiert nach Mojimar Krizan, A.a.O, S. 128.

Nationalismus mit dem Ende des politischen Monopols des BdKJ zusammenfiel, stellte sich der serbische BdKJ selber an die Spitze der nationalistischen Bewegung. Diese Metamorphose der Partei vom Garanten der Einheit Jugoslawiens zur nationalistischen Avantgarde ist eng mit dem Namen Slobodan Milosevics verknüpft. Milosevic empfahl sich als Vollstrecker des von den Intellektuellen vorformulierten großserbischen Ressentiments, wurde mit diesem Programm populär und verhalf ihm zum politischen Durchbruch. Ende 1987 trat Milosevic als erster serbischer Spitzenpolitiker auf einer Massendemonstration unzufriedener Serben in Kosovo Polje auf. Mit diesem nationalistischen Paulus-Erlebnis des treuen Kommunisten wurde die radikal nationalistische Strömung hoffähig, und der Druck der Straße verband sich mit dem Machtwillen einer Fraktion innerhalb der Partei. Noch im November 1987 reichte »der Kopf der Anti-Milosevic-Fraktion, der serbische Republikpräsident Ivan Stambolic, der bis dahin als der starke Politiker der Republik galt«,[6] seinen Abschied ein, und der von der nationalistischen Massenstimmung getragene Milosevic übernahm neben dem Vorsitz im serbischen BdKJ auch den Posten von Stambolic. Es gelang ihm aber nicht nur, die herrschende Grundstimmung für sich auszunutzen und den überlieferten Parteiapparat auf einer nationalistischen Basis um seine eigene Person neu zu formieren. Unter seiner Ägide schwoll der serbische Nationalismus im Gefolge massiver, staatlich geleiteter antialbanischer Kampagnen zu einer breiten Strömung an, der in Serbien zumindest auf der politischen Bühne nichts widerstehen konnte.[7] Damit entstand etwas qualitativ völlig Neues, das über den schon seit Jahrzehnten institutionalisierten Republiksegoismus weit hinausging.

Bereits im Jahr seines Amtsantritts schritt Milosevic an der Kosovofront zur (Un)tat. Er setzte administrative Sondermaßnahmen durch, die eindeutig gegen die geltende Verfassung und die darin anerkannten Menschenrechte verstießen. In der autonomen Provinz Kosovo wurde es Albanern verboten, sich in ethnisch homogenen serbischen Dörfern anzusiedeln.[8] Dieses Vorgehen gipfelte schließlich in der völligen Aufhebung der Autonomie des Kosovo[9] und in der blutigen Niederschlagung des albanischen Widerstands. Im März 1989 zwang die serbische Führung, gestützt auf das von der jugoslawischen Staatsspitze ausgerufene Kriegsrecht, sogar

---

6 Thomas Brey, Jugoslawien in der Zerreißprobe, in: Osteuropa 6/1989, S. 573.
7 Am 9.7.1988 versammelten sich erstmals knapp tausend Serben aus der Provinz Kosovo außerhalb ihrer Heimatregion in Novi Sad, der Hauptstadt der Vojvodina, um gegen ihre angebliche physische Unterdrückung durch die albanische Bevölkerungsmehrheit zu demonstrieren. Es folgten Großdemonstrationen am 23.7. in Pancevo (10.000 Teilnehmer), am 15.9. in Sremska Mitrovica (30.000), am 22.9. in Kralvejo (100.000), am 7.10. in Titograd (100.000) und am 8.10. in Kragujevac (200.000) (die Auflistung samt Teilnehmerzahl ist dem eben zitierten Aufsatz von Thomas Brey entnommen).
8 FAZ, 24.6.1986.
9 Die Verfassung von 1974 hatte nicht nur der Vojvodina, der von einer starken ungarischen Minderheit geprägten Nordprovinz Serbiens, Selbstverwaltung zugestanden, sondern auch dem vorwiegend von Albanern (90% der Bevölkerung) besiedelten Kosovo, der angeblichen historischen »Wiege des Serbentums«.

noch die albanischen Abgeordneten der Provinz Kosovo, dem Ende der Selbstverwaltung ihrer Region zuzustimmen.

Zugkraft und Dynamik dieser innerjugoslawischen großserbischen Eroberungspolitik läßt sich nicht allein aus ideologischen Gründen erklären. Der paranoid durchsetzte, aggressiv nach außen gewandte Ethno-Nationalismus war nicht nur eine Reaktion auf die beständig sich verschlimmernde innere Misere, von der er ablenkte und die er zugleich scheinbar erklärte. Er erfüllte auch eine Funktion im Verteilungskampf innerhalb der gesamtjugoslawischen Modernisierungsruine und gewann so eine materielle Dimension im vulgärsten Sinne des Wortes. Das Einschwören der jugoslawischen Staatsmaschinerie auf einen antialbanischen großserbischen Kurs versprach zum einen den serbischen Herren den Zugriff auf den größten Teil des innerjugoslawischen Entwicklungsfonds und ermöglichte die Umleitung von Ressourcen aus den Siedlungsgebieten der ungeliebten Albaner ins serbische Kernland. Zum anderen taten sich mit dem Herausdrängen der Albaner aus dem Staatsapparat neue Beschäftigungsmöglichkeiten für die dünne serbisch-montenegrinische Bevölkerungsgruppe auf. Bis zum März 1989 wurden nicht nur fast alle albanischen Polizisten als »unzuverlässige albanische Nationalisten« vom Dienst suspendiert und durch serbische Beamte ersetzt,[10] das gleiche Schicksal ereilte auch die Regionalverwaltungen, die Partei[11] und nicht zuletzt die Lehrerschaft. Diese Umbesetzungen waren nicht nur Mittel nationaler Unterwerfung, sie entwickelten sich gleichzeitig auch zu einem der praktischen Ziele. Der großserbische Chauvinismus funktionierte im Kosovo von Beginn an als System der Pfründebeschaffung und des nationalistisch eingekleideten Nepotismus.

Diese Gesichtspunkte weisen über das Kosovoexempel hinaus. Der Strömung, an deren Spitze sich der serbische Parteichef setzte, liegen insgesamt zwei Motive wesentlich zugrunde. Zum einen läßt sich die stramm serbisch-nationalistische Politik Milosevics als Versuch deuten, die starke Stellung der Serben in den jugoslawischen staatlichen Apparaten zugunsten einer einseitigen Bevorzugung dieser Teilrepublik innerhalb des krisengeschüttelten Gesamtstaates zu nutzen. Was sich als Verteidigung von Titos Erbe gegen die zersetzende Wirkung des Marktes gerierte, war also von Beginn an rigide partikularistisch orientiert. Es zielte auf nichts anderes ab, als ohne Rücksicht auf irgendeine Gesamtperspektive mit administrativen Mitteln die Überreste der jugoslawischen Redistributionsmaschinerie zum Vorteil Serbiens einzusetzen und in diesem Sinne umzumodeln. Zum anderen scharten sich um Milose-

---

10 Thomas Brey, Jugoslawien: Der Vielvölkerstaat zerfällt, in: Osteuropa 41.1/1991, S. 519.

11 Die Albaner, die nicht herausgesäubert wurden, gingen angesichts der allgemeinen antialbanischen Repression von selber. Thomas Brey resümiert diese sich Anfang 1989 zuspitzende Entwicklung folgendermaßen: »Seit April verließen fast alle Albaner den Bund der Kommunisten, die Gewerkschaften, die Sozialistische Allianz und andere ›gesellschaftspolitische Organisationen‹. Die jahrzehntelangen ›Säulen der Gesellschaft‹ wurden damit zu unbedeutenden Splittergruppen, die nur von einigen wenigen Serben am Leben erhalten wurden.« (A.a.O. S. 521.) Diese »unbedeutenden Splittergruppen« monopolisierten allerdings zugunsten der serbischen Minderheit, was an administrativem Instrumentarium übriggeblieben war.

vic beträchtliche Teile des von der Krise Jugoslawiens schwer gebeutelten Staatsapparates. Die Wendung zum Serbonationalismus flankierte in diesen von Serben dominierten und in Serbien eindeutig dominierenden Kreisen das Bemühen, die für den eigenen Erhalt notwendigen Gelder und Ressourcen auch nach dem Zusammenbruch jeder gesamtjugoslawischen Modernisierungsperspektive irgendwie sicherzustellen. Die Neuentdeckung des Großserbentums fällt für diese auch im soziologischen Sinne etatistischen Schichten mit einem Programm zur Plünderung der jugoslawischen Gesellschaft in eins.

Nirgends tritt dieser Zusammenhang so klar, plastisch und brutal hervor wie bei der Entwicklung der jugoslawischen Bundesarmee. Die JVA bzw. das, was von ihr schließlich übrig blieb, verwandelte sich in ihrem Selbsterhaltungskampf nicht nur aus der Garantin der jugoslawischen Integrität in ein Instrument großserbischer Politik. Parallel dazu fand der Restbestand jener Institution, die einmal dazu berufen war, die jugoslawische Gesellschaft vor äußeren Bedrohungen zu schützen, seine neue Erfüllung in einem inneren Plünderungskrieg.

Diese frappierend und zumindest in der neueren europäischen Geschichte einmalige Wendung faßt wie in einem Brennspiegel das Elend der jüngsten jugoslawischen Entwicklung zusammen. Als mit dem Beginn der 80er Jahre die wirtschaftliche Misere des Landes offen aufbrach, brachte das natürlich auch die Streitkräfte heillos in die Bredouille. Nicht nur die Rüstungsausgaben sanken angesichts leerer Haushaltskassen seit Titos Tod kontinuierlich, auch die Realeinkommen der Armeeangehörigen verringerten sich mit der anziehenden Inflation beträchtlich. 1980 hatten die Jugoslawen nach offiziellen Aussagen noch 8800 Dollar auf den einzelnen Soldaten umgerechnet verausgabt, 1985 waren es nur noch 6620 Dollar, bei weiter sinkender Tendenz.[12] Selbst mittlere Offiziere konnten von ihrem Sold allein ihre Familien nicht mehr unterhalten. Sie standen vor der Alternative, entweder restlos zu verarmen oder sich nach mehr oder minder legalen Nebeneinkünften umzusehen.

Die unersprießliche Lage und die ausbleibenden finanziellen Zuwendungen zwangen die Armeeinheiten sogar dazu, zu partieller Selbstversorgung überzugehen. Nur so ließen sich die schlimmsten Versorgungsengpässe überbrücken, und nur so war es möglich, wenigstens eine ausreichende Ernährung der Soldaten sicherzustellen. Zwischen 1981 und 1986 versiebenfachte sich die Menge der im Rahmen der Jugoslawischen Volksarmee produzierten Lebensmittel, und 80% der Einheiten und Einrichtungen widmeten sich nun auch (und viele von ihnen wahrscheinlich sogar vornehmlich) der Landwirtschaft. Generaloberst Georgije Jovicic verkündete im April 1986 in der Zeitschrift Politika freudestrahlend, daß die Armee schon 1985 nicht nur 40% ihres Gemüsebedarfs aus eigenem Anbau gedeckt habe, für den gleichen Zeitraum sollten nach seinen Angaben auch 50% des Fleisches, das in den Kasernen verbraucht wurde,

---

12 Die Angaben sind einem am 22.12.1985 in der NIN veröffentlichten Aufsatz von Aleksandar Tijanic entnommen. Der Beitrag dieses jugoslawischen Militärs liegt auszugsweise in deutscher Übersetzung vor, in: Osteuropa-Archiv 36/86, S. 502f.

aus militäreigener Züchtung stammen.[13] Diese Spontankonversion von Militärgelände in Rübenäcker und von Soldatenunterkünften in Schweineställe war natürlich nur dazu geeignet, einige der schlimmsten Versorgungslöcher zu stopfen und änderte nichts Grundsätzliches an der sozialen Verarmung der Militärangehörigen.

Diese prekäre Situation konnte auf Dauer nicht spurlos am Selbstverständnis der jugoslawischen Bundesarmee vorübergehen und mußte ihrem Verhältnis zum jugoslawischen Staat eine neue Färbung geben. Das zeichnete sich spätestens in dem Augenblick deutlich ab, als Markovic seine Ministerpräsidentschaft antrat, und der Konflikt zwischen seiner marktwirtschaftlichen Fortschreibung der jugoslawischen Idee und deren etatistisch-großserbischer Reinterpretation virulent wurde. Als der neue Regierungschef das ziellose Dahintreiben und Weiterwursteln mit seinem Reformprogramm zu beenden versuchte, führte dies sehr schnell zu einer allgemeinen Polarisierung, die auch die Armee erfaßte. Wenn diese es auch einstweilen vermied, allzu offen Partei zu ergreifen, ihre Affinitäten zur »konservativen« Opposition gegen Markovic waren nicht zu verleugnen. Das kann auch nicht weiter überraschen. Für die Armeeangehörigen bot die marktwirtschaftliche Orientierung der neuen Zentraladministration ebensowenig eine Perspektive wie für die übrigen unproduktiven und unterproduktiven Teile des etatistischen Apparates. Von der neuen Regierung war kaum zu erwarten, daß sie den ideellen und vor allem den materiellen Belangen der Armee besonders entgegenkommen würde. Markovic hatte angesichts der Haushaltsmalaise und seiner Austerity-Ambitionen weder finanzielle Spielräume, um den Bedürfnissen des militärisch-industriellen Komplexes entgegenzukommen und dem seit einem Dezennium fortschreitenden Schrumpfungs- und Verarmungsprozeß gegenzusteuern, noch war er überhaupt willens, der Armee jenen Stellenwert einzuräumen, den sie unter Tito immer genossen hatte. Das Militär wurde zum Opfer der veränderten internationalen Großwetterlage. Mit dem Zusammenbruch des Realsozialismus sowjetischer Spielart und der Auflösung des Ost-West-Gegensatzes wurden nicht nur innerhalb der alten Blöcke, sondern auch im waffenstarrenden blockfreien Jugoslawien die hochgerüsteten Militärapparate obsolet. Den allzeit wachsamen Verteidigern des jugoslawischen Selbstverwaltungssozialismus waren nicht nur die potentiellen Okkupanten abhanden gekommen, unter einem Ministerpräsidenten, der sich die marktwirtschaftliche Transformation Jugoslawiens zum Ziel gesetzt hatte, verflüchtigten sich gleichzeitig auch die sinnstiftenden ideologischen Frontlinien. Das Land war der guten alten Partisanenromantik entwachsen, und die überdi-

---

13 George Jovicic, der Vorsitzende des Komitees des Bundes der Kommunisten Jugoslawiens in der Jugoslawischen Volksarmee, kritisiert in seinem Artikel die Metamorphose der Volksarmee in einen uniformierten Schweinezuchtbetrieb nicht, sondern begrüßt sie als Beitrag zur Kostensenkung. Er will mit dieser Erfolgsmeldung klar legen, wie preiswert die jugoslawische Volksarmee doch mittlerweile Sicherheit produziert. Vor diesem Hintergrund könnten die Zahlen möglicherweise übertrieben sein. Andererseits ist wohl anzunehmen, daß die einzelnen Armeeinheiten ihre vorgesetzten Stellen nicht über ihre gesamte fachfremde wirtschaftliche Tätigkeit ins Bild gesetzt haben. Wie dem auch sei, die in den Ausführungen von Generaloberst Jovicic aufscheinende Tendenz bleibt allemal ebenso bezeichnend wie seine eigene Wertung dieser Entwicklung.

mensionierte jugoslawische Armee mußte sich Fragen nach ihrer Daseinsberechtigung gefallen lassen. Besonders in den nördlichen Republiken ließ die Bereitschaft, Opfer für die »militärische Sicherheit« zu bringen, stark nach. Die öffentliche Meinung in Slowenien und Kroatien konnte sich mit dem militärisch-industriellen Komplex anfreunden, soweit er einen Beitrag zur Devisenerwirtschaftung leistete,[14] sie brachte ihm aber wenig Gegenliebe entgegen, wenn es darum ging, die in den »Verteidigungssektor« fließenden faux frais aufzubringen.

Markovic war selbstverständlich nicht so leichtfertig, offensiv gegen die Ansprüche der Armee Front zu machen. Dennoch nahm er auf die vorherrschende Stimmung nicht nur Rücksicht, für die Militärs repräsentierte er sie auch. Für sie war klar: Dieser Mann stand für ein Jugoslawien, in dem die titoistische Militärmaschinerie als ein kostspieliger und überflüssiger Anachronismus zum allmählichen Absterben verurteilt wäre.

Bessere Aussichten versprach dagegen die von keinerlei Rücksichtnahme auf die reichen Nordstaaten belastete Politik von Milosevic und seiner Crew. Wenn etwas die fortschreitende Pauperisierung der Armeeangehörigen beenden und die vom Wehrunwillen befallenen »verwöhnten« Slowenen und Kroaten zur Räson bringen könnte, dann nur eine Erneuerung des Jugoslawismus unter serbisch-nationalistischen Vorzeichen. Dementsprechend begannen immer mehr Militärs als naturwüchsige Etatisten mit Milosevics großserbischer Reinterpretation des Jugoslawismus zu liebäugeln. Dieser von breiten Armeekreisen früh vollzogenen Wendung kam die Tatsache entgegen, daß in der Armee Serben seit jeher deutlich überrepräsentiert waren. Die JVA sah sich zwar in der Tradition des Befreiungskampfes gegen Nazideutschland und verstand sich dementsprechend traditionell als ein gesamtjugoslawisches Organ (mit der Verfassungsreform von 1974 und der Stärkung der einzelrepublikanischen Gewalten war sie gewissermaßen sogar zu *der* jugoslawischen Institution schlechthin aufgestiegen), die Rekrutierungspraxis deckte sich allerdings nie so recht mit diesem Anspruch. Im vermeintlichen Schmelztiegel überwog von Beginn an insbesondere im Offizierskorps, dem Rückgrat der Truppe, das serbische Element.[15] Als der Ruin des Gesamtstaats auch den Unterhalt des »Sicherheitsapparates« in Frage stellte, gewann diese nationale Zusammensetzung eine neuartige politische Bedeutung.

---

14 Jugoslawien gehört traditionell zu den größeren Waffenexporteuren in Europa. Rüstungsgüter made in Jugoslavia gingen dabei vorwiegend in die blockfreien Länder des Nahen Ostens und nach Südamerika. Als Ende der 80er Jahre mit der Verschärfung der jugoslawischen Krise die Touristen ausblieben, stieg der Waffenexport zum wichtigsten Devisenbringer überhaupt auf. Innerhalb Jugoslawiens waren die rüstungsindustriellen Standorte sehr ungleich verteilt. Aus strategischen Gründen lag ihr Hauptschwerpunkt in Bosnien-Herzegowina. Für diese wenig entwickelte Republik war der militärische Sektor wohl der entscheidende Wirtschaftsfaktor überhaupt. In Slowenien, Kroatien, der Vojvodina und den grenznahen Regionen Serbiens kam ihm hingegen nur eine untergeordnete Rolle zu.

15 In fast allen Ländern, die ein starkes wirtschaftliches Binnengefälle aufweisen, sind die Angehörigen der wirtschaftlich schwächeren Gebiete im Staatsapparat deutlich überrepräsentiert. Angesichts hoher Arbeitslosigkeit und mangels Alternativen ist die Karriere in diesem Bereich für sie durchaus attraktiv, während schon die relativ geringe Besoldung die »Privilegierten« aus den ökonomischen »Siegerregionen« abschreckt. Besonders augenscheinlich wird das meist bei den »Sicherheitsapparaten«.

Der Umschlag bahnte sich schleichend an. Die Armee tat, was sie vierzig Jahre lang getan hatte. Sie feierte sich unverdrossen als »Hüterin der Einheit«. Jedoch gewann die vielbeschworene »Einheit« nach dem Auslaufen jeder Modernisierungsperspektive und angesichts separatistischer Tendenzen in Slowenien und Kroatien eine neue, serbophile Konnotation. Die Atmosphäre innerhalb der Armee veränderte sich im Laufe der zweiten Hälfte der 80er Jahre allmählich aber nachhaltig, was dazu führte, daß viele Nichtserben die Streitkräfte verließen. Die Bevölkerung in den nördlichen Republiken wiederum empfand und behandelte das serbifizierte jugoslawische Militär zusehends als eine parasitäre fremde Besatzungsmacht. 1988 berichteten die jugoslawischen Zeitungen von rund 260 Zwischenfällen, bei denen Zivilisten Angehörige der Streitkräfte körperlich angegriffen hatten. Die meisten Übergriffe ereigneten sich in Slowenien, ein Gradmesser für die Massenstimmung gerade in dieser am meisten auf ihre Unabhängigkeit erpichte Republik.

Als sich das Jahr 1989 dem Ende neigte, war der sukzessive Serbifizierungsprozeß der Bundesarmee schon weit fortgeschritten. Die jugoslawische Idee, zu der sich die JVA nach wie vor bekannte, verschwamm immer mehr mit der großserbischen Umdeutung, für die sich Milosevic stark machte. Eisern hielt die Armee an der unverbrüchlichen Integrität des jugoslawischen Gesamtstaates fest. Gerade dadurch trieb sie aber unter den veränderten Bedingungen schon im großserbischen Fahrwasser und verwandelte sich endgültig aus einer jenseits der schwelenden Nationalitätenkonflikte angesiedelten neutralen Macht in einen Bestandteil der serbischen Kriegspartei. Diese Metamorphose der JVA zur Serbenstreitmacht vollzog sich natürlich über byzantinische Machtkämpfe und personelle Umbrüche innerhalb der Armeeführung. Teile des Offizierskorps trieben sie entschieden voran. Das ist in diesem Zusammenhang aber nur von sekundärer Bedeutung. Wichtiger als die nur schwer rekonstruierbaren politischen Intrigen mit ihren verwickelten Irrungen und Wirrungen ist, daß es durchaus seine Logik hat, wenn sich nach dem Untergang Jugoslawiens die Überreste der JVA als serbische Streitmacht neu formierten. Der Grund für die Affinität der Armee zur großserbischen Option ist nicht allein dem nationalen Proporz in den Streitkräften geschuldet. Die zarte Liebe zwischen Militärkorporatismus und Serbentum beruht auf innerer Verwandtschaft. Volksarmee und Großserbentum treffen sich in dem Bemühen, das etatistische Umverteilungsmoment auch im Kollaps der jugoslawischen Wirtschaft geltend zu machen. Die Vertreter des vom Weltmarkt mehrheitlich außer Kurs gesetzten serbischen Staatsvolks versuchten, die auseinanderbrechende gesamtjugoslawische Redistributionsmaschinerie für sich noch nutzbar zu machen. Das überflüssig gewordene jugoslawische Militär konnte seine materielle Basis nur sichern, wenn es ihm gelang, auch die unwilligen reicheren Republiken im gesamtstaatlichen Rahmen zu halten. Vor diesem Hintergrund waren Teile der führenden Armeekreise zur Not bereit, die Aufrechterhaltung der Einheit auch mit Waffengewalt zu erzwingen.

14. Abschied auf slowenisch – das Reformdesaster und der Vormarsch der separatistischen Nationalismen

1989 bewegte sich das politische Geschehen in Jugoslawien vornehmlich im Spannungsfeld zweier Pole. Den einen bildete die Markovic-Regierung. Sie beschwor permanent den jugoslawischen Konsens, strebte eine Stärkung der Zentralinstanz an, hatte aber gleichzeitig die Grundlage der jugoslawischen Gemeinschaft faktisch aufgekündigt, weil die Umsetzung ihres sogenannten wirtschaftlichen Reformprogramms darauf hinauslief, den Süden des Landes auf dem Altar der Weltmarktlogik zu opfern. Dem stand als Kontrapunkt die von Milosevic geführte serbo-jugoslawische Strömung gegenüber. Sie strebte eine Reetatisierung und Rezentralisierung Jugoslawiens unter serbischer Dominanz an. So sehr die Führungen der kleineren, ärmeren Republiken Bosnien-Herzegowina und Makedonien den serbische Ambitionen auch mißtrauten, in der Ablehnung von Markovics marktwirtschaftlichem Harakiri-Unternehmen waren sie sich mit der serbischen Führung einig und trieben insofern in deren Fahrwasser. Rückendeckung fand der Ministerpräsident dagegen zunächst einmal in den nördlichen Republiken. In Kroatien und vor allem in Slowenien, in dessen Wirtschaftssystem marktwirtschaftliche Elemente schon lange eine relativ große Rolle spielten, sahen viele in der Politik Markovics die Übertragung der eigenen bewährten Grundsätze auf die gesamtjugoslawische Ebene. Die kühnsten Optimisten erhofften sich von der Umsetzung seines Reformkatalogs denn auch langfristig so etwas wie eine »Slowenisierung« des gesamten Landes. Die Führungen in Ljubljana und Zagreb gingen aber nicht nur in der marktwirtschaftlichen Perspektive mit Markovic im Kern d'accord, auch kurzfristig deckten sich die von der Regierung ergriffenen praktischen Maßnahmen in vielerlei Hinsicht mit den unmittelbaren Verteilungsinteressen der nördlichen Republiken. Der anhaltende Widerstand gegen Markovics Politik im Süden nährte in Slowenien und Kroatien zwar schon länger berechtigte Zweifel daran, ob Jugoslawien überhaupt noch reformierbar sei. Solange Markovic und sein Kabinett vornehmlich für die Preisderegulierung fochten und sich der Inflationsbekämpfung per Dekret sperrten, konnten sie sich des Wohlwollens der slowenischen und kroatischen Führung jedoch sicher sein. Denn dieser Weg hatte für die Betriebe in ihren Landesteilen zunächst einmal ihre positiven Seiten.

Natürlich war schon unter diesen Bedingungen die Stellung von Markovic äußerst prekär. Der angestrebten Verfassungsreform kam er keinen Millimeter näher, und auch die wirtschaftliche Entwicklung lief euphemistisch gesprochen nicht gerade nach Wunsch. Zur Jahreswende 1989/90 verschlechterte sich jedoch seine Lage noch weiter dramatisch. Nach der geldpolitischen Wendung, die Markovic im Dezember 1989 vollzog, war es selbst mit der lauen Unterstützung aus Slowenien und Kroatien vorbei. Damit wurde der Ministerpräsident aber binnen weniger Monate zum Regierungschef ohne Land. Im Laufe des Jahres 1990 verlor Markovics Zentralregierung jeden Boden unter den Füßen und verkam zur Fassade. Den Gang der Ereignisse bestimmte nun immer mehr der Konflikt zwischen dem notdürftig jugoslawisch lackierten serbischen Nationalismus und den separatistischen Tendenzen, die sich im Norden auf breiter Front durchsetzten.

Der endgültige Absturz Jugoslawiens begann, wie meist in solchen Fällen, mit einem verzweifelten Stabilisierungsversuch. In den ersten Monaten seiner Regierung räumte Markovic der Erfüllung der jugoslawischen Zahlungsverpflichtungen absolute Priorität ein. Nichts war ihm so wichtig wie der Erhalt der Kreditwürdigkeit des Landes. Unter diesem Gesichtspunkt war er durchaus bereit, eine beträchtliche Inflation und eine damit einhergehende beschleunigte Abwertung des Dinar in Kauf zu nehmen. Der Verfall des Außenwerts der jugoslawischen Währung, so das Kalkül, verbilligt jugoslawische Exporte, verteuert dagegen alle Importe und führt so zu einer Verbesserung der Handelsbilanz, was wiederum ermöglicht, die für den Schuldendienst notwendigen Mittel bereitzustellen. Die Rechnung ging so aber nicht auf. In der zweiten Jahreshälfte geriet der Inflationsprozeß vollends außer Kontrolle. Die mit der Hyperinflation einhergehende Störung der betrieblichen Beziehungen zehrte die Wechselkursvorteile bei weitem auf. Solange der Dinar zum Spielgeld degradiert blieb, das jeder Produzent und Konsument so schnell es irgend ging in Waren umsetzen mußte, um überhaupt noch einen Gegenwert für seine Einnahmen zu erzielen, war an eine wie auch immer geartete Stabilisierung der Wirtschaft nicht mehr zu denken. Markovic sah sich daher schließlich gezwungen, das Steuer herumzuwerfen und versuchte nun, um jeden Preis zunächst einmal die Preisexplosion in den Griff zu bekommen. Am 19.12.1989 gab der Regierungschef dem monatelangen Drängen nach einem »Anti-Inflationsprogramm« auf seine Weise nach. Er verordnete dem Land einen Währungsschnitt und koppelte den schwindsüchtigen Dinar im Verhältnis 7 zu 1 an die Deutsche Mark an. Da im vorweihnachtlichen Belgrad und Zagreb die DM gerade 70000 Dinar kostete, warf die Festschreibung keine größeren technischen Probleme auf. Die in alltäglicher Zahlenakrobatik wohlgeübten jugoslawischen Bürger mußten lediglich in Gedanken auf den umlaufenden Geldscheinen vier Nullen streichen, und fertig war die neue Währung mit ihrem festen Wechselkurs.[1] Ergänzende Maßnahmen, die allesamt bis ins Detail mit dem Internationalen Währungsfonds abgestimmt waren, begleiteten diese währungspolitische Notbremsung.

---

1 Mit dem Streichen von Nullen waren zumindest die älteren Jugoslawen bereits vertraut. Zum gleichen Kunstgriff hatte 1966 schon einmal die Tito-Administration Zuflucht genommen. Die alten und die neuen Dinar unterschieden sich damals allerdings nur um zwei Stellen.

Insbesondere verhängte die staatliche Administration einen halbjährigen Lohnstop. Dafür tat auch der IWF das Seinige: Er sicherte einen abermaligen stand-by-Kredit in Höhe von 600 Millionen Dollar zu und ermöglichte die gerade wieder einmal überfällige Umschuldung der Auslandsverbindlichkeiten.

Das teilweise über Notverordnungen durchgesetzte Wirtschaftsprogramm sorgte zunächst einmal tatsächlich für eine drastische Drosselung der Teuerung. Nach Angaben des Regierungschefs sank die Inflationsrate in der ersten Jahreshälfte 1990 auf 75%, das statistische Bundesamt Jugoslawiens errechnete 121,7%.[2] Im Vergleich zu den 6000%, die Experten für dieses Jahr prognostiziert hatten, kann aber auch das, für sich genommen, noch als beeindruckender Erfolg gelten. Allerdings waren die »Nebenwirkungen« dieser wirtschaftspolitischen Chemotherapie mindestens genauso verheerend wie die bekämpfte Krankheit. Zwar war die Geldentwertung nun vorerst abgebremst, das Ende der beständigen Abwertungspolitik und die Beschränkung der Geldzufuhr würgten indes das Wirtschaftsleben ab. Die Industrieproduktion ging im Lauf des Jahres 1990 um volle 21% zurück. Das betraf nun auch den Norden Jugoslawiens, wo sich das ganze Jahr 1989 hindurch die Betriebe trotz oder vielmehr wegen der galoppierenden Inflation hatten einigermaßen über Wasser halten können. In Slowenien war die Industrieproduktion 1989 noch um 1,1% gewachsen, 1990 sank sie um 10,5%, während sich das Bruttosozialprodukt um 6% verkleinerte.[3] Damit stand Slowenien zwar noch immer deutlich besser da als der jugoslawische Durchschnitt (landesweit schrumpfte das Bruttosozialprodukt um 12%), aber für die kleine, von Arbeitslosigkeit[4] bis dahin verschonte Teilrepublik bedeutete auch dieser Einbruch einen Schock. Die wirtschaftliche Lage Kroatiens war noch angespannter. Diese Teilrepublik wurde besonders durch den Einbruch beim Fremdenverkehr hart getroffen. Nachdem in den Vorjahren trotz einiger Versorgungsengpässe die für Ausländer günstige Wechselkursrelation den Billigtourismus an der dalmatinischen Küste gestützt hatte, ging die Zahl der Übernachtungen dort nun um ein rundes Drittel zurück. Durch die Beibehaltung des immer unrealistischer werdenden Wechselkurses zur D-Mark mußte auch die vornehmlich in den beiden nördlichen Republiken beheimatete Exportwirtschaft Einbußen von 74% hinnehmen. Sie war gezwungen, weit unter ihren Gestehungskosten zu verkaufen, wollte sie überhaupt noch auf fremden Märkten präsent bleiben. Die Handelsbilanz erreichte dementsprechend bis

---

2 Die Abweichung zwischen den beiden Angaben ist ebenso beträchtlich wie charakteristisch. Alle offiziellen Zahlen sind in Jugoslawien mit Vorsicht zu genießen. Sie können uns nicht mehr als einen gewissen Anhaltspunkt liefern. Wer Statistiken aus der Titozeit zu Rate zieht, muß mit einer Phantasiekomponente rechnen. Der Übergang zur Marktwirtschaft hat an dieser Neigung zum Phantastischen nichts geändert, im Gegenteil.

3 Neue Zürcher Zeitung vom 22.6.91.

4 Die offizielle Arbeitslosenquote erreichte in Slowenien Ende 1990 7,9%. Im jugoslawischen Durchschnitt lag sie zu diesem Zeitpunkt bei 18,8%. Angesichts einer enormen verdeckten Arbeitslosigkeit verschleiern diese Zahlen die Wirklichkeit aber mehr als sie zu dokumentieren. Realiter dürfte mindestens ein Drittel, wenn nicht die Hälfte der jugoslawischen Erwerbsbevölkerung nur mehr pro forma oder gar nicht mehr in einem Arbeitsverhältnis gestanden haben.

zum Jahresende ein Minus von 4,5 Mrd. US-Dollar. Dieses Defizit ging allerdings nicht allein auf den rapiden Rückgang der Exporte zurück, es resultierte auch aus gezielten Interventionsimporten, mit denen die Regierung die überhöhten inländischen Preise abzusenken versuchte. Dennoch lag das jugoslawische Preisniveau schon zur Jahresmitte um 20% über dem Weltmarktniveau.

Die rasante Talfahrt der Industrie brachte zu allem Überfluß auch den wackelnden Finanzüberbau und das marode Bankensystem zum Einsturz, das Dr. Eisenbart-Markovic und seine Freunde vom IWF mit der harschen Sanierungspolitik gerade hatten retten wollen. Nach dem Währungsschnitt vertrauten viele jugoslawische Bürger zu Beginn des Jahres 1990 leichtfertigerweise ihre seit Jahren im Sparstrumpf wohl gehüteten Devisen den heimischen Banken an. Die neuen realen Zinssätze schienen allzu verlockend. Diese Deviseneinlagen machten nun bei sämtlichen Geldinstituten, alle defizitär wirtschaftend, den mit Abstand größten Teil des »Kapitals« aus. Angesichts der allgemeinen wirtschaftlichen Talfahrt fanden diese Mittel aber natürlich keine produktive Anlage. Sie flossen stattdessen zu einem nicht unerheblichen Teil in den Schuldendienst oder versickerten als Stützungskredite in den maroden Betrieben. Die Diskrepanz zwischen der Reformeuphorie und einer wirtschaftspolitischen Praxis, die mit dem bloßen Stopfen von immer neuen Löchern nicht nachkam, sollte sich sehr schnell rächen. Die Horrornachrichten über die ökonomische Entwicklung und die Angst vor künftigen politischen Wirren versetzte die Sparer bald in Panik. Als sich die Situation ab dem Oktober 1990 zuspitzte, setzte ein Run auf die Devisenkonten ein. Wer die Zeichen der Zeit auch nur ansatzweise erkannte, suchte sein Geld zu retten. In nur fünf Tagen hoben die Inhaber von Devisenkonten von ihren Einlagen mehr ab als sonst in einem Monat. Innerhalb weniger Wochen schmolzen die staatlichen Reserven an ausländischen Währungen von über zehn auf sieben Milliarden Dollar zusammen[5] und drohten, sich gänzlich in Nichts aufzulösen. Dem Marktwirtschaftsreformer Markovic blieb in dieser Lage keine Wahl. Am 21.12.1990, fast genau ein Jahr nach dem Beginn seines währungspolitischen Reformprogramms, ließ er sämtliche Devisenkonten sperren, und alle Auszahlungen wurden bis auf wenige Ausnahmen augenblicklich verboten. Durch diese Zwangsmaßnahme konnte die Markovic-Regierung die Devisenreserven schließlich bei 4 Mrd. Dollar stabilisieren.

Markovic verkaufte das Einfrieren der Hartwährungsguthaben natürlich als eine vorübergehende Notmaßnahme. Realiter vollzog er damit aber die größte Enteignungsaktion in der jugoslawischen Geschichte.[6] Der Gegenwert der Einlagen war

---

5 Thomas Brey, Jugoslawien: der Vielvölkerstaat zerfällt, S. 424.
6 Am 13.2.92 berichtete die Süddeutsche Zeitung unter dem hübschen Titel »Geldraub auf jugoslawisch«, wie dieser Enteignungsvorgang vonstatten ging. »Ab Anfang 1991 galten die Sparkonten als eingefroren. Später durften die Sparer von diesen Konten zwar immer noch nicht die mühsam gesparten Devisen, dafür aber immer wertloser werdenden Dinar abheben, zum offiziellen Kurs von 13 Dinar für eine Mark. Das zu einem Zeitpunkt, als die Banken beim Umtausch von Bargeld bereits 26 Dinar für eine Mark zahlten. Als dann Ende Januar der jugoslawische Dinar in den vier Teilrepubliken, in denen er noch

längst auf Nimmerwiedersehen von dem zum schwarzen Loch verkommenen öffentlichen Sektor geschluckt worden oder war als uneintreibbarer Kredit in die bankrotten Betriebe geflossen. Im November 1991 mußte Markovic selber eingestehen, daß 18 Milliarden Mark an Guthaben von den Devisenkonten verausgabt waren, und eine Rückzahlung »bis auf weiteres« daher leider nicht möglich sei. Das titoistische Modernisierungsregime hatte seine Karriere damit begonnen, daß es nach dem Zweiten Weltkrieg mit großem ideologischen Brimborium das Eigentum von »Volksschädlingen« und »Kriegsgewinnlern« einziehen ließ. Die marktwirtschaftliche Transformation Jugoslawiens gipfelte, welch Ironie, in einem weit einschneidenderen Enteignungsakt. Das sozialistische Jugoslawien hatte es nie ernsthaft versucht, an die privat erwirtschafteten und vor dem staatlichen Zugriff gut verborgenen Hartwährungsvermögen hunderttausende ehemaliger Arbeitsemigranten und anderer Kleinbesitzer heranzukommen. Der Reformer und Beschützer des Privateigentums, Markovic, hingegen vollbrachte dieses Kunststück im großen Maßstab. Nachdem die Inflation und die staatliche Gelddruckmaschinerie schon jedes Dinarvermögen entwertet hatte, eignete sich unter der Ägide Markovics der bankrotte jugoslawische Staat in seinem Überlebenskampf auch noch die privaten Hartwährungsspargroschen an. Was könnte noch schlagender die Paralyse der Markovic-Administration und ihrer Marktwirtschafts-Reform dokumentieren?

Markovics Reformprogramm stürzte Jugoslawien in weniger als zwei Jahren in heillose monetäre Wirren und in ein realwirtschaftliches Desaster. Dessen Ende war nicht abzusehen. Allein in den ersten vier Monaten des Jahres 1991 verringerte sich die Industrieproduktion um ein weiteres Fünftel. Anfang März 1990 standen 2760 Firmen mit 1,1 Millionen Mitarbeitern in Konkurs.[7] Auch die Vorzeigerepubliken im Norden wurden voll von dieser Pleitewelle erfaßt. Dort mußte diese Entwicklung Wasser auf die Mühlen derjenigen leiten, die Jugoslawien als ein Faß ohne Boden betrachteten, und die das einzig mögliche Heil in der Flucht aus dem Staatsverband sahen. Die Erneuerung Gesamtjugoslawiens nach dem »slowenischen Modell« erwies sich als Illusion, stattdessen wurde selbst die reichste Teilrepublik immer mehr in den Strudel der landesweiten Krise mit hineingerissen. Vor diesem Hintergrund machte sich vor allem in Ljubljana, aber auch in Kroatien, immer mehr eine »Rette-sich-wer-kann-Stimmung« breit. Ende Dezember 1989 übernahm die slowenische

---

offizielles Zahlungsmittel ist – in Serbien, Bosnien-Herzegowina, Monenegro und Mazedonien –, um 500 Prozent abgewertet wurde, wurden die Devisensparer ein zweites mal gelinkt: Ihnen wurde gestattet 500 Mark von ihren eingefrorenen Devisenkonten zum neuen Kurs von einer Mark zu 65 Dinar abzuheben. Zu diesem Zeitpunkt zahlten die Schwarzhändler in Belgrad schon 115 Dinar für die Mark, und nur zwei Wochen später wurde der offizielle Wechselkurs für cash-money – aber nicht für Devisenguthaben – auf 84,2 Dinar pro Mark festgelegt. Um den Betrug zu vollenden: Den stundenlang vor den Schaltern wartenden Bankkunden wurde nur der Gegenwert von 100 Mark in Dinar ausgezahlt, weil die Banken trotz der auf Hochtouren laufenden Belgrader Notenpresse nicht über genügend Bargeld verfügten. Die restlichen 400 Mark wurden auf einem neuen Sparbuch als Dinarbeträge gutgeschrieben. Dort verlieren sie von Tag zu Tag an Wert.«
7 Handelsblatt, 9.3.90.

Zeitung »Delo« noch eine Vorreiterfunktion für die separatistische Tendenz, als sie gegen den »diskreten Charme des Zentralismus« wetterte und sich gegen die von Markovic geforderte Stärkung der Zentralgewalt wandte. Binnen kürzester Zeit aber hatte sich diese Position verallgemeinert. Im selben Maße wie Markovics Stern sank, die Erosion der Zentralgewalt in rasantem Tempo voranschritt, und als einzige Variante der Fortschreibung Jugoslawiens die großserbische Reformulierung des Jugoslawismus à la Milosevic übrigblieb, breitete sich vor allem in Ljubljana, aber auch in Zagreb der Wunsch aus, das eigene Schicksal um jeden Preis von den »balkanischen Wirren« abzukoppeln. Bereits im März 1990 lehnte es das noch vom BdJK der Teilrepublik beherrschte Parlament in Ljubljana ab, zum »gegenwärtigen Zeitunkt«, also vor den für Ende April anberaumten slowenischen Wahlen, über die von Markovic und vom kollektiven Staatspräsidium empfohlenen Änderungen der jugoslawischen Selbstverwaltung zu verhandeln. Nach dem Sieg des oppositionellen Wahlbündnisses »Demos« blieb die jugoslawische Verfassungsreform jedoch erst recht auf Eis liegen. Der slowenische Kurs ging nun parteiübergreifend in Richtung Unabhängigkeit, die Mitgliedschaft im jugoslawischen Staatsverband bestand nur mehr unter Vorbehalt fort. Sowohl die slowenische Führung als auch die Öffentlichkeit dieser Teilrepublik waren nur dann dazu bereit, ihre Heimatländchen in ein »drittes Jugoslawien« einzufügen, wenn es sich dabei um eine lockere Konföderation handelte, in der Slowenien innenpolitisch wie ökonomisch in jeder Hinsicht souverän wäre.

Trotz hektischer Betriebsamkeit entglitt der Zentralgewalt die Lage immer mehr, die Führungen in den südlichen Republiken verharrten in ihrem Widerstand gegen Markovic, die politische Klasse Sloweniens und in deren Schlepptau auch die Kroatiens behandelte den Ministerpräsidenten und seinen Staat als Auslaufmodell. Zwar machte sich niemand die Mühe, den Regierungchef abzuwählen,[8] die Republikregierungen gingen aber dazu über, die Belgrader Zentrale konsequent zu ignorieren. 1990 richteten sie sich weder in irgendeiner Weise nach den von den Zentralinstanzen beschlossenen Vorgaben, noch kamen sie ihren finanziellen Verpflichtungen gegenüber dem gesamtstaatlichen Dach nach. Slowenien führte lediglich die für die Gehälter der Armeeangehörigen und Staatsbeamten vorgesehenen Gelder weiterhin an die Zentrale in Belgrad ab, während Serbien im Herbst 1990 seine Überweisungen an die Bundeskasse völlig einstellte. Über das Jahr gerechnet leiteten die für die Einziehung von Steuern und Abgaben zuständigen Kommunen und Republiken nur mehr 30% der dem Bundesstaat zustehenden Einkünfte weiter. Beim Bemühen, den Haushalt zu »decken«, blieb der Zentralregierung nur der Ausweg, die Notenpresse anzuwerfen. Um wenigstens die Soldzahlungen für die Soldaten sicherzustellen, ließ sie 5,5 Mrd. Dinar (611 Mio D-Mark) zusätzlich drucken. Gegen Ende des Jahres flossen aus den Landesteilen statt 300 Millionen Dinar täglich nur mehr 1,5 Millionen in die

---

8 Markovic wurde zwar nicht abgesetzt, aber im Dezember 1990 auch nicht mehr turnusgemäß in seinem Amt bestätigt. Er regierte seitdem nur mehr interimistisch.

Bundeskasse. Dafür überschritten nach Angaben von Markovic die Republiken allein in den letzten fünf Monaten des Jahres 1990 ihre Planvorgaben für staatliche Ausgaben um 107 Milliarden Dinar (rund 15,3 Mrd. DM). Damit aber nicht genug: die serbische Regierung ging zu allem Überfluß auch noch dazu über, ohne Rücksprache mit der Zentralregierung zusätzliches Geld in Umlauf zu setzen. Selbstgedruckte brandneue Scheine in einem Nennwert von 18 Mrd. Dinar erlaubten es ihr, trotz leerer Kassen 1990 die fälligen Renten pünktlich auszuzahlen. Mit dieser Art »autonomer Liquiditätsschöpfung« geriet natürlich das Inflationsbekämpfungsprogramm zur Makulatur, und die westlichen Gläubiger reagierten prompt. Der IWF zog Zahlungen in Höhe von 4 Mrd. US-Dollar zurück, die er bereits zugesagt hatte, während OECD, Weltbank und EG die Auszahlung eines Stand-by-Kredits von 2,5 Mrd. US-Dollar verweigerten. Spätestens damit hatte der jugoslawische Staat aber jede finanzielle Grundlage verloren. Er existierte nur noch pro forma.

15. Der Showdown der Teilrepubliken

Während die Erosion der Zentralgewalt voranschritt und sie als politischer Akteur zusehends ausfiel, verschärften sich die politischen und ökonomischen Konflikte zwischen den Teilrepubliken. Die Republikführungen versuchten immer weniger auf der Ebene der Zentralinstanzen ihren spezifischen Interessen Geltung zu verschaffen, sie traten vielmehr an der jugoslawischen Führung vorbei in einen unmittelbaren Kampf miteinander. In diesem Ringen standen sich als Hauptkontrahenten zunächst Serbien und Slowenien gegenüber.

Der Zweikampf zwischen Serbien, das den guten alten Jugoslawismus für sich besetzt hatte, und dem um seine Unabhängigkeit und seinen relativen Wohlstand fechtenden Slowenien brach an der Kosovofrage los. Seine brutale Unterdrük-kungspolitik im Kosovo machte Milosevic in Serbien nicht nur mehrheitsfähig, sondern überaus populär. Das »gesunde serbische Volksempfinden« sah in den Albanern schon lange eine Gefahr und Last, und mit Milosevic war ihm endlich ein Politiker erstanden, der sich willens zeigte, das rassistische Ressentiment in praktische Politik zu überführen. In Kroatien und insbesondere in Slowenien hingegen fand die groß-serbische Umfunktionierung jugoslawischer Institutionen, wie sie im Kosovo zu verfolgen war, äußerst wenig Gegenliebe. Das Vorgehen der serbischen Führung gegen die Albaner erschien dort vielmehr als ein Menetekel für weitere künftige großserbische Exzesse. Dementsprechend bezogen sowohl die slowenische Führung als auch die öffentliche Meinung in diesem Landesteil deutlich Stellung gegen die antialbanische Unterdrückungspolitik. Von der serbischen Seite wurde diese Parteinahme als ein gegen sie gerichtetes Komplott interpretiert und zog daher harsche Reaktionen nach sich. Anfang März 1989 begannen serbische Nationalisten mit einem noch unkoordinierten Boykott slowenischer Waren. Schon zuvor hatte ein regelrechter Ansturm auf die Konten der Belgrader Filiale der »Ljubljanska Banka« eingesetzt. Viele serbische Bürger wollten entweder ihr Geld nicht länger Serbenfeinden anvertrauen, oder sie fürchteten ein Vorgehen der serbischen Regierung gegen das slowenische Geldinstitut. Diese erste Konfrontation war aber nicht viel mehr als ein Vorspiel. Die Lage eskalierte gegen Ende des Jahres. Für den 1.12.89 kündigten die serbischen Nationalisten eine antialbanische serbische Massenveranstaltung in Ljubljana an. Sie wollten in der slowenischen Hauptstadt gegen den schleichenden »Genozid an den Serben« protestieren und damit die dortige Regierung unter Druck setzen. Die slowenische Seite schlug jedoch präventiv zu. Sonderpolizeikräfte verhinderten das »Treffen der Wahrheit«. Die serbische Antwort ließ nicht lange auf sich warten. Noch am gleichen Tag »richtete die Vorsitzende der Massenorganisation ›sozialistische Allianz‹, Radmila Andjelkovic, einen Aufruf an die serbischen Firmen, sofort alle Kontakte mit slowenischen Partnern einzustellen.«[1] Anfang Januar waren schon 229 Betriebe diesem Aufruf gefolgt, und der Schaden, der Slowenien daraus erwuchs, summierte sich nach zwei Wochen schon auf 205 Millionen US-Dollar.[2] Slowenien wiederum drohte daraufhin, alle Zahlungen an den »Fonds für die Finanzierung der unterentwickelten Gebiete« einzustellen. Da Ljubljana immerhin 40% der Mittel dieses Fonds aufbrachte, der vor allem serbischen Gebieten zugute kam, war damit die innerjugoslawische Redistribution insgesamt in Frage gestellt. Das gilt natürlich umso mehr, als es sich die Republiken, wie schon erwähnt, abgewöhnt hatten, Steuern und Zölle an die Bundeskasse abzuführen. Der Konflikt eskalierte in der Folge noch weiter und sprengte den bisherigen geographischen Rahmen. Als Serbien seine Rechnungen beim landesweit operierenden kroatischen Ölkonzern INA nicht mehr begleichen konnte oder wollte, führte das auch zu einer weitgehenden Unterbrechung der regulären Wirtschaftsverbindungen zwischen den beiden größten Teilrepubliken. Die INA stellte Mitte 1990 ihre Lieferungen nach Serbien ein. Das Milosevic-Kabinett antwortete postwendend mit der Verstaatlichung aller 187 Tankstellen, die der Konzern in Serbien unterhielt. Im November 1990 ging Serbiens Führung noch einen Schritt weiter und verpflichtete alle serbischen Unternehmen, auf Waren aus Slowenien und Kroatien 50% des Wertes als »Sonderzoll« aufzuschlagen und an die leere serbische Republikkasse abzuführen. Die slowenische Regierung schlug auf ihre Weise zurück. Sie enthielt dem Bund die an der österreichischen und italienischen Grenze anfallenden Zolleinnahmen vor, und eignete sich auf diese Weise bis zum Juni 1991 100 Mio. US-Dollar an. Doch die Antwort ließ nicht lange auf sich warten. Die von Serbien dominierte Nationalbank schloß Slowenien und Kroatien vom Zahlungsverkehr aus. 1991 floßen weder Dinare noch Devisen mehr nach Zagreb und Ljubljana.[3]

Die aus dem Zollkrieg und den diversen Boykottaktionen erwachsenen unmittelbaren und mittelbaren wirtschaftlichen Schäden lassen sich nur schwer beziffern. Sie waren jedenfalls beträchtlich. Erste Schätzungen gingen im Juli 1991 von 10 Mrd. Dollar aus, von denen allein auf Kroatien 2-3 Mrd. entfielen.[4] Die beiden nördlichen Teilrepubliken erwarteten schon vor den kriegerischen Verwicklungen Einbußen beim Bruttoinlandprodukt von 30%. Der slowenische Vizeministerpräsident und Wirtschaftswissenschaftler Joze Mencinger ging zu Beginn des Jahres 1991 realistischerweise davon aus, daß das Ausscheiden aus dem jugoslawischen Staatsverband

---

1 Thomas Brey, S. 515.
2 Süddeutsche Zeitung, 25.1.1990.
3 Die Zeit, 26.7.91.
4 Neue Zürcher Zeitung, 19.7.91.

die slowenische Bevölkerung mit einem Schlag 30-40% ihres Lebensstandards kosten werde.[5] Nicht nur der Verlust von Absatzmärkten war ja zu verkraften,[6] auch die zum Aufbau von Devisenreserven nötige restriktive Geldpolitik mußte ihre Opfer fordern. Dennoch sprach der Sozialdemokrat Joze Pucnik, der Fraktionsführer des Regierungsbündnisses, wohl der übergroßen Mehrheit seiner Landsleute aus dem Herzen, als er meinte: »Dieser Dornenweg ist uns lieber als die sich hinschleppenden bisherigen Verhältnisse«.[7] Und in der Tat, das zweite Jugoslawien wäre auch bei mehr gutem Willen nicht zu retten gewesen. Umgekehrt heißt das allerdings noch lange nicht, daß die Unabhängigkeit eine einladende Zukunftsperspektive bietet. Der Traum, nach den mit der Trennung verbundenen Härten ohne »balkanischen Ballast« zur kleinen, aber dynamischen Wirtschaftsmacht zu avancieren, war von Anfang an ebenso illusionär wie es die marktwirtschaftliche Fortschreibung Jugoslawiens gewesen ist, für die Markovic kämpfte. Selbst für Slowenien, das von Kriegszerstörungen weitgehend verschont blieb, bedeutet die Unabhängigkeit kurzfristig wie langfristig gesehen Verarmung und nicht den Einstieg in eine Solokarriere auf dem Weltmarkt. Die Vorstellung, das Land könne den Verlust des gemeinsamen jugoslawischen Marktes durch Erfolge auf internationalem Terrain wettmachen, muß an den herrschenden Konkurrenzverhältnissen scheitern. Zwar kann Slowenien mittlerweile beim BSP Wachstumsziffern vorweisen; im Vergleich zu dem wirtschaftlichen Einbruch, den das Land im Gefolge der Unabhängigkeit hinnehmen mußte, nehmen sie sich aber eher bescheiden aus. Selbst wenn die slowenische Industrieproduktion auch künftig ungestört 2-3% im Jahr wachsen könnte, womit allerdings kaum zu rechnen ist, würde es 20-30 Jahre dauern, bis die Industrieproduktion und der Lebensstandard wieder das Niveau des Krisenjahres 1989 erreicht hätten. Die enormen Kosten der jugoslawischen Scheidung werden sich für keinen der Beteiligten je amortisieren, auch für Slowenien nicht.

Der offene Wirtschaftskrieg, den die Zentralregierung weder verhindern, noch begrenzen, geschweige denn beenden konnte, ging natürlich auch an den politischen Institutionen nicht spurlos vorbei. Bevor der Staat Jugoslawien auch offiziell auseinanderbrach, schlug zunächst jener Partei die Stunde, die sich mehr als vier Jahrzehnte als dessen Rückgrat verstanden hatte, dem BdJK. Der XIV. außerordentliche Kongreß des Bundes der Kommunisten, der im Januar 1990 zusammentrat, brachte das Ende der Partei. Die slowenischen Vertreter hatten während des Kongresses beantragt, die von Serbien gegen Slowenien verhängte Wirtschaftsblockade aufzuheben, und konnten für dieses Anliegen auch eine relative Mehrheit gewinnen. Allerdings verfehlten sie bei der Abstimmung die notwendige qualifizierte Mehrheit aller Delegierten und

---

5 Neue Zürcher Zeitung, 22.6.91.
6 Die slowenischen Betriebe hatten immerhin mehr als 30% der von ihnen hergestellten Güter 1990 noch in den anderen Teilrepubliken abgesetzt. Experten der Deutschen Bank prognostizierten, daß allein die Zerstörung der innerjugoslawischen wirtschaftlichen Verflechtungen in Slowenien zu einem Einbruch des Sozialprodukts von 20% führen müßte.
7 Der Spiegel, 1.7.91.

so fand ihr Antrag keinen Eingang ins Schlußdokument.[8] Diese Niederlage brachte das Faß zum Überlaufen. Ciril Ribicic, der gleiche Mann, der sich fünf Jahre vorher als Kritiker des slowenischen Nationalismus profiliert hatte und mitterweile zum Chef der slowenischen Kommunisten gekürt worden war, verkündete in einer Brandrede den Auszug der slowenischen Delegation vom Kongreß. Die Vertreter Sloweniens verließen geschlossen das Save-Zentrum in Belgrad. Ivica Racan, der Chef der kroatischen Kommunisten, hatte vor dem Eklat versucht, zwischen den Slowenen und den Serben zu vermitteln. Nach dem Ausscheiden der Slowenen trieb ihn die Furcht um, daß die Kroaten nun von den serbischen Delegierten und ihren Verbündeten bei allen strittigen Fragen überstimmt würden. Er schlug deshalb vor, den Kongreß zu unterbrechen und begründete das damit, daß vom »jugoslawischen Charakter unserer Parteiorganisation und ihrer Führung« nach dem Auszug der Slowenen nicht mehr die Rede sein könne. Slobodan Milosevic, der Führer der serbischen Delegation, konnte sich dieser Position natürlich nicht anschließen. Er meinte, »der Rumpfkongreß sei erst recht gefordert, die Einheit des Bundes der Kommunisten Jugoslawiens zu erhalten, offenbar auch ohne Slowenien«.[9] Erst nach einer stundenlangen geheimen Beratung beschloß die Partei- und Kongreßführung, den Kongreß auf unbestimmte Zeit auszusetzen. Er sollte nie mehr zusammentreten.

Im kleinen, im Rahmen der Partei, hatte damit der letzte Kongreß des BdJK den Prozeß vorweggenommen, der sich 1990/91 auf der Ebene des Staates und seiner Institutionen vollzog. Sowohl was Verlauf und Rollenverteilung als auch was das Resultat angeht, reproduzierte sich hier die beschriebene Konstellation. Slowenien versuchte, sich aus den jugoslawischen Wirren zu verabschieden und eine neue mitteleuropäische Identität zu zimmern. Kroatien wurde von der Panik befallen, ohne Slowenien von der serbischen Übermacht politisch an die Wand gespielt zu werden und folgte alsbald dem Vorbild des Nachbarn. Das von Milosevic geführte Serbien schwang sich zum Sachwalter der jugoslawischen Einheit auf, und suchte, zur Not gewaltsam, die auseinanderstrebenden Landesteile im jugoslawischen Verbund zu halten. Da das nicht gelingen konnte, nutzte die serbische Regierung ihre starke Stellung in den zerberstenden jugoslawischen Institutionen, um wenigstens deren Überreste im Sinne großserbischer Ambitionen umzufunktionieren.

Der erste Meilenstein auf Sloweniens Weg in die Unabhängigkeit waren die freien Parlaments- und Präsidentschaftswahlen im April 1990. Das neue Parlament setzte sich ausschließlich aus Gruppierungen zusammen, die die Unabhängigkeit des Landes anstrebten. Dimitrij Rubel, einer der Spitzenpolitiker des nun regierenden antikommunistischen Oppositionsbündnisses Demos, sprach nicht nur für seine Gruppierung, als er im Mai 1990 verkündete: »Wir wollen unseren eigenen Staat haben, unsere eigenen Institutionen, unsere eigene Politik, unsere eigene Wirtschaft. Wir

---

8 Frankfurter Rundschau vom 24.1.90.
9 A.a.O.

wollen frei über alles verfügen, was wir verdienen... Solange die Partei genügend stark war, konnte sie alle Teile des Ganzen zusammenhalten. Nachdem jedoch das Monopol zum Teufel gegangen und das Modell gescheitert war, war es ganz normal, daß sich die Teile verselbständigen. Jugoslawien ist lediglich ein Vertrag, eine Übereinkunft.«[10]

Die gleiche Position nahmen auch die slowenischen Reformkommunisten ein. Sie hatten sich schon lange für pluralistische Verhältnisse und das Ende des kommunistischen Machtmonopols eingesetzt und stellten nun mit Milan Kucan den neuen slowenischen Präsidenten. Die Unabhängigkeitserklärung vom 26.6.1991 war nur die logische Folge dieses Konsenses.

Nach dem Auseinanderbrechen des BdJK mußte sich in Jugoslawien das politische Bezugssystem neu konstituieren. Dies vollzog sich allerdings ausschließlich auf der Ebene der Einzelrepubliken. Das gilt nicht nur für den Vorreiter des Separatismus, Slowenien. Auch in allen anderen jugoslawischen Teilrepubliken konkurrierten die durch den Zusammenbruch des BdJK freigesetzten politischen Kräfte immer nur darum, wer denn als der beste Repräsentant und Sachwalter der nationalen Interessen gelten könne. Auf der Bundesebene kamen hingegen Demokratisierungsbestrebungen nie so recht in Gang. Während die Teilrepubliken sich Regierungen und Parlamente wählten, reduzierte sich die gesamtjugoslawische Politik auf den Verkehr dieser nun neu legitimierten Führungen. Zwar hatte das jugoslawische Parlament nach dem schmählichen Ende des BdJK endlich ein Parteiengesetz verabschiedet und das Mehrparteiensystem legalisiert, die für den April 1990 angesetzten Wahlen kamen aber nie zustande. Die in sämtlichen Republiken zwischen April und Dezember abgehaltenen Wahlen zeigten nur, wie vollständig der gesamtjugoslawische Rahmen mittlerweile schon entleert und zersetzt war. Wie schon einige Wochen vorher in Slowenien, so trat auch in Kroatien Markovics »Bund der Reformkräfte«, die einzige Kraft, die an einem gesamtjugoslawischen Anspruch ernsthaft festzuhalten gewillt war, wohlweislich erst gar nicht zur Wahl an. Hier siegte die stramm nationalistisch ausgerichtete »Kroatische Demokratische Gemeinschaft« von Franjo Tudjman vor den Postkommunisten, die sich längst schon national geoutet hatten. Von den Wahlen in Bosnien-Herzegowina, die am 18.9 und 12.2. stattfanden, sagten Spötter nicht zu Unrecht, sie habe vornehmlich die Funktion einer Volkszählung erfüllt. Das Wahlverhalten spiegelte in der Tat getreulich die ethnische Zusammensetzung der Bevölkerung wieder.[11] Hier reproduzierten sich die aus der Zwischenkriegszeit vertrauten Verhältnisse. Nur in dem von der serbischen Übermacht bedrohten Makedonien

---

10 Zitiert nach: Jens Reuter, Zerfall des Bundesstaates, Systemwechsel und nationale Homogenisierung in den Teilrepubliken, in Nationalismus in Osteuropa, Hrsg. Margareta Mommsen, München 1992, S. 134.

11 »Die Partei der Demokratischen Aktion, die die Muslime repräsentiert, kam auf 86 Sitze, die Serbische Demokratische Partei erreichte 70 Mandate, während die Kroatische Demokratische Gemeinschaft 45 Abgeordnete stellte. Diese Relation spiegelt etwa den Bevölkerungsanteil wider, den die drei Nationen in Bosnien-Herzegowina haben. Nach den Ergebnissen der Volkszählung von 1991 lebten in Bosnien-Herzegowina 47% Muslime, 33% Serben und 17% Kroaten.«, Jens Reuter, A.a.O. S. 136.

konnte Markovic einen gewissen Achtungserfolg erzielen. In Serbien triumphierte dagegen eindeutig die nationalistisch gewendete sozialistische Partei. Die Markovic-Gruppe wurde vernichtend geschlagen. Bei der Präsidentschaftswahl kam Milosevic auf 65% der Stimmen, weit abgeschlagen erreichte Vuk Drascovic, der Chef der ebenfalls strikt nationalistischen, aber antikommunistischen »Serbischen Erneuerungsbewegung«, mit 16% den zweiten Platz.

Mit dieser radikalen Entkopplung der politischen Bezugsfelder waren die Weichen endgültig gestellt. Zwar versuchte die von der serbischen Regierung beeinflußte »Bundesarmee« mit dem Plazet von Markovic die Umsetzung der slowenischen Unabhängigkeitserklärung im Juni 1991 gewaltsam zu verhindern, mehr als ein dreimonatiges Moratorium konnte sie damit aber nicht mehr erzwingen. Der Waffengang in Slowenien, bei dem zeitweilig sogar erstmals seit dem Zweiten Weltkrieg in Europa wieder die Luftwaffe zum Einsatz kam, blieb eine blutige Farce. Mit dem Rückzug der JVA am 18.7.91, knapp drei Wochen nach dem Beginn ihrer Intervention, schied die nordwestliche Teilrepublik de facto aus dem jugoslawischen Staatsverband aus. Als am 8. Oktober die Frist ablief, für die nach EG-Vermittlung die slowenische Unabhängigkeitserklärung ausgesetzt worden war, bestand für den serbischen Block keine Möglichkeit, Slowenien an der endgültigen Umsetzung der Sezession zu hindern. Die schon lange machtlose Bundesregierung war erst recht nicht in der Lage gegenzusteuern. Sie war vom Vizechef des Staatspräsidiums, dem Montenegriner Branko Kostic bereits am 3.10. für abgesetzt erklärt worden, ohne daß es der Vertreter der großserbischen Strömung in der Staatsführung für nötig gehalten hätte, vor diesem Schritt mit dem amtierenden, aus Kroatien stammenden Staatschef Stipe Mesic, in irgendeiner Weise Rücksprache zu halten.

Der Kampf um die Konkursmasse des jugoslawischen Staates konzentrierte sich nach dem Ende der Slowenienintervention im Sommer 1991 auf Kroatien. Diese Republik strebte im Fahrwasser Sloweniens ebenfalls ihre staatliche Souveränität an. Allerdings nahm die Auseinandersetzung hier eine neue Qualität an. Der Eingriff der in Auflösung begriffenen Bundesarmee diente hier nicht mehr, wie noch in Slowenien, der zwangsweisen Aufrechterhaltung des jugoslawischen Staatsverbandes, er ordnete sich vielmehr unmittelbar den von der Milosevic-Clique vertretenen großserbischen Ambitionen unter. Serbiens starker Mann hatte sich von dem Gedanken verabschiedet, den widerborstigen Landesteil als Ganzen im jugoslawischen Staatsverband zu halten. Er machte nun stattdessen für seine Nation das Selbstbestimmungsrecht der Völker gegen die territoriale Integrität Kroatiens geltend und forderte den Anschluß der überwiegend von Serben besiedelten Regionen Kroatiens an die Mutterrepublik. Schon im Juni 1990 hatte der serbische Parteichef erklärt, daß das Weiterbestehen der gegenwärtigen administrativen Grenzen an die Existenz der Sozialistischen Föderativen Republik Jugoslawien geknüpft sei, und mit dem Abschied von dieser Staatsordnung würden die Grenzen seiner Republik zu einem

Problem. Auf diese offene Drohung kam er nun zurück, und die Führung der Bundesarmee tat ihr Bestes, um sie in die Tat umzusetzen.

Da in Kroatien, anders als in dem ethnisch homogenen Slowenien, eine starke serbische Minderheit lebte,[12] bot sich reichlich Gelegenheit, die serbischen Forderungen zu begründen. Milosevic mußte überdies die Bürgerkriegssaat nicht erst in die Nachbarrepublik hineintragen, sie hatte dort längst schon auch unabhängig von seinem unmittelbaren Zutun zu keimen begonnen. Die nationalistische Welle in Kroatien, der antiserbische Fanatismus der Anhänger der »Kroatischen Demokratischen Gemeinschaft« und die serboseparatistischen Bestrebungen, insbesondere in der zu Kroatien gehörenden Krajina, hatten sich geraume Zeit hindurch gegenseitig hochgeschaukelt. Bereits im Sommer 1989 war es in den mehrheitlich von Serben bewohnten Regionen Kroatiens zu Massenprotesten gegen die kroatische Assimilierungspolitik und den »kulturellen Genozid« gekommen. Ein Jahr später spitzte sich die Lage besonders in der Krajina zu. Es kam dort zur sogenannten »Balkenrevolution«. Serben errichteten Straßenbarrikaden, plünderten Waffenlager der Polizei und organisierten bewaffnete Formationen, die Keimzelle der sogenannten »Krajina-Armee« und ihrer autonomen Serbenrepublik.

Im Juli 1991 war es dann soweit. Serbische Freischärler und die sie unterstützende Bundesarmee reagierten auf die kroatische Unabhängigkeitserklärung, indem sie nach Slawonien eindrangen und den paramilitärisch organisierten Krajina-Serben zur Hilfe eilten. Der eigentliche jugoslawische Bürgerkrieg begann.

---

12 Slawonien im Osten Kroatiens war wie die Krajina Teil der ehemaligen österreichisch-ungarischen Militärgrenze gegen die Osmanen und weist seit dieser Zeit eine starke serbische Minderheit (20-30% der Vorbürgerkriegsbevölkerung) auf.

16. Kriegswirtschaft ohne nationalökonomische Grundlage

Am Ende der Markovic-Ära war vom einst stolzen jugoslawischen Entwicklungsmodell nur mehr eine Modernisierungsruine übrig. Mit der Auszehrung der gemeinsamen nationalökonomischen (Rest)substanz wurde auch die politische Einheit des Landes unhaltbar. Die westlichen Politiker mochten auf Distanz zu separatistischen Bestrebungen gehen und inbrünstig das hohe Lied auf die »territoriale Integrität Jugoslawiens« intonieren – dem jugoslawischen Staatswesen schlug die Stunde.

Der gesamtjugoslawische Staat kollabierte, weil die jugoslawische Arbeitsgesellschaft in eine Sackgasse geraten war. Der Zerfall des jugoslawischen Zusammenhangs war aber nicht geeignet die arbeitsgesellschaftliche Misere zu beheben, es entstanden keine neuen kleineren Entwicklungsregimes. Stattdessen landeten sämtliche verselbständigen Landesteile Ex-Jugoslawiens in der Abfalltonne der internationalen Arbeitsgesellschaft, und nur Slowenien hat die Chance, sich einen zugigen Platz in deren Treppenhaus zu sichern.

Besonders prekär war von Anfang an die Lage in Restjugoslawien, im Imperium Milosevics. Schon in der Endphase des gesamtjugoslawischen Staates befand sich die serbische und montenegrinische Wirtschaft, wie in den vorangehenden Kapiteln dargestellt, im freien Fall. Der Krieg, die UNO-Sanktionen und die Unterbrechung der Austauschbeziehungen mit den anderen Teilen des ehemaligen Jugoslawiens haben diesen Absturz natürlich nicht gebremst, sondern nur weiter beschleunigt. Bereits im ersten Quartal 1992 lag die Produktion um 40% unter dem selber schon erbärmlichen Vorjahresstand, und sie brach in der Folgezeit noch weiter ein. Nach CIA-Berichten hatten bereits vor dem Beginn des Embargos im Sommer 1992 60-70% der serbischen Betriebe ihre Produktion eingestellt[1] Wollte man die Situation der restjugoslawischen Wirtschaft nach vier Kriegswintern als katastrophal bezeichnen, so wäre das eine noch immer euphemistische Wertung. Die offizielle Wirtschaft befindet sich genau genommen in gar keinem Zustand mehr, sie hat schlicht und einfach aufgehört zu existieren. Soweit überhaupt noch so etwas wie Warenproduktion stattfindet, handelt es sich dabei um Anhängsel der »Schattenwirtschaft«.[2] Die

---

1 Die Welt 26.8.92.
2 Der oft verwendete Begriff »Schattenwirtschaft« macht in Serbien strenggenommen keinen Sinn mehr. Von Schatten kann nur im Kontrast zum Licht die Rede sein. Nur hoffnungslose Euphemisten können in

Kaufkraft eines durchschnittlichen Monatslohns lag bereits Anfang 1993 bei 56 DM.[3] Selbst nach den Kriterien der serbischen Regierung lebten 1993 4/5 der Bewohner des Landes unter der Armutsgrenze. Die Industrieproduktion fiel auf etwa ein Viertel des Niveaus von 1989 zurück. Dafür beschleunigte sich die Inflation beständig und erreichte im Dezember 1993 schließlich die Marke von 300.000.000% im Monat. Steuern und Abgaben entrichtet unter diesen Umständen niemand mehr, und obwohl 4/5 des allein über die Druckerpresse finanzierten Staatshaushaltes 1993 in den Verteidigungshaushalt flossen, verkamen die Armeeangehörigen im Elend. An dieser Bilanz hat sich auch im Laufe des Jahres 1994 nichts Grundlegendes geändert. Zwar gelang es dem Nationalbankpräsidenten Dragoslav Avramovic, mit einem Währungsschnitt und der Ausgabe des Superdinars am 24.1.94 den inflationären Prozeß für einige Monate zu unterbrechen. Seine Ankündigung, er wolle die Defizite in den Republik- und Bundesetats nicht aus der Druckerpresse decken, ließ sich aber nur in dem Umfang durchhalten, wie das Gros der Bevölkerung vom Geldkreislauf überhaupt abgeschnitten wurde. Der Versuch, die neue, im Verhältnis eins zu eins an die D-Mark gekoppelte »Superwährung« zu stabilisieren, erforderte unter anderem die faktische Einstellung jeglicher Sozialleistungen. Die monatliche Kaufkraft, über die Rentenempfänger nach einem 50-jährigen Arbeitsleben verfügen, deckt sich mittlerweile ziemlich genau mit dem, was in der BRD ein Zehnjähriger im Durchschnitt als wöchentliches Taschengeld zur Verfügung hat. Staatsbedienstete kommen nur über die Runden, weil sie allesamt mit »Nebeneinkünften« ihre Besoldung, falls sie eine solche überhaupt noch erhalten, aufbessern.

Avramovics Stabilisierungsversuche haben einen Zustand weiter verfestigt, unter dem die Mehrheit der serbischen Bevölkerung schon lange litt. Für die tägliche Reproduktion haben Lohneinkommen und offizielle wirtschaftliche Aktivitäten insgesamt kaum mehr irgendeine Bedeutung. Die Menschen retten sich stattdessen mit Schwarzmarktgeschäften über die Runden oder kehren zu jener großfamilialen Selbstversorgungswirtschaft zurück, die in Jugoslawien nie völlig ausgestorben war. Während die Kumpel nicht mit Gehältern rechnen können, und stattdessen Kohle mit nach Hause nehmen, um sie selber zu verheizen und gegen andere Güter zu tauschen, gewinnt gleichzeitig der vergessene Familienacker vor den Toren der Stadt oder der landwirtschaftliche Nebenerwerbsbetrieb der Großeltern eine neue Bedeutung und sichert das Überleben ganzer Familien. Eine in der Zeitschrift »Vreme« veröffentlichte Studie des ökonomischen Instituts Belgrads jedenfalls kommt zu dem Schluß, daß diese beiden Faktoren mit Abstand den wichtigsten Beitrag zum Unterhalt der Menschen in Restjugoslawien beitragen.

»Etwa ein Drittel eines Familieneinkommens«, so das Ergebnis, »stammt aus Aktivitäten in der Schattenwirtschaft. Noch größer ist der Anteil der Selbstversorgung,

---

stockdunkler Nacht von Schatten sprechen.
3 Süddeutsche Zeitung vom 27.1.93.

welche für die ländliche Bevölkerung und für deren Verwandte in den Städten zentrale Bedeutung hat.«[4]

Reguläre Lohneinkommen und staatliche Transferleistungen stehen beim durchschittlichen serbischen Familienbudget nicht einmal an dritter Stelle. Diesen Rang haben vielmehr nach wie vor alte Devisenersparnisse inne, die nach und nach abgeschmolzen werden, sowie all die Dollar- und D-Mark-Beträge, die im Ausland ansässige Bekannte und Familienangehörige den bedürftigen Daheimgebliebenen zukommen lassen.

Avramovics Stabilitätspolitik schrieb aber nicht nur die weitere soziale Verelendung und die Entkopplung der ehemaligen Arbeitskraftverkäufer von jeder arbeitsgesellschaftlichen Verwertungsbewegung fest. Sie war auch wenig geeignet, die nichtmenschlichen Voraussetzungen für das Wiederankurbeln der offiziellen Wirtschaft bereitzustellen. Insbesondere zeigte sich Avramovic außerstande, irgendwelche Mittel für die vielen, schon seit Jahren überfälligen infrastrukturellen Instandhaltungsinvestitionen aufzubringen, ohne die keine Wirtschaft auf die Beine kommen kann. Die Folgen ließen nicht auf sich warten. Im Winter 1994/95 mußten die Elektrizitätsgesellschaften wegen überalterter oder schadhafter Leitungs- und Umspannetze die täglichen Stromsperren in den meisten Gegenden Serbiens von 3 auf 12 Stunden ausdehnen.[5] Von den Lokomotiven, die 1989 im Eisenbahnverkehr in Serbien eingesetzt wurden, waren fünf Jahre später gerade noch ein Drittel einsatzfähig; die übrigen wurden längst ausgeschlachtet. Das Land lebt auch in dieser Hinsicht von seiner Substanz, ein Zustand, der sich nicht beliebig lang fortschreiben läßt.

Trotz der radikalen Beschränkung aller Staatsausgaben, die eine Margaret Thatcher vor Neid erblassen ließe, kam Avramovic mit seinem Stabilitätsprogramm schon im Juli 1994 heftig ins Schleudern. Um eine offene Hungersnot in den Städten zu verhindern, war die Regierung nämlich genötigt, die Weizenaufkäufer mit Krediten zu versorgen. Diese Gelder, die die teilweise privatisierten, teils noch in Staatsbesitz befindlichen Handelsketten in den Stand versetzten, die Weizenernte zu einem festgesetzten Preis von 20 Pfennigen pro Kilo aufzukaufen, ließen sich aber nur über den klammheimlichen Rückgriff auf die Druckerpresse finanzieren. Binnen weniger Monate erlag der glorreiche »Superdinar« dem gleichen Auszehrungsprozeß wie sein Vorgänger, und der »Ludwig Erhard des Balkan« war mit seinem Latein am Ende.[6]

---

4 Neue Zürcher Zeitung vom 24.12.94.
5 In der serbischen Opposition munkelte man darüber, daß der Strommangel im Land nicht allein technische Ursachen hat. Angeblich soll Präsident Milosevic auch heimlich Elektrizität nach Kroatien und Rumänien exportieren, um dafür unter Umgehung des Embargos Treibstoff zu erhalten (NZZ vom 26.12.94). Selbst wenn das den Tatsachen entspricht, so bleibt der Energieexport doch ein sekundäres Problem. Serbien lieferte seit den gigantischen Kraftwerksbauten, mit denen in den 60er Jahren die Donau verschandelt wurde, in größerem Umfang Strom in die Nachbarrepubliken, ohne daß deswegen in Belgrad immer gleich die Lichter ausgegangen wären.
6 Natürlich war diese Entwicklung ebenso wie die Rückkehr der Hyperinflation voraussehbar. Dennoch geisterte nach der Währungsreform vom Frühjahr 1994 eine ganze Zeit lang ein angebliches »serbisches Wirtschaftswunder« durch die internationale Presse. Aus der Nähe betrachtet blieb von ihm aber nicht

In Restjugoslawien und dem übrigen Dutzend Nachfolgestaaten geht die offizielle Wirtschaftstätigkeit zusehends in der Schattenwirtschaft unter, und die Mehrheit der Bevölkerung ist dazu genötigt, außerhalb der arbeitsgesellschaftlichen Normalität ein notdürftiges Auskommen zu suchen.[7] Diese Tatsache drückt nicht nur dem Alltagsleben seinen Stempel auf, sie bestimmt auch den Charakter des bewaffneten Konflikts. Wo halbwegs funktionstüchtige Nationalökonomien weder vorhanden sind, noch sich herstellen lassen, da nehmen auch bewaffnete Auseinandersetzungen Formen an, die sich mit dem Raster nationalstaatlicher Kriege nicht fassen lassen, und den nationalistischen Strömungen kommt eine ganz andere gesellschaftliche Bedeutung zu als in der Aufstiegsphase der Arbeitsgesellschaft.

Dieser eigentlich offensichtliche Zusammenhang spielt in den landläufigen Deutungen des Jugoslawienkonflikts keinerlei Rolle. Zwar richtete die hiesige Medienöffentlichkeit, soweit Jugoslawien damals überhaupt ein Thema war, in den 80er Jahren noch ihr Augenmerk auf die laufenden sozialen und ökonomischen Desintegrationsprozesse und interpretierte auch die Renaissance des Nationalismus vor diesem Hintergrund; mit dem Ausbruch der bewaffneten Feindseligkeiten war das alles jedoch schlagartig vergessen. Seitdem in den Luftangriffen auf Ljubljana und Zagreb und in den Kämpfen um Osijek und Vukovar die vage Hoffnung auf ein drittes konföderatives Jugoslawien endgültig unterging, entschwand die wirtschaftliche und gesellschaftliche Krise Jugoslawiens hinter den in jedem Krieg gleichen Greuelbildern. Während Berichte von militärischen Aktionen und dem ebenso fruchtlosen wie endlosen diplomatischen Gezerre zwischen irgendwelchen mit dem Krieg zu »Staatsmännern« aufgestiegenen Regionalfürsten die Nachrichtensendungen und Gazetten füllen, löst sich in der öffentlichen Wahrnehmung der Zusammenprall der Nationalismen von seinem Bedingungszusammenhang, dem Scheitern der gesamtjugoslawischen nachholenden Modernisierung ab und verwandelt sich stattdessen in einen dem Bereich der Außenpolitik angehörigen Konflikt. Die Beobachter übernehmen bei der Deutung der jugoslawischen Entwicklung die Folie, die die Protagonisten selber ihrem Tun unterlegen und erliegen der Autosuggestion der nationalisti-

---

viel übrig. Zum einen ist völlig rätselhaft, auf welcher Datenbasis der serbische Industrieminister Fodor für 1994 Wachstumsziffern von rund 2% errechnet haben will. Mit dem jugoslawischen Staatswesen ist nämlich auch die jugoslawische Statistik zusammengebrochen. Es drängt sich der Verdacht auf, daß die Zahlen mehr mit der regen Phantasie des Ministers als mit der ökonomischen Wirklichkeit in Verbindung zu bringen sind. Zum anderen ist die Verlangsamung der Talfahrt, soweit sie tatsächlich stattfand, keineswegs der Erholung der regulären Wirtschaft geschuldet, sondern einzig und allein eine Folge davon, daß sich die Untergrundwirtschaft mittlerweile ganz gut eingespielt hat. Das von der UN verhängte offizielle Embargo hat dank zahlloser Löcher offenbar an Bedeutung eingebüßt. Der Benzinpreis jedenfalls, der wohl geeignetste Indikator für die Wirksamkeit der Sanktionen, lag Ende 1994, mit regionalen Abweichungen, im Schnitt nur mehr bei 2 DM; zu Beginn des Embargos kostete Benzin rund das Doppelte (im eingeschlossenen Sarajevo gar 5 DM). Einsickerndes schwarzes Geld scheint darüberhinaus auch den überlebenden Betrieben ein bißchen Restleben einzuhauchen. Die Bevölkerungsmehrheit hat davon allerdings nicht allzuviel, und für die gesellschaftliche Gesamtreproduktion spielt das Schicksal der offiziellen Wirtschaft längst nur mehr am Rande eine Rolle.

7 Ein gewisse Sonderstellung hat hier nur Slowenien inne.

schen Strömungen. Sie bewerten die blutige Entwicklung in Jugoslawien als den Zusammenprall von Nationalstaaten in statu nascendi, die um künftige Einflußsphären und Machtbasen kämpfen.

Die neuen Herrschaftsgebilde mögen sich aber noch so begeistert mit den Insignien politischer Souveränität schmücken, die Reiche von Milosevic, Karadzic, Tudjman, Izetbegovic und anderen Operettenstaatsmännern werden nie zu einem nationalökonomischen Fundament kommen. Die desolate wirtschaftliche und soziale Situation ist nicht allein Folge des Krieges. Sie hat tiefergehende Ursachen, und auch nach einem Friedensschluß bleibt die Rückkehr zur arbeitsgesellschaftlichen Normalität, auf der ein funktionstüchtiger Nationalstaat nun einmal beruht, Utopie.

Die Deutung des jugoslawischen Bürgerkriegs als Kampf junger Nationalstaaten ist aber nicht allein deshalb irreführend, weil sie eine vollkommen irreale Zukunftsperspektive unterstellt. Sie verstellt auch und vor allem den Blick auf die Kriegsrealität und die innere Logik der nachjugoslawischen Katastrophe. Krieg bedeutet Mord und Zerstörung. Das ändert aber nichts daran, daß auch Destruktion produziert werden muß. Wer sich an den historischen Gehalt eines Krieges herantasten will, kommt daher nicht umhin, ihn auch als als eine Form gesellschaftlicher Reproduktion zu verstehen, insbesondere dort, wo sich bewaffnete Auseinandersetzungen über Jahre hinziehen. Es ist banal, aber Soldaten können nicht kämpfen, wenn sie nicht permanent versorgt und bewaffnet werden. Krieg bleibt ein leeres unhistorisches Wort, solange die Art und Weise außer Betracht bleibt, in der die Ressourcen erzeugt und mobilisiert werden, die die Militärmaschinerie in Gang halten. Gerade auf dieser Ebene unterscheidet sich der Kampf in Jugoslawien aber grundlegend vom Ringen feindlicher Nationalstaaten, wie wir es aus der Geschichte des 20. Jahrhunderts kennen.

In den großen bewaffneten Auseinandersetzungen in der Durchsetzungsphase der Warenproduktion hat die Kriegsökonomie eine ganz spezifische, vom nationalstaatlichen Bezugssystem geprägte Gestalt angenommen. Für die modernen Kriege, vom Ersten über den Zweiten Weltkrieg bis zu den diversen nationalen Befreiungskämpfen in der Dritten Welt, war eine beständig erweiterte innere Mobilisierung charakteristisch.[8] Im Kampf gegen die äußere Bedrohung zentralisierte der entstehende moderne Staat unter seiner Ägide die Kräfte der Gesellschaft und suchte sie für den kriegerischen Zweck zusammenzufassen. Die Kriegsanstrengungen hatten für gewöhnlich nicht nur eine rasante Effizienzsteigerung in Verwaltung und Wirtschaft zur Folge, sondern brachen einer grundlegenden Tendenz zur gesellschaftlichen Homogenisierung Bahn. Die allgemeine Mobilisierung zur Niederwerfung des äußeren Feindes machte überlieferte ständische Grenzen obsolet und verschaffte Bevölkerungsgruppen einen Zugang zum staatlichen und gesellschaftlichen Leben, die bis

---

8 Im 19. Jahrhundert gilt das nur für die Napoleonischen Kriege und den amerikanischen Sezessionskrieg. Die anderen bewaffneten Zusammenstöße fanden in relativ kurzen Feldzügen ihre Entscheidung und hatten ihrer geringen Dauer wegen keine vergleichbare gesellschaftliche Tiefenwirkung.

dahin nur eine Randexistenz geführt hatten. Die Peitsche des Krieges trieb gleichzeitig den Staat auf seinem Weg zu einer einheitlichen, alle wesentlichen Aspekte des gesellschaftlichen Reproduktionsgefüges als abstrakte Allgemeinheit umgreifenden Instanz voran. Der moderne, der (zumindest der Tendenz nach) totale Krieg, bewährte sich damit in zweifacher Hinsicht als Vorreiter der Totalisierung der Warenproduktion.[9] In den diversen Kriegswirtschaften beschleunigte sich noch jedesmal der doppelte säkulare Modernisierungstrend von Verstaatlichung und Vergesellschaftung, denn jeder Kriegspartei, die bei diesem Mobilisierungswettbewerb nicht mithalten konnte, war die militärische Niederlage sicher.

Wer in den Scharmützeln in Ex-Jugoslawien nach Parallelen zu alledem fahndet, wird lange suchen müssen. In den Kriegen in der Durchsetzungsphase der Arbeitsgesellschaft war die Niederlage besiegelt, wenn auf der eigenen Seite anomische Tendenzen die Überhand gewannen und die staatliche Zwangsgewalt sie nicht unter Kontrolle bringen konnte. In Jugoslawien dagegen fiel über Jahre hinweg den serbischen Milizen die Offensive zu, also ausgerechnet der Seite, auf der die Paralyse des arbeitsgesellschaftlichen Gefüges am weitesten fortgeschritten war. Aber nicht nur am militärischen Erfolg der Cetniks läßt sich die Entkopplung von bewaffneter Macht und allgemeiner gesellschaftlicher Mobilisierung ablesen. Keiner der beteiligten Pseudostaaten war in der Lage, auch nur ansatzweise so etwas wie eine innere Mobilisierung in Gang zu setzen. In Kroatien, Serbien und den anderen Nachfolgestaaten waren die für die Kriegführung wichtigen Produktionsbereiche vom allgemeinen Wirtschaftszusammenbruch genauso betroffen wie alle anderen Sektoren. Weder Kroatien noch Serbien noch irgendein anderer der Protagonisten erlebten auch nur den Hauch einer Kriegskonjunktur. Die postjugoslawischen »Staaten« brachten nicht nur keine Ansätze zu einer regulären Kriegswirtschaft zustande; angesichts der völligen Zerrüttung des staatlichen Lenkungs- und Redistributionsinstrumentariums kam es bezeichnenderweise nicht einmal zu einer breiteren militärischen Mobilmachung. In den friedlichen Zeiten von Titos Herrschaft standen wahrscheinlich auch kaum weniger Jugoslawen unter Waffen als im heutigen Bürgerkrieg, und mit seinem Fortgang tun sich alle Kriegsparteien zusehends härter, die Reihen der Kämpfenden aufzufüllen.

Die Auflösungserscheinungen bei den Bundestruppen können natürlich nicht überraschen. Bei den deutlich über 10.000 Mann, die allein bis September 1991 in Kroatien aus der JVA desertierten und den 14.000 weiteren Armeeangehörigen, die sich in den bis zu diesem Zeitpunkt für die Armee ingesamt siegreichen Kämpfen, bereitwillig den unzulänglich bewaffneten kroatischen Heimwehrtruppen ergeben hatten, dürfte es sich zu einem großen Teil um Nichtserben gehandelt haben. Aber

---

9   In diese Grundlogik fallen selbst noch die nationalen Befreiungskämpfe der Dritten Welt. Sie gingen nicht nur mit der Mobilisierung der inneren Ressourcen einher, gleichzeitig rissen sie große Teile der Bevölkerung in den Strudel des politisch-gesellschaftlichen Lebens und katapultierten sie aus einer im wesentlichen prästaatlichen und präwarenförmigen Existenzweise hinaus.

auch die Reorganisation auf nationalistischer Basis führte keineswegs zu so etwas wie einem levée en masse. In der Vojvodina etwa, der serbischen Nordprovinz, in der eine starker ungarischer Bevölkerungsteil lebt, verweigerten gleich ganze Dorfgemeinschaften geschlossen den Kriegsdienst.[10] Selbst im serbischen Kernland folgten angesichts der miserablen Versorgungssituation in der Armee und der verworrenen Befehlslage bis zum Oktober 1991 lediglich etwa ein Drittel der Reservisten ihren Stellungsbefehlen, aller nationalistischen Propaganda zum Trotz; und konfrontiert mit den chaotischen Verhältnissen bei der Truppe, setzten sich die frisch rekrutierten Soldaten zu Tausenden alsbald wieder ab. Wie es unter solchen Umständen um die Kampfmoral der regulären Armeeverbände steht, liegt auf der Hand. Zum Kampfeinsatz taugen letztlich nur die »Freiwilligenverbände«, die Cetniktruppen. Die serbische Führung unternahm keine ernsthaften Anstrengungen, etwas gegen die Zersetzung der Armee zu tun. Sie beschränkte sich darauf, einzelne Deserteure exemplarisch abstrafen zu lassen. Die Regierung kann die, offiziell natürlich noch immer geltende allgemeine Wehrpflicht, jedoch schon deshalb nicht durchsetzen, weil sie gar nicht in der Lage ist, die eingezogenen Wehrpflichtigen zu versorgen.

Bei den übrigen Kombattanten kann von einer Massenmobilisierung ebenfalls nicht die Rede sein. Die kroatische Nationalgarde, die zweitgrößte »Truppe« im ehemaligen Jugoslawien, beschwört zwar beständig die alte Idee der allgemeinen Volksbewaffnung, in Wirklichkeit erfüllt sie aber eher die Funktion einer alternativen Arbeitslosenfürsorge als die einer klassischen Volksarmee. Anders als Milosevic fabulierte sein kroatisches Pendant Tudjman zwar gern von Generalmobilmachung und verkündete sie sogar offiziell am 7.10.1991; dieser Schritt hatte damals aber mehr propagandistische als praktische Bedeutung. Der kroatische Präsident bekundete nur demonstrativ den Wehrwillen seiner Landsleute, um drei Tage später mit Milosevic und dem Armeechef Kadijevic zu einer Teileinigung über den Abzug der Bundestruppen aus Kernkroatien zu kommen. Ähnlich ist die Generalmobilmachung zu werten, die Karadzic, der oberste politische Chef der bosnischen Serben 1994 und nochmals im März 1995 ausrief, nachdem seine Cetniktruppen einige militärische Rückschläge hatten hinnehmen müssen. Sie fand weniger in den ostbosnischen Ber-

---

10 In dem 2000 Seelen Dorf Oromhegyes an der ungarischen Grenze etwa erhielten 200 junge Männer in den ersten Monaten des Jahres 1992 postalisch ihren Einberufungsbefehl. Kein einziger von ihnen rückte allerdings in die Kasernen ein. Selbst der Aufmarsch von serbischen Panzern reichte nicht hin, um den unterentwickelten Wehrwillen der Dorfjugend auf Vordermann zu bringen. Stattdessen erklärten die jungen Männer den Austritt ihrer Gemeinde aus dem serbischen Staatsverband und riefen unter Führung des ehemaligen Schulmeisters und »Präsidenten« Lajos Balla am 26.6.92 die nach der Dorfkneipe benannte »geistige Republik Zitzer« aus. Diese schwejksche »Republik«, die laut Verfassung »über kein Territorium«, »keine eigene Wirtschaft«, »keine Grenzen«, »keine offizielle Sprache oder Schreibweise« und auch »keine Fahne« verfügt, dafür aber den Bolero von Ravel als Hymne und drei Billardkugeln auf einer Pizza als Staatswappen verwendet, kann natürlich das Milosevic-Regime nicht ernsthaft in Frage stellen. Immerhin dokumentiert ihre schiere Existenz aber, wie wenig die Vorstellung, die gesamte Bevölkerung Ex-Jugoslawiens sei rettungslos dem nationalistischen Wahn verfallen, der Wirklichkeit entspricht. Selbst in der tiefen Provinz zeigen sich Menschen gegenüber dem nationalistischen Bazillus immun und entwickeln ein Gefühl dafür, wie grotesk Staatlichkeit geworden ist.

gen, als vielmehr in der westlichen Presse statt. Die aus dem untergegangenen Jugoslawien hervorgegangenen Nachfolgegebilde sind schlicht und einfach gar nicht der Lage, in größerem Umfang zusätzliche menschliche und materielle Ressourcen auf regulärem Weg aus dem laufenden Wirtschaftsbetrieb für militärische Zwecke abzuziehen. Dementsprechend brachte es nur Kroatien, das in großen Umfang auf ausländische Mittel zurückgreifen kann, überhaupt fertig, im Laufe der Zeit so etwas wie eine reguläre Wehrpflichtigenarmee aufzustellen. In den anderen Pseudostaaten kann davon nicht die Rede sein. Die arbeitsgesellschaftliche Milchkuh gibt keine Milch mehr, und so taugen nur solche Gruppierungen letztlich als kriegsführende Parteien, die sich ernähren, indem sie Fleischfetzen aus dem todkranken Tier herausreißen. Das Geschehen auf dem Kriegsschauplatz bestimmen dementsprechend statt nationaler Armeen die Privattruppen diverser Warlords. Diese aus Berufssoldaten, Kriminellen, rechtsradikalen Erlebnistouristen, anderen Abenteurern und beschäftigungslosen Gelegenheitsmarodeuren zusammengesetzten Einheiten werden weniger von den »Staaten« unterhalten, für die sie kämpfen, sie reproduzieren sich in erster Linie nach dem Prinzip, das Wallenstein im Dreißigjährigen Krieg nicht nur angewendet, sondern auch auf den Punkt gebracht hat: Der Krieg muß den Krieg ernähren. Diese Bandenarmeen unterstehen ihrer plünderungsökonomischen Grundlage entsprechend keinem zentralisierten, einheitlichen Befehlssystem mehr, sie sind auf andere, indirekte Weise an die auf der offiziellen diplomatischen Bühne operierenden nationalistischen Politiker angekoppelt. Im Zusammenbruch Jugoslawiens verbinden sich die abgetakelte alte und neue politische Klasse, die Trümmerbruchstücke des Staatsapparates und die organisierte Kriminalität zu einer neuartigen diffusen poststaatlichen Gewalt, die in einer endlos hingezogenen low-intensity Kriegführung ihre adäquate Lebensform findet. Die ethnonationalistische Mobilisierung ummantelt ideologisch eine lupenreine, pseudostaatlich überdachte Raubwirtschaft, die keine neue arbeitsgesellschaftliche Organisation einleitet, sondern deren Demontage vollendet.

17. Vom ideellen Gesamtkapitalisten zum reellen Gesamtkriminellen – Metamorphosen des jugoslawischen Staatsapparates

Krieg war in der Geschichte nur sehr selten eine äußere Störung, die ein an sich stabiles Gesellschaftssystem über den Haufen geworfen hätte. Für gewöhnlich haben kriegerische Auseinandersetzungen nur Entwicklungstendenzen verdichtet und zum Durchbruch verholfen, die schon im Frieden angelegt waren. Der Jugoslawienkonflikt macht da keine Ausnahme. In der plünderungsökonomischen Entpuppung der postjugoslawischen Pseudostaaten wird sichtbar, daß mit dem sukzessiven Kollaps der nur nationalökonomisch organisiert denkbaren Arbeitsgesellschaft auch das für die Moderne charakteristische Verhältnis von Gesellschaft und staatlicher Gewalt zerbricht. Der Modernisierungsstaat büßt mit dem Ende nachholender Entwicklung seine Funktion als abstrakte Allgemeinheit ein, er zerfällt schließlich, und die bewaffneten Teile des Apparates verkommen, um mafiose Elemente bereichert, zu einer diffusen parasitären Gewalt.

Ich habe im vierten Kapitel bereits auf den inneren Zusammenhang zwischen dem Siegeszug der Warenproduktion und der Entwicklung von (National)staaten hingewiesen. Dieser Zusammenhang charakterisiert aber nicht nur die Durchsetzungsgeschichte, er bleibt auch nach der Etablierung der warengesellschaftlichen Ordnung erhalten. Eine Gesellschaft, die sich in monadisierte, nur ihrem einzelnen Geldinteresse verpflichteten Warensubjekte auflöst, kann sich nur unter dem Dach einer die Sonderinteressen übergreifenden Gegeninstanz reproduzieren. Diese Funktion fällt dem Staat zu. Er fungiert als ideeller Gesamtkapitalist und garantiert, unter welchem politischen Vorzeichen auch immer, den Rahmen des gesellschaftlichen Verwertungsprozesses. Er sorgt für die notwendige Infrastruktur, vom Gesundheitswesen bis zum Verkehr, sichert den inneren und äußeren Frieden.

Diese unverzichtbaren Leistungen stehen der modernen Gesellschaft aber keineswegs kostenlos zur Verfügung. Die Reproduktion der diversen staatlichen und halbstaatlichen Institutionen und ihre Arbeit lasten als faux frais auf dem gesellschaftlichen, einzelbetrieblich organisierten Verwertungsprozeß. Der Staatsapparat und seine Funktionsbereiche existieren freilich gleichzeitig auch als Personage, als eine Vielzahl sozialer Gruppen, mit ihren jeweils besonderen selber wiederum geldförmig definierten Reproduktionsinteressen. Das gilt ebenso für Armee und Polizei, die für die innere und äußere Sicherheit zu sorgen haben, wie für die Verwaltung und die diversen infrastrukturellen Institutionen im Bildungs- und Gesundheitswesen, etc. Je weiter die Warenvergesellschaftung voranschreitet, desto mehr nimmt das absolute und relative Gewicht dieser Sektoren zu, und die Zahl derjenigen vervielfacht sich, die ihr Dasein als unproduktive staatliche Funktionsträger fristen. Schon in den 70er Jahren des 19. Jahrhunderts hatte der deutsche Ökonom Wagner die beständige Ausdehnung des staatlich angeeigneten Anteils an der Wertschöpfung in den Rang einer ökonomischen Gesetzmäßigkeit erhoben, und tatsächlich stieg in den letzten 100 Jahren die Staatsquote in den kapitalistischen Kernländern bis auf 30-60% des Bruttosozialprodukts.[1] Die Symbiose von Warengesellschaft und moderner Staatlichkeit setzt auf diesem von der Produktivitätsentwicklung diktierten Niveau umfängliche Abschöpfmechanismen voraus, und sie kann für beide Teile nur reibungslos vonstatten gehen, solange die gesellschaftliche Verwertungsbewegung mächtig genug ist, den Staatsapparat mitzutragen. Kollabiert die Arbeitsgesellschaft, fällt diese Bedingung also weg, so muß auch die Ehe von Staat und Gesellschaft zu Bruch gehen. Sowohl die ideell-ideologischen Bindungen lösen sich auf als auch die Redistributionsmechanismen, die das reguläre Funktionieren des staatlichen Apparates garantieren.

Von der treulosen Gesellschaft im Stich gelassen, verschwindet der entkoppelte Staatsapparat aber nicht einfach spurlos. Wenn die Staatsbediensteten mit keinem nennenswerten Einkommen aus Steuermitteln mehr rechnen können, sind sie darauf angewiesen, ihr Auskommen aus anderen Quellen zu sichern. Sie stehen vor der Wahl, ihre bisherige Funktion als Nebenbeschäftigung weiter brav zu erfüllen, aus dem gänzlich unbezahlten Dienst auszuscheiden oder die ihnen zugefallene Position zur irregulären Bereicherung auszunutzen. Aus dem idealiter symbiotischen Verhältnis zur Gesellschaft entlassen, nach wie vor aber mit hoheitlichen Rechten und den damit verbundenen Durchsetzungsmöglichkeiten ausgestattet, liegt es für Teile der staatlichen Apparate nahe, zur Plünderung der Gesellschaft überzugehen. Dieser Raubzug nimmt zum einen die vertraute Form von individueller oder weitmaschig organisierter Korruption und Bestechlichkeit an. In den Ländern der Dritten Welt, wo die Installation von Staatlichkeit zumeist nie mehr als ansatzweise gelang, spielten derartige Phänomene immer eine große Rolle. Mit der strukturellen Krise von Verwertung und Staatlichkeit verallgemeinern sie sich weltweit. An sich kostenlose, vom Staat zu garantierende Rahmenleistungen der Warenproduktion werden damit zum käuflichen Gut, sie erhalten einen Preis, den die Sachverwalter in ihre Taschen wirtschaften, eine nicht nur in den aus der ehemaligen Sowjetunion hervorgegangen Staatswesen längst gängige Praxis.

---

1 In Schweden lag sie 1989 bei 56,8% am BSP, in der BRD bei 38,1%. In Großbritannien, das schon viele Jahre unter marktliberalistischen Hardcoreregierungen leidet, liegt die Quote bei 36,5%, in den USA, Schlußlicht auf diesem Gebiet, immerhin bei 29,8%.

Es sind aber auch andere Facetten poststaatlicher Plünderungswirtschaft denkbar. Insbesondere für die tendenziell außer Kurs gesetzten Sicherheitsapparate liegt es nahe, ihre spezifische Qualifikation autonom zu verwerten und sich in den Wachstumsbranchen Raub, Diebstahl und Erpressung zu engagieren. Der grassierende brutaloliberale Traum von der Deetatisierung verwirklicht sich hier in unerwarteter Weise. Die Grenze zwischen organisiertem Verbrechen und Polizei und Armee sind in vielen Ländern der Erde nur mehr schwerlich auszumachen; das liegt nicht einfach am allgemeinen »Sittenverfall«, sondern entspricht einer Situation, in der die Warenlogik wild weiter funktioniert, obwohl sie ihre arbeitsgesellschaftliche Grundlage eingebüßt hat.

Eine ganz besondere Qualität nimmt die neue Tendenz zu einer allgemeinen Plünderungsökonomie dort an, wo sie sich pseudopolitisch gerieren und an vorgängige gesellschaftliche Konflikte anknüpfen kann. Auch hier wird direkte physische Gewalt zum Mittel der Aneignung. Die Träger einer poststaatlichen Raubwirtschaft gehen ihrem Handwerk aber nicht im Dunkel der Nacht nach, das Licht der Öffentlichkeit scheuend, sondern unter dem fadenscheinigen Deckmäntelchen von Kryptonationalismen.

Damit wären wir wieder bei der jugoslawischen Entwicklung und ihren Spezifika angelangt. Die plünderungsökonomische Dynamik nahm hier einen besonderen Gang, weil sie unmittelbar aus der Fortsetzung innerjugoslawischer Verteilungskämpfe erwuchs und an die in diesem Zusammenhang jahrzehntelang reproduzierten Ressentiments anknüpfen konnte. Während das Scheitern der gesamtjugoslawischen Modernisierungsperspektive von den Beteiligten vorzugsweise den bisherigen Kompagnons zur Last gelegt wurde, und die jugoslawische Arbeitsgesellschaft an ihren nationalistisch besetzbaren Bruchlinien auseinanderfiel, eröffnete sich den neuformierten Resten der Sicherheitsapparate und Teilen der politischen Klasse die verlockende Möglichkeit, die aus den jeweiligen neuen Partialgesellschaften herausdefinierten »Fremden« zum bevorzugten Opfer ihrer Unterhaltssicherungsmaßnahmen zu machen. Denjenigen Angehörigen der ehemaligen Bundesarmee, die keine zivile Perspektive hatten, bot sich die Chance, in Kooperation mit gelernten Kriminellen als bosnisch-serbische Armee unter Kroaten und Moslems zu rauben und zu morden. Die kroatischen Milizen folgten dem Beispiel, vertrieben die serbischen Bewohner aus ihrem Herrschaftsbereich und ermöglichten es nebenbei ihren eigenen Leuten, sich deren Besitz anzueignen. Die Moslem-Truppen, die offizielle bosnische Armee, wiederum hielten sich ihrerseits an den in Sarajevo verbliebenen Serben und Kroaten schadlos. Das autonome Arbeitsbeschaffungsprogramm verband sich mit dem nationalen Ressentiment und wurde auf diese Weise zur Grundlage poststaatlicher kriegerischer Verwicklungen in und zwischen den Nachfolgegebilden Ex-Jugoslawiens. Die installierte Plünderungsökonomie gewinnt mit den aus den innerjugoslawischen Konflikten abgeleiteten Freund-Feind-Definitionen eine pseudo-politische Fassade.

Wenn die Apologeten der westlichen Markwirtschaftsdemokratie einen Blick auf die Vor- und Durchsetzungsgeschichte ihres so hoch geschätzten Systems werfen, dann stoßen sie auf so manches »dunkle Kapitel«. In der Ahnengalerie der Weltdiktatur von Arbeit, Ware und Geld finden sich einige Onkel (und Tanten), wie Hitler und Stalin, mit denen die Nachfahren lieber nicht in Verbindung gebracht werden möchten. Es ist dann üblich, deren Regimes als »verbrecherisch« zu klassifizieren. In offiziösen bundesdeutschen Verlautbarungen etwa ist selten von der nationalsozialistischen Herrschaft ohne dieses Pflichtadjektiv die Rede. Im Zusammenhang mit dem Nationalsozialismus lenkt das Attribut »kriminell« aber nicht nur von den Kontinuitätslinien ab, die die nationalsozialistische Volksgemeinschaft der »Arbeiter der Stirn und Faust« mit der bundesdeutschen Wirtschaftswundergesellschaft verbindet, es läuft zugleich auf die Verharmlosung der Nazidikatur und ihrer Taten hinaus. Der staatlich organisierte und von pflichtbewußten Bürgern umgesetzte Holocaust und die nazistischen Bemühungen, eine neue Weltordnung zu errichten, waren etwas viel Ungeheuerlicheres als ein Verbrechen. In den Kämpfen im zerfallenden Jugoslawien hingegen gewinnt dieser metaphorisch gemeinte Ausdruck einen wortwörtlichen Sinn. Die Nachfolgeregimes haben nicht nur allesamt intime Kontakte zum kriminellen Milieu, die Verflechtungen mit der Schattenwelt sind die Reproduktionsgrundlage der pseudostaatlichen Gewalten.

Damit kehren unter vollkommen anderen historischen Bedingungen die Verhältnisse wieder, die vor Beginn des Siegeszugs der Warenproduktion herrschten. Wie schon im frühen Mittelalter gibt es auf dem Balkan keine qualitativ bestimmbare Grenze zwischen kriegerischen Aktionen und purer Plünderung. Im jugoslawischen Bürgerkriegsgeschehen läßt sich beides höchstens noch in der gleichen etwas willkürlichen Art und Weise unterscheiden, in der vor rund 1300 Jahren König Ine von Wessex in seinen Gesetzesbestimmungen drei Kategorien von möglichen Angreifern auseinanderhielt: »Sind es weniger als sieben, handelt es sich um einfache Diebe; treten sie zahlreicher auf, bilden sie eine Räuberbande; sind es aber mehr als fünfunddreißig, haben wir es fraglos mit einem militärischen Angriff zu tun.«[2]

Beim militärischen Arm der neuen Staatsmächte springt die Nähe zur organisierten Kriminalität unmittelbar ins Auge. Wer einen Blick auf die Rekrutierungspraxis der Kriegsparteien wirft, stößt allenthalben auf Männer, die auf äußerst bezeichnende Karriere zurückblicken können. Auf der serbischen Seite etwa geben Figuren wie Zeljoko Raznjatovic, genannt »Arkan«, den Ton an. Seine Laufbahn kann für die vieler Kollegen stehen. Dieser von den Menschenrechtsorganisationen, die die Greueltaten in Ex-Jugoslawien dokumentieren, auf der Kriegsverbrecherliste ganz oben plazierte Warlord betätigte sich ursprünglich als Kneipier in Belgrad. Sein Café, das sich unmittelbar neben dem Belgrader Fußballstadion befand und das vornehmlich von den Fanclubs von Roter Stern Belgrad frequentiert wurde, warf aber keinen

---

2   Zitiert nach Georges Duby, Krieger und Bauern, Frankfurt 1977, S. 65.

sonderlichen Gewinn ab. Raznjatovic wechselte daher das Metier und ging zunächst einmal ins Ausland. Wegen Bankraubs in Schweden, in der Bundesrepublik, in Belgien und in Holland mit Haftbefehl gesucht, zog sich Raznjatovic nach einigen Jahren vor dem Fahndungsdruck von Interpol wieder in das heimatliche, gerade im Auseinanderbrechen begriffene Jugoslawien zurück. Dort verstand er es, seine alten Kontakte als Kneipier nutzbar zu machen und baute mit Hilfe seiner alten Stammgäste seine »Tigertruppe« auf. Mit dieser Privatarmee [3] erwarb er sich unsterblichen Ruhm bei der Einnahme von Vukovar und bei der Plünderung slawonischer Dörfer im Umkreis dieser Stadt. Nach dem Abschluß des kroatischen »Feldzugs« suchte er für sich und seine Männer ein neues Betätigungsfeld und fand es in Bosnien. Im April 1992 übernahm die »Tigertruppe« eine Vorreiterrolle bei der Eroberung Bosniens und brachte weite Landstriche im Nordosten des Landes unter ihre Kontrolle. Als die von »Arkan« geführte »Armee« im Mai 1992 in Brcko 2000-3000 muslimische Zivilisten massakrierte, und der Kommandant diese Heldentaten für Werbevideos auch noch filmisch festhalten ließ, stieg er zum Inbegriff des Schlächters auf. Seinen Verdiensten entsprechend machte »Arkan« nicht nur militärisch Karriere. Er wagte sich auch auf das politische Parkett und errang bei den Parlamentswahlen vom 20.12.1992 ein Abgeordnetenmandat, ein Job, der sich mit seinen anderen Ambitionen bestens verbinden ließ.

Die serbischen »Tiger« fanden zu Beginn des Krieges in den »Zebras« ihr kroatisches Pendant. Diese Truppe und andere paramilitärische Verbände, die mittlerweile in den Reichen von Tjudman und Boban größere Bedeutung haben, unterscheiden sich von den serbischen Verwandten, den diversen Cetnikarmeen, vornehmlich in zweierlei Hinsicht. Zum einen in der Haartracht, und zum anderen, was in unserem Zusammenhang wohl etwas wichtiger ist, durch das hohe Maß an Abhängigkeit von personeller und finanzieller Unterstützung aus dem Ausland. Zwar kämpften und kämpfen auch bei den Cetniks bereits in den Auseinandersetzungen in Slawonien und der Krajina Söldner aus Rumänien und der ehemaligen Sowjetunion sowie Importkommandanten vom Schlage des berüchtigten »Kapetan Dragan«[4] mit, sie spielen aber dort eher eine untergeordnete Rolle. Auf der kroatischen und kroatobosnischen Seite dagegen tummelt sich gleich ein gutes Dutzend solcher Figuren. Unter ihnen machte sich 1991 vor allem Sinis Dvorski, genannt »Rambo«, einen Namen.

---

3 Angaben über deren zahlenmäßige Stärke schwanken recht stark. Im »Spiegel« 50/1992 war von 3000 Mann die Rede, dagegen spricht ein DPA-Bericht vom 5.1.93 lediglich von 1000 Kämpfern.

4 »Kapitän Dragan«, alias Dragan Vasilkovic, der Sohn serbischer Auswanderer, erwarb seine militärischen Kenntnisse in der australischen Armee. Nach seinem Ausscheiden aus dem Militärdienst verdiente er seinen Unterhalt in Melbourne als Bordellbesitzer. Weil er nicht nur Prostituierte, sondern auch Hehler an Kriminelle vermittelte und eine bedeutende Rolle im Unterwelt spielte, wird er seit 1984 von der dortigen Polizei gesucht. Für ein Monatshonorar von 10000 DM, zahlbar in westlicher Währung, heuerte er bei den Cetniks an und war zunächst vornehmlich als Ausbilder tätig. Im Krieg in Kroatien operierte er in der Region Banija und verbreitete dort Angst und Schrecken. (Die biographischen Angaben sind allesamt dem »Spiegel« vom 12.8.91 entnommen.)

Dieser Mann, der nicht nur was die Statur angeht, eine fatale Ähnlichkeit mit Sylvester Stallone hat, sondern auch dessen Neigung teilt, sich vorzugsweise mit nacktem, nur mit Patronengürtel bekleidetem Oberkörper zu präsentieren, diente vor seinem Kroatienengagement schon in verschiedenen europäischen Armeen und zuletzt in einer südafrikanischen »Anti-Terror-Einheit«. Kaum in Kroatien angekommen, bildete er nicht nur einige hundert blutjunger und ansonsten beschäftigungsloser Nachwuchsrambos in der Kunst des Tötens aus, er eroberte mit dieser Truppe auch die von serbischen Freischärlern eingenommene Stadt Kostajnica zurück und errang damit für die bedrängten Kroaten einen der ersten militärischen Erfolge überhaupt.

Aber nicht nur auf der Kommandantenebene hat erst der Zustrom aus dem Ausland die »kroatische Armee« funktionsfähig gemacht, er spielt auch bei den Mannschaften eine erhebliche Rolle. Die diversen konkurrierenden kroatischen Milizen haben sich dank der zum Teil exzellenten Kontakte der kroatischen Auslandskolonien zur internationalen rechtsradikalen Szene allesamt zu Praktikumsstellen für faschistische Kämpfer aus ganz Westeuropa und Nordamerika entwickelt.

So wichtig der Beitrag auch ist, den die Exil-Kroaten[5] der ersten, zweiten und dritten Generation bei der personellen Auffüllung der Milizen leisten, schwerer wiegt noch die umfängliche finanzielle und logistische Unterstützung durch dieses Milieu.[6]

Während die Cetnikeinheiten sich zunächst einmal im wesentlichen durch die Ausplünderung der Zivilbevölkerung in den eroberten Gebieten ihren Unterhalt sichern konnten (sie verkauften beispielsweise in großem Umfang gebrauchte Unterhaltungselektronik nach Osteuropa), war es den militärisch in der Defensive befindlichen kroatischen Einheiten nicht möglich, auf dieser Ebene mitzuhalten. Sie hatten zwar keinerlei Hemmungen, die im kroatischen Hinterland greifbaren Angehörigen der serbischen Minderheit um ihren Besitz zu bringen,[7] das Betätigungsfeld war aber einfach zu eng, als daß dieser Nebenberuf für die bewaffneten Verbände zu einem ernsthaften Reproduktionsfaktor hätte werden können.[8] Die Mittel für ihren Unterhalt stammen in erster Linie aus den Hartwährungsinfusionen der Exilvereinigun-

---

5 Die Kroaten haben, schon allein deshalb, weil sie an der jugoslawischen Arbeitsemigration deutlich überproportional beteiligt waren, von allen balkanischen Völkerschaften mit Abstand die meisten Verbindungen ins Ausland. Durch eine besondere Weltläufigkeit zeichnen sich aber gerade die nationalistischen und rechten Kreise aus. Schon zur Zeit des ersten jugoslawischen Staates mußten sich zahlreiche kroatonationalistische Aktivisten über die Grenzen absetzen, und auch nach der Zerschlagung des Ustascha-Regimes gab es immer wieder größere und kleinere Fluchtwellen.

6 Die Auslandsgemeinden bestehen natürlich nicht nur aus dubiosen Figuren, sondern auch aus Männern, die in den Einwanderungsländern zu Honoratioren aufgestiegen sind, und sich den Luxus von Heimatsentimentalität leisten.

7 Es wurde wiederholt berichtet, daß in Zagreb und anderen kroatischen Städten Milizen die Wohnungen von Angehörigen der serbischen Minderheit entweder zerstörten oder beschlagnahmten. Selbst Häuser wurden bei dieser von der kroatischen Polizei gedeckten Form »ethnischer Säuberung« gesprengt. In kaum einem dieser Fälle dürften die »Verteidiger des kroatischen Volkstums« darauf verzichtet haben, vorab die Räumlichkeiten von den Wertsachen und der verkäuflichen Habe ihrer ehemaligen Bewohner zu befreien.

8 Das änderte sich natürlich grundlegend mit dem Krajina-Feldzug im August 1995.

gen. Da es sich bei diesen Zuwendungen zu einem guten Teil um »schwarzes Geld« handelt, ist es unmöglich, die Höhe dieser Zuflüsse auch nur annäherungsweise zu quantifizieren. Wenn die »Wirtschaftswoche« aber schon den Betrag, den die nordamerikanischen Exilvereinigungen 1991 offiziell und für die Spender steuerlich absetzbar der »kroatischen Unabhängigkeitsbewegung« zur Verfügung gestellt haben, auf 10 Millionen Dollar beziffert[9], so liegt doch die Annahme nahe, daß sich diese Zahlungen insgesamt in DM gerechnet zu einer neunstelligen Summe addieren dürften.[10] Ein nicht unerheblicher Teil dieser Gelder kommt den rechten Privatmilizen zugute. Diese Truppen, die kaum damit rechnen können, von der Regierungsclique mit staatlich requirierten und diplomatisch erbettelten Mitteln unterstützt zu werden, weil Tudjman sich natürlich wohlweislich hütet, die Machtbasis von offenen faschistischen Konkurrenten wie Dobroslav Paraga zu stärken, erfreuen sich dank ihrer der Nationalgarde überlegenen Kampfkraft besonderer Beliebtheit bei den diversen Förderern der kroatischen Sache. Diese materielle Basis scheint, wenn man den Schilderungen ausländischer Legionäre Glauben schenken kann, den Unterhalt dieser Truppen hinreichend zu sichern. Ein junger italienischer Ustascha-Kämpfer lobte jedenfalls gegenüber dem »Zeit«-Autor Michael Schwelien das komfortable Leben, das seine Gruppe führt.[11] Das einzige, was Claudio Care an seiner Existenz als Milizionär stört, ist der exzessive Alkoholkonsum seiner Kameraden: »Zum Frühstück schon Schnaps! Die sterben eher an Leberzirrhose als an einer Kugel.«[12]

Wenn schon auf serbischer und kroatischer Seite Truppen kämpfen, die mit einer regulären Wehrpflichtigenarmee wenig gemein haben, so gilt das erst recht für die bosnischen Muslime. Als die von der muslimischen SDA (= Vereinigung der Demokratischen Aktion) geführte Regierung von Bosnien-Herzegowina nach einem von der serbischen Opposition boykottierten Referendum die Unabhängigkeit Bosnien-Herzegowinas verkündete, und darauf Cetniktruppen den Krieg auch in diese ehemalige jugoslawische Teilrepublik trugen, gab es nur eine organisierte bewaffnete Kraft im muslimischen Teil des Landes, die Izetbegovic der serbo-bosnischen Soldateska entgegenstellen konnte: die Unterwelt, die muslimische Mafia.[13] Sie organisier-

9 Wirtschaftswoche vom 21.8.92.
10 Im gleichen Zeitraum stellten die nordamerikanischen Exilvereinigungen zusätzlich den gleichen Betrag übrigens auch der HDZ, der Partei Tudjmans, zur Verfügung.
11 Die Versorgung läuft über dunkle Kanäle, aber sie scheint insgesamt ganz gut zu funktionieren. Unser gesprächiger italienischer Kronzeuge jedenfalls hat auch an der Ausrüstung nichts zu bemängeln und läßt seinen Gesprächspartner einen kleinen Blick hinter die Kulissen werfen: »Schuhe von Honecker‹, sagte er, ›und Gewehre von der Caritas‹. Zum Beweis schnürte er die Stiefel auf, kramte Munition aus den Taschen, alles von der NVA, in Kisten mit den Aufschriften der katholischen ›Organisation für praktische und geübte christliche Liebeshilfstätigkeit‹ von Deutschland nach Kroatien geschickt.« (»Die Zeit« vom 26.6.92.
12 Ebenda.
13 Die von Izetbegovic geführte muslimische Seite war deshalb äußerst schlecht auf den Krieg vorbereitet, weil sie sehr lange auf den Fortbestand Jugoslawiens gebaut, und dementsprechend nicht lange schon klammheimlich die Bildung paramilitärischer Gruppierungen gefördert hatte. Erst nach dem Eindringen serbischer und kroatischer Freischärler nach Bosnien-Herzegowina seit Juli 1991 und dem Ausscheiden von Slowenien und Kroatien warf der am 20.12.90 gewählte Präsident das Steuer herum. Einer Mitglied-

te den Widerstand gegen die »serbischen Aggressoren«, aber sie tat das natürlich auf ihre Weise.

Wie, berichtete Milan Borojevic, Journalist und Augenzeuge, am Beispiel der bosnischen Hauptstadt: »Der Krieg brach am 6. April aus, und schon zehn Tage später waren alle Schaufenster Sarajevos verwüstet, Magazine ausgeplündert, als wäre ein Taifun durch die Geschäfte gezogen. Dann wurden die verschiedensten Waren auf den Straßen Sarajevos für enorme Preise verkauft. Als in den Geschäften nichts mehr zu stehlen war, fing die Soldateska an, in Wohnungen einzubrechen, mit der Rechtfertigung: ›Es wurde uns mitgeteilt, daß von Ihrem Fenster ein Scharfschütze geschossen hat.‹ Die Wohnung wird dann verwüstet und alles, was man verkaufen kann, mitgenommen. Einige Bürger bekamen ihre Sachen zurück, die meisten konnten jedoch nie feststellen, welche bewaffnete Gruppierung sie heimgesucht hatte.«[14]

An dieser Praxis änderte sich auch in der Folge wenig. Das Gesicht der frisch aus der Taufe gehobenen »bosnischen Armee« prägen Männer, die tagsüber sich mal Feuergefechte mit den Cetniks liefern, mal dunkle Geschäfte mit dem »Feind« machen und nachts in den Städten, die sie verteidigen, auf Beutejagd gehen. Durch die Überlegenheit der serbischen Gegenspieler erst einmal daran gehindert, auswärts auf Raubzüge zu gehen, nahm die bewaffnete Muslimmacht Zuflucht bei selbstorganisierter innerer Requirierung. Als es bei den muslimischen, kroatischen und insbesondere den serbischen Mitbewohnern immer weniger verkäufliche Sachgüter zu holen gab, wurde in zunehmendem Maße die internationalen Hilfslieferungen sowie Geschäfte mit den UNO-Truppen[15] und Belagerungsgewinne zur Haupteinnahmequelle der diversen Milizen. Von allen vom »Roten Kreuz« und anderen humanitären Organisationen nach Bosnien geschafften Gütern beschlagnahmt die bosnische Armee nach bewährtem kroatischen Vorbild mindestens die Hälfte und verhökert Dosenfleisch, Konserven, Kaffee etc. aus UN-Beständen zu Phantasiepreisen auf dem Schwarzmarkt. Der »Zufall« will es so, daß die Unternehmen, die die Organisation der Nahrungsmittelverteilung an sich gerissen haben, sich fast alle im Besitz von hohen Militärs befinden, ein Umstand, der diese Praxis natürlich erleichtert. Der Belagerungszustand brachte den bewaffneten Verteidigern aber nicht nur eine Monopolstellung auf den Lebensmittelmärkten der eingeschlossenen Städte, auch in anderer Hinsicht hat er lukrative Seiten. Wer das eingeschlossene Sarajevo verlassen wollte, der konnte das tun, vorausgesetzt, er verfügt über entsprechendes Bargeld. Die 30 Kilometer-Passage von Sarajevo in das außerhalb des Belagerungsringes gele-

schaft in einem großserbisch dominierten Jugoslawien zog die muslimische Seite nun die Unabhängigkeit vor. Während Mate Boban , der Chef der kroatischen HDZ in Bosnien-Herzegowina, mit der Teilung des Landes liebäugelte, und die von Karadzic geführten serbischen Abgeordneten am 9.1.92 ihre eigene Serben-Republik ausriefen, ließ Izetbegovic am 29.2.92 ein von den Serben boykottiertes Referendum durchführen, das die Schaffung eines souveränen, ungeteilten Bosnien-Herzegowina zum Ziel hatte.

14 Wirtschaftswoche vom 21.8.92.

15 Der Sold der UNO-Soldaten dürfte wesentlich der Mafia zufließen. Wer sonst in Sarajevo und anderen bosnischen Städten könnte die Blauhelme mit Alkohol, Zigaretten (Güter die für die Mitglieder einer zum Nichtstun verurteilte Kampftruppe existentiell sind) sowie mit Prostituierten versorgen.

gene Kiseljak war im August 1992 für einen Preis zwischen 700 und 7000 Schilling zu haben, ein Sümmchen, das sich die muslimischen Milizen mit den serbischen Kollegen natürlich einvernehmlich teilten.[16]

Wie sehr das kriminelle Milieu und dessen Machenschaften die bosnische Armee prägen, mußte selbst der stellvertretende Oberbefehlshaber General Jovan Divjak in einem »Zeit«-Interview im Februar 1993 einräumen. Als sein Gesprächspartner Dietrich Willier feststellte, daß viele Menschen nicht nur in Sarajevo ebenso erbittert über die kriminellen Banden und über die Geschäfte der kroatischen und muslimischen Kriegsgewinner wären, wie über die Granaten der serbischen Aggressoren, bekam er zu diesem Problem eine ebenso offene wie bezeichnende Antwort: »Das ist wahr. Wahr ist allerdings auch, daß dank dieser kriminellen Gruppen Sarajevo in den ersten Kriegswochen überhaupt verteidigt werden konnte. Sie waren die einzigen, die Waffen hatten, und sie haben andere mit Waffen versorgt. Aber man hat diese Banden viel zu lange gewähren lassen. Leider wissen wir, daß in diesem Krieg schmutziges Geld eine sehr große Rolle spielt. Tatsächlich sind die Kriegsprofiteure und kriminellen Banden ein wichtiger Grund dafür, daß Sarajevo noch immer blockiert ist. Ein weiterer Grund ist, daß die bosnische Armee von den bewaffneten Gruppen außerhalb der Stadt nicht unterstützt wird. Dort, in den Orten Jablanica oder Kiseljak, lebt man heute viel besser als vor dem Krieg. Sie wollen nicht, daß Sarajevo frei wird.«[17]

So ungewohnt ehrlich und realistisch diese Aussage auch war, in einem Punkt zeigte sich Divjak grenzenlos naiv. Seine Hoffnung, die muslimische Mafia doch noch an die Kette legen zu können, erfüllte sich nicht und konnte sich auch gar nicht erfüllen. Ein halbes Jahr nach dem gerade zitierten Interview war die offizielle bosnische Armeeführung mit ihrem Versuch, ihre unkoschere Ehe mit der Unterwelt aufzulösen, noch keinen Schritt weitergekommen. Im Gegenteil, selbst offene Raub- und Mordaktionen häuften sich, und Divjak mußte abermals bekennen, daß sich ein großer Teil der bosnischen Armee nach wie vor der Kontrolle des Oberkommandos völlig entzieht. »Immer häufiger«, so faßte Dietrich Willier in der »Zeit« die Aussagen des serbischstämmigen Generals im Sommer 1993 zusammen, »seien die Soldaten der Altstadtbezirke zu organisierten Raubzügen und Plünderungen aus ihren Stellungen herunter in die Stadt gekommen. Gegen den ausdrücklichen Befehl der Armeeführung seien bei solchen Aktionen Hunderte männliche Zivilisten von Soldaten regelrecht gejagt, gefangen und als lebendige Schutzschilder an die Frontlinien gezerrt worden.« Für niemanden in Sarajevo war es ein Geheimnis, wer für solche Aktionen verantwortlich war, bei denen in der ersten Jahreshälfte 1993 1400 namentlich bekannte Einwohner von Sarajevo, für gewöhnlich natürlich mitsamt ihres Eigentums, verschwanden.

---

16 Die Angaben sind der »Wirtschaftswoche« vom 21.8.92 entnommen.
17 Die »Zeit« vom 19.2.1993.

Selbst in der internationalen Presse war es zu lesen: »Bei den Standortkommandanten, die solche Aktionen befohlen oder gedeckt hatten, handelt es sich ausschließlich um wohlbekannte Mafiosi. Ramiz Delalic etwa, genannt ›Celo‹, wurde erst vor wenigen Jahren wegen zahlreicher Verbrechen aus Deutschland ausgewiesen und steht heute in dem Ruf, größten Einfluß auf die muslimische Regierung des bosnischen Präsidenten Alija Izetbegovic zu besitzen. Mustafa Zulic gehört dazu, ein Drogenhändler mit Niederlassungen in Amsterdam, und Nenad Puska, den sie den ›Analphabeten‹ nennen. Ein weiterer, dessen muslimische Kidnapperbanden schon seit Wochen panische Angst in der Stadt verbreiten, ist der ehemalige Musiker und Mafioso Musan Topalovic, genannt ›Caco‹. Auch er verfügt über einen Wohnsitz und ausreichend Geld in der Bundesrepublik.«[18]

Dennoch liefen alle Versuche von seiten der bosnischen Staatsgewalt, auch nur diesem unverhüllten Treiben einen Riegel vorzuschieben, ins Leere. Dieser Mißerfolg im Kampf mit dem Bandenwesen hat seinen Grund zum einen sicherlich darin, daß sich die Herren Standortkommandanten mit ihren Mitteln gegen Polizeiaktionen zu wehren wissen und wußten. Als im Frühsommer 1993 beispielsweise loyale Teile der bosnischen Armee gegen seine marodierende Mafiatruppe vorzugehen versuchten, reagierte der ehrenwerte »Caco« prompt, nahm die Söhne des Oberbefehlshabers Rasim Delic und dessen Stellvertreters Jovan Divjak sowie zwanzig Offiziere der Militärpolizei und 200 andere Menschen als Geiseln und erzwang damit ein Gentlemen's Agreement. Eine entscheidende Rolle spielt außerdem natürlich die Tatsache, daß die großen Paten ihre Leute auch in der Regierungsmannschaft plaziert haben. Aber selbst eine zu großen Opfern entschlossene und in keiner Weise vom kriminellen Milieu angekränkelte Regierung und Armeeführung könnte die Vorherrschaft der Mafia in den bosnischen Streitkräften nicht brechen. Solange die darniederliegende Wirtschaft keine Steuererträge bringt, Bosnien auf den internationalen Finanzmärkten keinen Kredit hat und die Finanzverwaltungen der westeuropäischen Länder Sarajevo daran hindern, reguläre Steuern von den im Ausland lebenden Bosniern zu erheben (Doppelbesteuerung), kann sich die bosnische Regierung eben nur bewaffnete Einheiten halten, die selber für ihren Unterhalt sorgen. Die mittlerweile zahlreichen Freiwilligen aus islamischen Ländern,[19] die in Bosnien kämpfen, werden von außen, durch die Spenden arabischer Staaten unterhalten. Für die einheimischen Truppen bestehen aber letztlich nur die Alternativen, sich selber aufzulösen oder sich in welcher Form auch immer an der wilden Aneignungspolitik zu beteiligen. Vor diesem Hintergrund liegt es eigentlich auf der Hand, daß die offizielle Regierung zwar vielleicht im Machtkampf konkurrierender Gangsterbanden die eine oder andere Gruppe ausschalten kann, aber, selbst wenn sie wollte, keineswegs in der Lage ist, das Bandenwesen als solches auszuheben.

---

18 Die »Zeit« vom 23.7.93.
19 Der »Spiegel« 5/94 bezifferte deren Zahl Anfang 1994 auf immerhin 2000 Mann.

18. Zur Logik poststaatlicher Kriegführung

Von Clausewitz hat in seinem klassischen, in den wilden Jugendjahren der National-
staatsbildung entstandenen Werk klargelegt, was unter »Krieg« zu verstehen sei.
Beim Krieg handelt es sich um den Zusammenprall von einheitlichen staatlichen
Willensträgern, die den jeweiligen Gegner durch koordinierten Einsatz gewaltsamer
Mittel niederzuwerfen suchen. Mit dieser allgemein gehaltenen Definition lassen sich
bis auf ganz wenige Ausnahmen alle Kriege von den Napoleonischen Feldzügen bis
zum Vietnamkrieg fassen. Der Jugoslawienkonflikt aber sprengt das Clausewitzsche
Kategoriensystem. Um dem Clausewitzschen Kriegsbegriff Genüge zu tun, fehlt den
Kriegsparteien zunächst einmal schon die innere Kohärenz; von einem einheitlichen
koordinierten staatlichen Willen kann in Ex-Jugoslawien bei allen Konfliktparteien
auch nicht annäherungsweise die Rede sein. Westliche Beobachter, diplomatische
Vermittler und postjugoslawische Regierungschefs können noch so notorisch an der
Fiktion festhalten, daß auf den Kriegsschauplätzen Befehlsempfänger aufeinander
einschlagen, die ihren Herren in Pale, Zagreb, Belgrad, Sarajevo oder wo auch immer
aufs Wort gehorchen – die Kriegswirklichkeit wird sich darum auch weiterhin nicht
kümmern. Die bewaffneten Formationen verfolgen dabei nicht nur deshalb keine in
einheitliche Schlachtpläne übersetzte Eroberungs- und Abwehrstrategien, weil es
zwischen den unabhängig voneinander operierenden Milizen keine festgefügten
Befehlsstrukturen gibt, sondern auch der eigentliche Inhalt des militärischen Tuns
sperrt sich einer solchen Orientierung. Die Kriegsanstrengungen richten sich gar
nicht so sehr darauf, im Clausewitzschen Sinne den Gegner systematisch niederzuwerfen und den Krieg siegreich zu beenden. Vielmehr steht die eigene Bereicherung
im Mittelpunkt des Milizlebens. Die bewaffneten Auseinandersetzungen bilden den
Rahmen, in dem sich die kriegführenden Parteien und Miniparteien ihre Reproduktion sichern.

Dieser Zusammenhang prägt nachhaltig den Kriegsverlauf. Das beginnt damit,
daß die klare Grenze, die in der Epoche der Nationalstaaten Krieg und Frieden
voneinander trennte, verschwimmt. Wo einst eine schmale und eindeutig definierte
Demarkationslinie leicht auszumachen war, tut sich heute eine weite Grauzone auf,
die sich mit dem Gegensatzpaar Krieg und Frieden nicht mehr so recht fassen läßt.
Zum einen verliert die Differenz zwischen Kampfhandlung, Feuerpause, Waffenstill-
stand und Frieden im Bandenkrieg ihre Bedeutung. Die unübersehbare Abfolge von

stets gebrochenen offiziellen Waffenstillstandsvereinbarungen demonstriert das eindrücklich. Schwer zu erkennen sind aber auch die Frontlinien, und es ist keineswegs immer so eindeutig auszumachen, wer denn nun gerade gegen wen Krieg führt. Am Verhältnis von muslimischen und kroatischen Milizen springt das besonders deutlich ins Auge. Mal kooperieren sie im Kampf gegen Cetnikeinheiten, mal machen sie sich ihre Einflußsphären gegenseitig streitig und schießen aufeinander. Aber auch die Rolle des serbisch-montenegrinischen Staates bleibt im Halbdunkel. Es ist sicherlich zynisch, wenn Milosevic gegenüber der Weltöffentlichkeit steif und fest den Standpunkt vertrat, Rest-Jugoslawien sei nie an den Kämpfen in Bosnien-Herzegowina beteiligt gewesen. Die Behauptung verweist aber durchaus auf eine veränderte poststaatliche Realität. Hitler konnte seinen Angriffskrieg am 1.9.1939 zwar mit der dreisten Erklärung offiziell eröffnen »ab Fünf Uhr dreißig wird zurückgeschossen«, es ist ihm aber nicht eingefallen, nach drei Kriegsjahren der Weltöffentlichkeit klar machen zu wollen, daß das »Großdeutsche Reich« gar keine kriegführende Partei sei. In der unübersichtlichen postjugoslawischen Situation, wo Beobachter allein in Serbien 200 verschiedene unabhängige Milizen gezählt haben, ist Milosevic dagegen mit seiner Lüge nicht nur formal gesehen durchaus im Recht.[1] Bei dem »Staat«, den die offizielle kriegführende Partei, die selbsternannte bosnisch-serbische Regierung von Pale, vertritt, handelt es sich zwar um einen Operetten-, aber deswegen noch lange nicht um einen Belgrader Marionetten-Staat. Karadzic ist keineswegs nur der verlängerte Arm Milosevics, er operiert auf eigene Rechnung.

Sobald wir einen näheren Blick auf die realen Verhältnisse werfen, zeigt sich, wie wenig sich das blutige postjugoslawische Geschehen auf einen konsistenten Konflikt zwischen »den Serben« einerseits sowie »den Kroaten« und der »Muslim-Nation« andererseits reduzieren läßt. Exemplarisch tritt dies an der Sonderentwicklung im Nordwesten Bosnien-Herzegowinas hervor. Schon in den 80er Jahren war der erfolgreiche Wirtschaftsmanager und Unternehmer Fikret Abdic in der fast ausschließlich von Moslems bewohnten Region um Bihac zum unumstrittenen Patron aufgestiegen. Als der Bosnien-Konflikt ausbrach, war Fikret Abdic entschlossen, seine Heimat und sein lokales Wirtschaftsimperium aus den Kämpfen herauszuhalten. Er ließ sich mit großer Mehrheit zum Präsidenten einer »Autonomen Region Westbosnien« wählen, und es gelang ihm in dieser Funktion, aus der militärstrategisch denkbar ungünstigen geographischen Lage seines »Staatswesens« eine Tugend zu machen. Die serbischen Kriegsherren verzichteten darauf, das fast vollständig von serbisch kontrollierten Gebieten umgebene kooperationsbereite Bihac zu attackieren. Abdic und seine Leute revanchierten sich dafür, indem sie den serbischen Nachschub sicherten und insbesondere humanitäre Hilfsgüter, die ihnen reichlich zuflossen, natürlich mit einer entsprechenden Gewinnspanne, an den »Feind« weiterverhökerten.[2] Auf dieser Basis

---

1 Schon am 27.4.1992 erklärte die Regierung Rest-Jugoslawiens, daß sie die territoriale Integrität Bosnien-Herzegowinas wahren werde. Von dieser Deklaration ist sie offiziell nie abgerückt.
2 Die »Zeit« vom 1.7.1994.

kamen die Herren der muslimischen Enklave nicht nur mit der serbischen Seite gut ins Geschäft, sondern auch mit den kroatischen Warlords, und verdienten sich dabei eine goldene Nase. Der in seiner Heimat allseits beliebte und geachtete Abdic sah in der Region Bihac mit ihren rund 70.000 Einwohnern dank reicher Kriegsgewinne schon ein »bosnisches Liechtenstein« entstehen und visierte im Herbst 1993 bereits die Einrichtung einer Freihandelszone für die benachbarten kroatischen und serbischen Gebiete an.[3] Die Umsetzung dieser Pläne wurde dann aber doch durch den Eingriff militärischer Gewalt verhindert. Es waren aber nicht die serbischen Milizen, die Abdics Separatreich den Garaus machten, und auch nicht die Kroaten; stattdessen trug die bosnische Armee den Krieg in die bis dahin im Windschatten des Konflikts prosperierende Enklave. Als die bosnischen Regierungs-Verbände relativ an Stärke gewannen und sich 1994 erstmals in der Lage sahen, ihrerseits zu größeren Offensivaktionen überzugehen, wählten sie das abtrünnige muslimische Bihac als Ziel ihres Angriffs.

Rein militärstrategisch betrachtet war dieses Vorgehen schlicht und einfach aberwitzig. Der Vormarsch auf die weit von Sarajevo entfernte und durch einen von den Serben gehaltenen Korridor vom muslimischen Hauptgebiet getrennte Enklave im Nordwesten war von vornherein nicht dazu geeignet, die strategische Position des Izetbegovic-Staates zu stärken. Die »Regierungstruppen« konnten zwar die zahlenmäßig eher schwache Abdic-Miliz aus Bihac vertreiben und in die Stadt eindringen, einer Cetnik-Offensive dort aber nie und nimmer auf Dauer standhalten. Bihac attakkieren war gleichbedeutend damit, sich dort freiwillig einkesseln zu lassen. Genau das geschah denn auch in der Folge. Trotzdem hatte die Wahl des Angriffsziels durchaus ihre Logik. In der Region um Bihac wartete nämlich reichlich Beute auf die Eroberer, weit mehr als bei der Rückeroberung serbisch besetzter und entsprechend verwüsteter Regionen zu holen war.

Nicht nur das Vorgehen der sogenannten »bosnischen Armee« gegen Bihac läßt sich allein vom Räuberstandpunkt aus erklären, die plünderungsökonomische Logik drückte dem Kriegsverlauf insgesamt ihren Stempel auf, und je weiter der Krieg voranschritt, desto deutlicher tritt dieser Zusammenhang zutage. Im Kroatienfeldzug ließen sich, solange die Bundesarmee noch nicht vollends auseinandergefallen war, mit einiger Phantasie noch so etwas wie strategische Operationen und Kriegsziele umreißen. Zwar war schon während des Krieges in Slawonien und in der Krajina zu beobachten, daß sich Armeeangehörige und Cetniks weniger um militärische Operationen als ums Beutemachen kümmerten; statt ihre militärischen Pflichten zu erfüllen, verluden großserbische Kämpfer regelmäßig entwendete Videorecorder und Fernsehgeräte sorgfältig verpackt auf Lastwagen und machten sich erst einmal gen Serbien auf den Weg, von wo aus diese Geräte auf den osteuropäischen Schwarzmarkt gelangten, diese Praxis konnte man damals aber immer noch als ein Randphä-

---

3   Nürnberger Nachrichten vom 2.10.1993.

nomen deuten. Auch der Abschluß des Kroatienfeldzugs wahrte noch halbwegs den Schein eines »normalen« nationalstaatlichen Krieges. Nachdem die serbische Seite ihre Okkupationspläne weitgehend umgesetzt und die beanspruchten Gebiete, die Krajina und Slawonien, im wesentlichen unter ihre Kontrolle gebracht hatte, fand der Krieg tatsächlich zunächst so etwas Ähnliches wie ein Ende. Die von US-Außenminister Cyrus Vance vermittelte Waffenruhe vom 2. Januar 1992 war zwar nicht gerade die erste, die die Kriegsparteien unterschrieben, sondern je nach Zählweise die fünfzehnte bis dreißigste, aber immerhin hielt diese Abmachung, von kleineren kriegerischen Zwischenfällen einmal abgesehen, mehr als drei Jahre lang[4] Spätestens als die serbischen Freischärler sich in Bosnien-Herzegowina ab dem Februar 1992 ein neues Tätigkeitsfeld erschlossen, wurden die plünderungsökonomischen Nebentätigkeiten zur Hauptsache und damit bestimmend für den weiteren Kriegsverlauf.

Nach den landläufigen militärischen Kriterien hätte die zahlenmäßig und der Bewaffnung nach haushoch überlegene serbische Seite den Krieg in kürzester Zeit entscheiden und siegreich beenden können. Außer der nur unzulänglich mit schweren Waffen ausgerüsteten muslimischen Mafia standen wie schon erwähnt den Cetnik-Einheiten, die sich nach Herzenslust aus den Arsenalen der JVA versorgen konnten, keine organisierten bewaffneten Kräfte gegenüber. Dennoch zersplitterte sich der Waffengang in eine Vielzahl lokaler Scharmützel und Massaker. Bosnische Städte wie Tuzla und Sarajevo[5] werden seit Jahren »belagert« und selbst Städtchen wie Srebrenica und Zepa, die jede reguläre Armee im Handstreich hätte nehmen können und müssen, blieben über Jahre eingeschlossen. Die bosnisch-serbischen Milizen »eroberten« diese beiden von der UNO als Schutzzonen deklarierten Enklaven bezeichnenderweise erst, als sie in Mittelbosnien einige Schlappen hatten hinnehmen müssen und dringend eines Prestigeerfolgs an irgendeiner »Front« bedurften. Um sich autosuggestiv der eigenen Stärke zu versichern, kühlten sie ihr Mütchen an diesen abgeschnittenen Gemeinden, die die regierungsbosnische Seite 1995 noch genauso wenig verteidigen konnte wie zu Beginn des Konflikts und die keine nennenswerten Belagerungsgewinne mehr abwarfen.[6]

Die lange Dauer der Belagerungen und das Fehlen von größer angelegten Kriegsoperationen ist in keiner Weise im üblichen Sinne militärstrategisch (etwa aus den Kräfteverhältnissen der Streitkräfte) zu erklären. Dafür ist vielmehr etwas anderes

---

4 Ernsthaft gestört wurde die Waffenruhe eigentlich nur Ende Januar 1993, als kroatische Milizen im Gebiet von Maslenica innerhalb der von UNPROFOR beobachteten sogenannten »Rosa Zone« gegen Truppen der serbischen Krajina-Republik vorgingen.
5 Schon dank seiner geographischen Lage in einem Talkessel wäre Sarajevo in den ersten Kriegsmonaten gegen einen halbwegs zur Eroberung entschlossenen Gegner, der, wie die serbischen Truppen, die umliegende Berge beherrscht, kaum zu verteidigen gewesen.
6 Die westliche Journaille nahm das Vorgehen der Cetnik-Verbände gegen die beiden ostbosnischen Muslim-Enklaven zum Anlaß, wieder einmal ihre geballte Ignoranz zu dokumentieren. Sie wertete den Fall von Sebrenica und Zepa eilfertig als Beginn der »Endoffensive der Serben«. Nichts war blödsinniger als diese Einschätzung. Für die eingeschlossene Bevölkerung brachte die Einnahme natürlich Mord und Vertreibung, mit so etwas wie einer militärischen Entscheidung hat das alles aber gar nichts zu tun.

verantwortlich: Die als Armeen getarnten Marodeure hatten schlicht und einfach erst einmal gar keinen vernünftigen Grund, eine militärische Entscheidung zu erzwingen. Solange Belagerer und Verteidiger an gemeinsamen Schwarzmarktgeschäften auf DM-Basis möglichst mit ausländischen Hilfsgütern verdienen können, ändert keine der beiden Seiten leichtfertigerweise durch unüberlegte Offensivaktionen an diesem Zustand etwas Grundsätzliches. Erst wenn diese gemeinsame Geschäftsgrundlage wegbricht, gerät der Status quo unfriedlicher Koexistenz ins Rutschen.

Dieser Zusammenhang kennzeichnete nicht allein das serbische Eroberungs- und Belagerungswesen, das in den ersten Kriegsjahren das Geschehen bestimmte. Die plünderungsökonomische Logik kennzeichnet den Kriegsverlauf auch in seinen späteren Phasen. Als die serbische Seite in die Defensive geriet, und die sogenannte bosnische Regierungsarmee und ihre kroatischen Verbündeten die militärische Initiative an sich zogen, fabulierten die westlichen Kommentatoren von »Rückeroberungen«. Realiter richteten sich die Vorstöße aber bezeichnenderweise fast ausschließlich auf Regionen, die traditionell mehrheitlich von Serben bewohnt wurden, und die daher bislang von unmittelbaren Kriegshandlungen verschont geblieben worden waren. Auf die Vertreibung der Muslime aus ihren ostbosnischen Hochburgen antworteten die Muslimmilizen und die kroatischen paramilitärischen Verbände mit Angriffen in Mittel- und Westbosnien, und das zentrale Etappenziel dürfte die Einnahme der Serbenhochburg Banja Luka sein. Auf diese Weise kommt es nicht zu Gebietsarrondierungen, die einen Frieden vorbereiten könnten, sondern zu weiterer Flüchtlingsbewegungen und Gebietstausch. Weit davon entfernt, der Vertreibung und der von den Cetnik-Verbänden installierten Plünderungswirtschaft ein Ende zu bereiten, zielte die bosnisch-kroatische Offensive nur darauf ab, das gleiche Spiel andernorts mit vertauschten Rollen noch einmal aufzuführen.

19. Operettenstaaten mit blutigem Angesicht

Die offiziellen Regierungen können die Kriegsmaschinerie nicht nach Belieben an- und ausschalten. Das macht sie aber natürlich keineswegs zu Marionetten ihrer selbstherrlichen Untergebenen, geschweige denn zu deren Opfern. Die diversen Staatschefs sind nicht weniger in das mafiose Geflecht eingebunden als ihre lokalen Kriegsherren. Nicht nur die Militärapparate sind in den postjugoslawischen Machtgebilden mit der organisierten Kriminalität zu einem Komplex verschmolzen; der Staat als ganzer hat dort seine Funktion als abstrakte Allgemeinheit und ideeller Gesamtkapitalist eingebüßt. Seine Überreste haben sich stattdessen zu einer Art von reellem Gesamtkriminellen formiert, mit den jeweiligen Regierungschefs und ihren Cliquen als Oberpaten. Die Tatsache, daß sich die Milosevics, Tudjmans, Bobans, Karadzics usw. allesamt demokratischer Legitimation erfreuen, weil sie aus nur partiell manipulierten freien Wahlen jeweils als Sieger hervorgegangen sind, darf über den postpolitischen Charakter ihrer Herrschaft nicht hinwegtäuschen. Soweit die Vertreter der »politischen Klasse« mit der Unterstützung des »Volkes« rechnen können, beruht ihre Beliebtheit auf der gleichen Grundlage, der auch die Drogenbarone in Medellin und neapolitanische Camorra-Chefs ihre Popularität verdanken. Von dem über dunkle Kanäle erworbenen Reichtum sickert immer auch etwas für einen Teil der »kleinen Leute« durch und verpflichtet einen mehr oder minder großen Klientenkreis zur Dankbarkeit.

Von Slowenien einmal abgesehen, ist die Metamorphose des Staatsapparates zum reellen Gesamtkriminellen in allen postjugoslawischen Staaten weit fortgeschritten. Am weitesten ist dieser Prozeß natürlich in den diversen Kleinstrepubliken auf bosnisch-herzegowinischem Territorium gediehen (die mittlerweile untergegangene »Republik Krajina« hatte ebenfalls eine Vorreiterrolle inne). Aber auch das größte Bruchstück des Titostaates, Restjugoslawien, steht hier kaum zurück. Das hat nicht so sehr subjektive Gründe, etwa den, daß sich die Milosevic-Clique gegenüber den Kollegen in den anderen post-jugoslawischen »Staaten« durch ein besonders hohes Maß an krimineller Grundenergie auszeichnen würde; in letzter Instanz ist dafür der heillose Zustand der offiziellen serbischen und montenegrinischen Wirtschaft verantwortlich. Nachdem die arbeitsgesellschaftliche Wertschöpfung, von deren Dynamik die Lebensfähigkeit eines regulären Staatswesens nun einmal abhängt, vollkommen zusammengebrochen ist, hat die politische Klasse nur zwei Alternativen: Sie kann entweder abdanken und sich auflösen oder sie folgt ihrem Selbstbehauptungswillen und stellt die eigene Reproduktion und die ihres Pseudostaatswesens nun auf abenteuerlichen Wegen, jenseits von Recht und Gesetz, sicher.

Der ökonomische Kollaps hat dem restjugoslawischen Staat die monetäre Basis unter den Füßen weggezogen und verunmöglicht ihm jede reguläre Reproduktion. Der Krieg in Bosnien und die UNO-Sanktionen haben der Regierung in Belgrad aber nicht nur gleichzeitig das legitimationswahrende Alibi in die Hand gegeben, mit dem sie die galoppierende Massenverarmung und die Paralyse aller für eine Arbeitsgesellschaft lebensnotwendigen Staatsfunktionen vor der in Resignation versinkenden Bevölkerung erklären kann; Krieg und Sanktionen haben überdies einen Zustand geschaffen, in dem der staatlichen Gewalt die Selbstumwandlung in eine weitverzweigte Mafia-Organistion relativ reibungslos möglich ist. Für das von der internationalen Staatenwelt geächtete und damit von allerlei diplomatischen Rücksichtnahmen befreite Regime tut sich ein weites Tätigkeitsfeld auf, auf dem die ehemalige Staatsmaschinerie sich eine neue irreguläre Reproduktionsgrundlage schaffen kann. Restjugoslawien ist heute nicht nur eine der Metropolen des internationalen illegalen Waffenhandels, Belgrad hat sich auch zu einem Hauptumschlagsplatz im Drogenhandel und beim Zigarettenschmuggel entwickelt. All diese Aktivitäten erfreuen sich ganz selbstverständlich staatlicher Protektion und Unterstützung. Wo die Miloseviclique nicht selber die Fäden in der Hand hat, ist sie und damit der ehemalige Staatsapparat zumindest mit Schutzgeldzahlungen beteiligt. Nach nicht ganz unplausiblen Gerüchten hat auch die ehemalige jugoslawische Bundesdruckerei diesen Konversionskurs hin zu dubiosen Geschäften mitgemacht. Sie soll neben den mittlerweile von der Inflation wieder reichlich angenagten Superdinarscheinen auch D-Mark und US-Dollar ausstoßen.

So lukrativ diese Geschäfte auch im einzelnen sein mögen, die räuberische Grundlage bleibt insofern prekär, als sie immer auch zu individueller Bereicherung am poststaatlichen Bandenkollektiv vorbei einlädt. Die kurze restjugoslawische Geschichte ist reich an Beispielen für solche Manöver. Im März 1993 etwa machte die Verhaftung des serbischen Ministers für Handelsfragen, Velimir Michailovic, und seines Ministerkollegen Sava Vlajkovic Schlagzeilen. Ein von ihnen geführtes Kartell hatte zu Milosevics Unwillen die strategische Nahrungsmittelreserve des Landes gegen Devisen ins Ausland verkauft und die Gewinne auf ausländische Privatkonten transferiert. Zur gleichen Zeit setzte sich Jezdimir Vasiljevic, der Chef der Skandik-Bank, mit einigen Tonnen Gold im Gepäck und einigen gut bestückten Auslandskonten nach Israel ab. Das von ihm geleitete Institut hatte jugoslawischen Sparern Devisenanlagen für einen Zinssatz von 15% im Monat (!) angeboten. Trotz lukrativer Gewinne im Embargogeschäft konnte die Bank die eingezahlten Gelder jedoch nur durch beständige Neuzuflüsse refinanzieren, eine Methode, die auf Dauer bekanntlich selten gutgeht. So sah sich Vasiljevic im Frühjahr 1993 genötigt, das Weite zu suchen. Er begründete diesen Schritt vor der internationalen Presse damit, daß er von

Milosevic und Co. mit überzogenen Schutzgeldforderungen erpresst würde. Diese Begründung wird ihn vor den Folgen seiner Tat kaum schützen. Da unter den Gläubigern wohl vornehmlich Mafiosi zu suchen sein dürften, die ihr flüssiges Kapital vertrauensvoll seinen Händen anvertraut hatten, kann er kaum auf einen geruhsamen Lebensabend rechnen.

Aber nicht nur kriminellen Dissidenten wie Vasiljevic und Michailovic war der private Reichtum näher als die nationale Pflicht, auch bei den amtierenden Trägern der Staatsgewalt verschwimmen persönliche Bereicherung und Staatsgeschäft miteinander. Die Weltbank geht mittlerweile davon aus, daß in der Zeit vom Ausbruch des Krieges bis Dezember 1993 mindestens 5 Mrd. Dollar Fluchtgelder aus Serbien[1] ins Ausland strömten. Das Gros dieser in Wirklichkeit wohl noch um einiges erklecklicheren Summe entfällt zweifellos auf den Staatsapparat und seine fungierenden Angehörigen. Transfer und Geldwäsche laufen dabei vornehmlich über staatliche Gesellschaften. Ein Musterbeispiel dafür ist die Genex. Dieses aus dem ehemaligen gesamtjugoslawischen Außenhandelskonzern General-Export hervorgegangene international operierende Gangstersyndikat befindet sich fest in der Hand von Milosevic und seinen Getreuen und verknüpft, wie ähnlich geartete Organisationen, drei Aufgaben miteinander. Zum einen organisiert es den notwendigen Nachschub für die serbische Militärmaschine. Zum anderen bietet es die notwendige transnationale Logistik für weitreichende profitträchtige Schmuggel- und Schiebergeschäfte. Zuguterletzt schafft es die aus diesen Aktivitäten entspringenden Einnahmen des Milosevic-Clans und assoziierter Banden ins sichere Ausland.[2] Der »Spiegel« resümiert Funktion und Stellenwert der Genex ganz richtig, wenn er schreibt: »In einer Mischung aus Gangstertum und Geheimdienstaktivität besorgen derzeit 45 Filialleiter und 200 ehemalige KP-Funktionäre den weltweiten Transfer bosnischer Kriegsbeute und die Geldwäsche aus kriminellen Geschäften – Hauptlebensader für das Regime des großserbischen Kriegsherrn Slobodan Milosevic.«[3]

In den seligen Zeiten eines Schalck-Golodkowski und seiner vielen Ostblock-Kollegen kam dubiosen staatlichen Geschäften noch eine ziemlich begrenzte Funktion zu. Sie halfen mit, die vom Erlahmen der nationalen Ökonomien aufgerissenen finanziellen Löcher notdürftig zu stopfen. In Restjugoslawien hingegen ist mit dem Kollaps der Wirtschaft das Randphänomen von einst offenbar zum zentralen Inhalt poststaatlicher Aktivität aufgestiegen. Diese Veränderung geht mit einer weiteren Verschiebung einher. Es verwischt jene Grenze, die in den modernen Gesellschaften

---

1 Zum Vergleich: Aus dem übrigen Osteuropa ohne die Länder der ehemaligen Sowjetunion sollen im gleichen Zeitraum nach der gleichen Schätzung insgesamt 10 Mrd. Dollar abgeflossen sein.
2 Pikanterweise ergießt sich der zusammengeraffte Reichtum der serbischen Moslemschlächter vornehmlich in den arabischen Raum. Besonders eng kooperieren die restjugoslawischen Schieber dabei mit Oberst Gaddafi. Neben der Libyen-Connection können sie aber auch andere alte Verbindungen aus der Zeit, als Jugoslawien noch eine zentrale Rolle im Konzert der »Blockfreien« spielte, für illegale Geschäfte nutzen. Eine zentrale Rolle als Gelddrehscheibe kommt dabei Zypern zu. Bezeichnenderweise residiert auf der Insel in der Nähe von Larnaka auch die Milosevic-Sippe, soweit sie in Restjugoslawien abkömmlich ist.
3 Spiegel, 4/1993.

traditionell den staatlichen Besitz vom Privateigentum der diversen Staatsagenten trennt. Jeder große und jeder kleine Milosevic neigt in der gleichen Weise dazu, den Staat als sein persönliches Eigentum zu behandeln, wie einst Ludwig XIV. und seine Kollegen.

Dieses doppelte Verdikt trifft nicht nur Restjugoslawien und die diversen Serben-staaten, wo die nationalistisch gewendete alte sozialistische Elite ihre Machtstellung wahrte. Auch das kroatische Regime, das sich über die »byzantisch-stalinistischen« Konkurrenten in Belgrad so erhaben dünkt, zeigt gerade in dieser Hinsicht ganz ähnliche, artverwandte Züge. Die Tudjman-Riege hat zwar Marktwirtschaft und pluralistische Demokratie feierlich zur offiziellen Staatsdoktrin ausgerufen, die mit der Staatsgründung proklamierte Privatisierungsoffensive realisierte sich aber einzig und allein in der Form der Verwandlung von »gesellschaftlichem Eigentum« in das Privateigentum der Staatsmafia. 1992 schaffte Kroatien den Selbstverwaltungssozia-lismus und seine Prinzipien ab, die ehemaligen selbstverwalteten Betriebe wurden jedoch nicht unmittelbar privatisiert, sondern verstaatlicht und einer Art Treuhand überantwortet. Dieses Modell führte zu einem bezeichnenden Mischsystem, das alle Verlustbetriebe »vergesellschaftete«, die wenigen hohe Gewinne versprechenden Sektoren hingegen der privaten Nutzung durch die politische Klasse freigab. Die allgemeine kroatische Staatsholding nennt sich Privatisierungsgesellschaft, drei Jahre nach ihrer Gründung hat sie allerdings noch fast ebenso viele Betriebe in ihrer Regie wie zu Anfang, und es ist nicht abzusehen, daß sich an diesen Verhältnissen irgendet-was ändern könnte. Einzig und allein für die Filetstücke des einstigen »Volkseigen-tums« ist sie nicht mehr zuständig. Sie fanden zu symbolischen Preisen bei den regierenden Seilschaften neue Besitzer. Die potentiell devisenträchtige Tourismus-branche an der dalmatinischen Küste etwa befindet sich, wie könnte es auch anders sein, fest in der Hand der umfangreichen Anverwandtschaft des Staatschefs. Wenn der im Frühjahr 1994 zurückgetretene Präsident des kroatischen Parlaments, Stipe Mesic, Tudjman in einem Zeitungsinterview als »Eigentümer des kroatischen Staa-tes«[4] bezeichnete, dann ist das durchaus wörtlich zu nehmen.

Das Reich Tudjmans ist im Grunde genommen ebenso nur die Karikatur eines regulären modernen Staatswesens wie die Herrschaftsgebiete von Milosevic, Ka-radzic und Milan Babic. Trotzdem gelingt ihm die Staats-Maskerade weit besser als diesen. Der Grund dafür ist relativ einfach: Die serbische Seite muß ihre Staats-Mimi-kry weitgehend für sich spielen, das Tudjman-Regime dagegen erfreut sich breitester ausländischer Unterstützung bei diesem Theater. Nirgends wird das so deutlich wie beim Problem des Staatshaushalts und seiner Finanzierung. Es sind die ausländi-schen Geldgeber, die es dem Tudjman-Regime ersparen, sich in großem Maßstab unmittelbar in den Branchen Drogenhandel und Falschmünzerei zu engagieren und die Mittel für den Staatshaushalt mit Waffengewalt zu erpressen. Nicht nur die

---

4   Handelsblatt vom 2.11.1994.

kroatischen Privatmilizen leben, wie wir bereits in Kapitel 17 gesehen haben, wesentlich von Geldzuflüssen aus dem Ausland, auch bei der kroatischen Staatlichkeit handelt es sich ihrer monetären Grundlage nach um Staatlichkeit aus zweiter Hand. Wollte die kroatische Regierung ihre finanziellen Verpflichtungen aus der nationalen Wertschöpfung bestreiten, könnte sie genausowenig einen ordentlichen Haushalt aufstellen wie die Kollegen in Pale und Belgrad. Mit dem Krieg brach die Industrieproduktion um 40% ein, und es besteht nicht die geringste Aussicht auf eine Trendwende. Im Gegenteil, im ersten Halbjahr 1994 ging die Produktion gegenüber dem Vorjahreszeitraum um weitere 9,2% zurück, der reale Kaufkraftverlust belief sich auf 25%,[5] und das Steueraufkommen schrumpfte parallel dazu ebenfalls drastisch. Die laufenden Einnahmen decken derzeit die laufenden Ausgaben gerade einmal zu 20-30%. Eine höhere Finanzierungsquote muß das Tudjman-Regime aber auch gar nicht aufbringen. 70-80% des kroatischen Staatshaushaltes werden von ausländischen Partnern getragen. Besonders großzügig zeigt sich dabei die deutsche Bundesregierung. Der Grund für diesen »Altruismus« liegt auf der Hand. Da der Tudjmanstaat eine entscheidende Rolle bei der Verteidigung der deutschen Grenzen gegen unliebsame Flüchtlinge übernommen hat, 700.000 Flüchtlinge[6] aufnahm und als »sicheres Drittland« zur Verfügung steht, sehen sich Kohl, Kinkel und Co. verpflichtet, das in dieser Hinsicht so kooperative Regime zu stabilisieren und zu stützen.[7] Dieser Deal Geld gegen die Aufnahme von Flüchtlingen wird wohl auch weiterhin als monetäre Grundlage eine zentrale Rolle bei der Aufrechterhaltung der abgeleiteten kroatischen Staatlichkeit spielen. Die kroatische Wirtschaft hat zwar in der westeuropäischen Arbeitsgesellschaft keinerlei Perspektive, das Land gewinnt aber eine provisorische Existenzgrundlage als das große Auffanglager und Außensozialamt, das die Festung Europa zwischen sich und die balkanischen Bürgerkriegs-und Fluchtgebiete schiebt.

Dieses Agreement, das für die westeuropäischen und insbesondere bundesdeutschen Asylpolitiker von elementarem Interesse ist, werden auch die vielen kleinen und großen Unregelmäßigkeiten nicht in Frage stellen, mit denen Tudjman und Co.

---

5   Handelsblatt vom 3.11.1994.
6   300.000 der 700.000 Flüchtlinge stammen aus den von Cetnik-Verbänden besetzten Teilen Kroatiens. Mehr als die Hälfte hat ihre Heimat in Bosnien-Herzegowina. Damit stand Kroatien nicht nur absolut, sondern erst recht gemessen an der Einwohnerzahl mit weitem Abstand an der Spitze aller Aufnahmeländer. Im Laufe des Jahres 1995 schloß mit der Veränderung der militärischen Kräfteverhältnisse Serbien allerdings beschleunigt auf. Bis zum Herbst 1995 strömten ebenfalls circa 700.000 aus der Krajina und aus den von kroatischen und muslimischen Milizen eroberten Gebieten Bosnien-Herzegowinas nach Serbien und vor allem in die ehemals autonome Provinz Vojvodina.
7   Natürlich hat die Großzügigkeit Grenzen. Sie geht nicht soweit, daß die BRD Kroatien gleich die notwendigen Gelder für eine marktwirtschaftliche Erstausstattung zur Verfügung stellen würde. Die 1992 eingeführte neue Währung etwa war unzureichend gedeckt und schon deswegen binnen weniger Monate um 200% entwertet. Um Kroatien mit seinen knapp 5 Millionen Einwohnern einen Startplatz im marktwirtschaftlichen Europa zu erkaufen, wären wohl Summen notwendig, wie sie in die neuen deutschen Länder geflossen sind. Sie sind natürlich nicht intern aufzubringen und extern wird sich soviel Altruismus auch bei einer politisch günstigen Konstellation kaum einstellen. Der Marsch in die Marktwirtschaft bedeutet auch für Kroatien von daher im wesentlichen Elendsemigration.

aus ihrer Aufgabe als europäische Sozialstation auf dem Balkan zusätzlichen Profit schlagen. Bei der UNO mag sich zwar der eine oder andere Idealist darüber ärgern, daß die kroatischen Behörden die Mittel, die ihnen die Flüchtlingshilfe der Vereinten Nationen zur Verfügung stellt, nur zu einem Bruchteil an bosnische Flüchtlinge weiterleiten; bei einer Organisation, bei der für gewöhnlich ein bis zwei Prozent der verausgabten Gelder überhaupt vor Ort ankommen, bleibt die kroatische Praxis aber durchaus im üblichen Rahmen. Zwar ist es ein offenes Geheimnis, daß die mit der Flüchtlingsregistrierung betrauten kroatischen Behörden die Zahlen nach oben manipulieren, viele der bosnischen Flüchtlinge, für die Kroatien von UNO, EU und der deutschen Bundesregierung Gelder erhält, entweder Kroatien nie gesehen oder mangels Unterstützung längst wieder verlassen haben; dennoch sind allein schon aus Kostengründen den deutschen und europäischen Behörden auch dann zehn bosnische Flüchtlinge in Kroatien weit sympathischer als einer, der in Bottrop strandet, wenn die Hälfte von ihnen nur eine fiktive Existenz führt.

20. Balkankrieg und One World

Das Auseinanderbrechen des jugoslawischen Staatswesens hat seinen letzten Grund im Scheitern des gesamtjugoslawischen Modernisierungsprozesses. Das heißt allerdings keineswegs, daß sich die unglückselige Entwicklung in diesem Land allein auf interne Faktoren zurückführen ließe. Der Kollaps der jugoslawischen Arbeitsgesellschaft verweist nicht nur auf die globale Misere dieser Art der Vergesellschaftung; auch die spezifische Verlaufsform, die diese Katastrophe nahm, ist nur im größeren internationalen Bezugsrahmen zu verstehen und wäre ohne diesen undenkbar.

Kaum jemand wird den Einfluß der Außenwelt auf die jugoslawische Entwicklung zunächst einmal in Abrede wollen. Für gewöhnlich faßt man diesen Zusammenhang jedoch einseitig politisch auf. Die linksradikalen Verschwörungstheoretiker machen für die tragischen Ereignisse auf dem Balkan irgendwelche perfiden Pläne westlicher Regierungen zur Destabilisierung Jugoslawiens verantwortlich; die übrigen Beobachter unterstellen zwar keine diabolische Absicht, beklagen dafür aber heftig »das Versagen der westlichen Führungen« und werfen ihnen vor, sie hätten es versäumt, ihr politisches und vielleicht auch ihr militärisches Gewicht zu rechten Zeit für eine friedliche Lösung in die Waagschale zu werfen. Wie diese Anklagen aber auch immer einzuschätzen sind, am eigentlichen Problem gehen sie vorbei. Viel entscheidender als die politisch-diplomatischen Aktivitäten und Unterlassungen irgendwelcher ausländischer Regierungen ist die unmittelbare ökonomische Funktion der Außenwelt für die poststaatlichen Plünderungswirtschaften vom Typus Ex-Jugoslawiens. Das eigentliche »Versagen des Westens« ist nicht in einer verfehlten Politik zu suchen, sondern in der Fixierung auf das politisch-diplomatische Spiel überhaupt und in der völligen Blindheit für den ebenso banalen wie basalen Zusammenhang mit der Entwicklung des Weltmarkts.

Bei der postjugoslawischen Raubökonomie und der postmodernen Operettenstaatlichkeit handelt es sich ihrer ganzen Grundstruktur nach um ein Phänomen historischer Ungleichzeitigkeit. Jugoslawien konnte überhaupt nur auf dem Weg pseudonationalistischer Mafia-Staatlichkeit in die Barbarei marschieren, weil der Zusammenbruch der regulären staatlich-arbeitsgesellschaftlichen Ordnung räumlich begrenzt blieb und die Kernländer der Weltwarengesellschaft in ihrer Substanz (vorläufig noch) aussparte. Das Spezifische an dieser Konstellation, die Verschränkung von Auflösung der herrschenden Vergesellschaftungsform an der Semi-Peripherie

183

des Weltmarkts und partiellem Weiterfunktionieren in den Zentren, springt bereits auf der Ebene der Währung ins Auge. Auch eine poststaatlich organisierte Raubwirtschaft ist eine monetär organisierte Bereicherungswirtschaft, und diese Bereicherung setzt das Vorhandensein eines allgemeinen Äquivalents voraus, das als allgemeine monetäre Bezugsgröße und Medium der Wertaufbewahrung taugt. Die zerrütteten Landeswährungen waren natürlich nie in der Lage, diese Funktion zu erfüllen. Kein Killer, kein Schmuggler und kein Waffenhändler würde je für Dinar oder ähnliches Spielgeld einen Finger krumm machen. Der gesamte »schwarze Sektor« in sämtlichen Nachfolgestaaten des ehemaligen Jugoslawien, auch im »deutschfeindlichen« Serbien, hat bezeichnenderweise die DM zur monetären Grundlage und würde ohne diese sofort auseinanderbrechen.[1] Die Plünderungsökonomie bedarf des ausländischen Geldes aber nicht nur, weil sie auf eine stabile Rechnungseinheit und ein weltmarktgängiges Zirkulationsmittel angewiesen ist. Ihr Überleben hängt überdies längst schon von beständigen Ressourcenzuflüssen aus den funktionierenden Zentren der Weltmarktgesellschaft ab. Die dunklen Geldkreisläufe, die den jugoslawischen Bürgerkrieg in Gang halten, bilden ein transnationales Netz und speisen sich letztlich allemal aus westlichen Quellen. Das gilt sowohl für den illegalen Handel (Drogen usw.), der eine zahlungsfähige Auslandsnachfrage voraussetzt, wie für die internationalen Gelder, die in Bosnien und Kroatien jedesmal zielsicher den Weg in die Kassen der regierenden Mafiacliquen und der Warlords finden.[2] Selbst bei den DM-Beträgen, die von den diversen Embargo- und Belagerungsbrechern und sonstigen Kriegsgewinnlern jahrelang aus der Bevölkerung herausgepresst wurden, handelte es sich nur zu einem Bruchteil um die Reste alter Ersparnisse. Millionen Ex-Jugoslawen haben nach wie vor Verwandte und Freunde, die im westlichen Ausland Geld verdienen, und von denen sie in schwerer Zeit finanziell unterstützt werden.[3] Soweit die breite Bevölkerung über Kaufkraft verfügt und über die Schattenwirt-

---

1 Es handelt sich hier natürlich um kein jugoslawisches Spezifikum. Was wäre (halbstaatlich) organisierte Kriminalität ohne Schweizer Nummernkonto? Eine Mafiaherrschaft, die nicht als Sumpfblüte neben halbwegs funktionsfähigen Abteilungen der Weltarbeitsgesellschaft besteht, sondern auf sich gestellt wäre, würde sich sofort auflösen.

2 Die Verstrickung der UNO-Truppen in die postjugoslawische Schattenwirtschaft reichte in vielen Fällen bis zur offenen Komplizenschaft. Im Fall von General Pereljakin mußte das selbst die redlich um Vertuschung bemühte UNO-Führung einräumen. Der Oberbefehlshaber in Slawonien mußte im April 1995 schließlich den Hut nehmen, weil die kroatische Seite massiv gegen den großangelegten Treibstoffhandel protestierte, den die Kontingente des russischen Generals mit den serbischen Kontrahenten betrieben. Sie wollten nicht mehr akzeptieren, daß die schlecht besoldeten russischen UN-Truppen unter Pereljakins Führung gegen das über Serbien verhängte Embargo verstießen und aus ihren Beständen Belgrad billiges, von der internationalen Staatengemeinschaft finanziertes Benzin lieferten. Bei diesem Skandal handelt es sich sicherlich nur um die Spitze eines Eisbergs. Man kann wohl davon ausgehen, daß die weitgehend arbeitslosen örtlichen UN-Vertreter reihenweise enge geschäftliche Beziehungen mit der einen oder anderen Seite unterhielten.

3 In all den Bürgerkriegswirren funktionierte der Zahlungsverkehr meist relativ gut. Wenn in Westdeutschland ein Bankkunde eine Überweisung tätigte, konnte der Empfänger im eingeschlossenen Sarajevo selbst 1993 immerhin 5-10 Tage später über den angewiesenen Betrag verfügen. Eine solche Transaktion nimmt auch in wohlgeordneten Regionen Europas kaum weniger Zeit in Anspruch.

schaft vermittelt an der Warengesellschaft und deren Reichtümern partizipiert, verdankt sie das vornehmlich dieser Art von Familienhilfe.

Die Abhängigkeit der Kriegsparteien von einer derartigen reproduktiven Basis hat im Verlaufe des Krieges beständig zugenommen. Zu Beginn des Konflikts bot sich ein etwas anderes Bild. In der ersten Phase (1992 und 1993) konnte der Krieg noch von den angesammelten jugoslawischen Reichtumsbeständen zehren. Die in der jugoslawischen Gesellschaft angesparte Substanz an monetarisierbarem Reichtum war aber natürlich begrenzt, und als sie der wilden Aneignung anheimfiel, wurde sie beschleunigt aufgebraucht und zerstört. Das Kriegsfeuer konnte seitdem nur mehr weiterlodern, weil ihm von außen zusätzliche Nahrung zugeführt wurde. Sicherlich läßt sich kein genauer Umschlagspunkt bestimmen, an dem die Nolens-Volens-Alimentierung durch die Völkergemeinschaft und die westlichen Mächte für die Aufrechterhaltung der Marodeursstaatlichkeit wichtiger wurde als die innere Requirierung. Dafür dokumentiert aber der Kriegsverlauf umso eindringlicher, daß diese Verschiebung stattfand. Wenn zunächst einmal die militärische Initiative bei Milosevic, Karadzic, Seselj und Co. lag, so hatte das seinen Grund natürlich vornehmlich darin, daß die »serbische Seite« über weit bessere Möglichkeiten verfügte, die Konkursmasse der jugoslawischen Arbeitsgesellschaft dem eigenen eigenen etatistisch-mafiosen Aneignungsbedürfnis dienstbar zu machen als die Gegenseite. Den Cetnik-Verbänden fielen nicht nur die Logistik der jugoslawischen Armee zu, gleichzeitig lag das restliche Auslandsvermögen des Gesamtstaates[4] im Zugriffsbereich der Belgrader Banken und die restjugoslawische Führung wußte sich ebenso die übrigen Besitztümer der Nationalbank unter den Nagel reißen.

Dieser Anfangsvorteil hat aber innerhalb von drei Jahren seine Bedeutung weitgehend eingebüßt. Je mehr die innerjugoslawischen Quellen versiegten und immer spärlicher sprudelten, desto mehr verschoben sich auch die Kräfteverhältnisse zugunsten der bosnischen und vor allem der kroatischen Warlords. Angesichts der antiserbischen politischen Großwetterlage hatten sie es nun einmal wesentlich leichter, an die ausländischen Futtertröge heranzukommen, während die serbischen Kollegen, solange die kriegerischen Auseinandersetzungen in Gang blieben, nur indirekt an diesen Segnungen partizipieren konnten.

Diese Veränderung wurde schlagartig im Sommer 1995 offenbar, als die kroatische Nationalgarde in einem dreitägigen »Blitzkrieg« die Krajina in den Zagreber Herrschaftsbereich »heimholte«. Die abgeleitete, durch ausländische Geldzuflüsse gedeckte kroatische Nationalstaatlichkeit erwies sich auf dem Schlachtfeld der simulierten multiserbischen als überlegen. Das erste Mal im vierjährigen jugoslawischen

---

4 Im März 1991 lagen beispielsweise noch 7 Mrd. Dollar an Guthaben des jugoslawischen Gesamtstaates in Großbritannien. Im Januar 1992 waren davon noch 700 Millionen übrig, und auch diese Restbestände wanderten in die gleichen Kanäle wie die übrigen Gelder. Bis Mai 1992 hatte die Belgrader Führung sie verbraucht oder auf Privatkonten in Zypern und Malta umgeleitet (vgl. »Die Zeit«, 15.12.1995).

Bürgerkrieg kam es zu einer militärischen Operation, die diesen Namen auch verdiente, und der Erfolg war dementsprechend durchschlagend.[5]

Diese Wendung war jedoch schon lange absehbar. Während die kroatischen Ustascha-Truppen ihren Mannschaftsstand zumindest halten können, die kroatische Nationalgarde dank der ausländischen Stützung des kroatischen Regierungshaushalts tatsächlich zu etwas wie einer halbwegs regulären funktionsfähigen Armee geworden ist und sich die bosnischen »Regierungstruppen« einigermaßen stabilisiert haben, scheinen die diversen Cetnik-Verbände etwa seit 1993 immer mehr Schwierigkeiten zu haben, ihre Kämpfer ausreichend zu versorgen und beieinanderzuhalten. Die Tatsache, daß die Serben mit Abstand die größte Bevölkerungsgruppe im ehemaligen Jugoslawien bilden, verliert für den Verlauf der bewaffneten Auseinandersetzungen zusehends an Gewicht. Die serbischen Armeen, so macht es den Eindruck, unterliegen einem voranschreitenden Auszehrungsprozeß. Wenn in deutschen Kleinstädten bosnische Kriegsflüchtlinge immer häufiger auf ihre serbischen Folterer treffen, dann ist das ein Indiz dafür. Offenbar sehen etliche ehemals in den Reihen der Cetniks aktive Kriegsverbrecher keine Zukunft mehr für sich auf dem jugoslawischen Schauplatz. In die gleiche Richtung weisen deutsche Polizeiberichte, denen zufolge jugoslawische Staatsbürger, die über Jahre in Deutschland ihre kriminellen Aktivitäten eingestellt hatten und offensichtlich in ihre Heimat zurückgekehrt waren, hierzulande mittlerweile wieder in Erscheinung treten.

Aber nicht nur die wachsende Zahl von Cetnik-Kämpfern, die ins westliche Ausland ausweicht, spricht eine deutliche Sprache. Auch für die im Lande verbliebenen Landsknechte scheint sich das Geschäft kaum mehr zu lohnen, und viele beginnen sich anderen Verdienstquellen zuzuwenden. Aus Belgrad sickern zunehmend Nachrichten über ein Explodieren der Kriminalitätsraten (Wohnungseinbrüche usw.) durch, und die Spatzen pfeifen von den Dächern, wer dafür verantwortlich zu machen ist: die im Bosnienkrieg bewährten serbischen »Freiheitskämpfer«, die ihren meist selbstgewährten »Fronturlaub« ja irgendwie finanzieren müssen. Aber nicht nur auf diesem naheliegenden Tätigkeitsfeld werden die Freischärler verstärkt aktiv.

---

5 Wenn die kroatische Seite bislang auf eine exzessive Annexionspolitik verzichtet hat, dann hält sie wohl weniger die Aussicht auf ein mögliches Eingreifen von Milosevic ab, als vielmehr die Angst, das überlebenswichtige Wohlwollen der westlichen Geldgeber zu verlieren. Das Tudjman-Regime befindet sich bei der Verfolgung großkroatischer Ambitionen nämlich in einem grundsätzlichen Dilemma. Zwar wäre es, rein militärisch betrachtet, für die kroatische Nationalgarde wahrscheinlich kein allzu großes Problem, weite Landstriche im Norden und Westen Bosnien-Herzegowinas unter ihre Kontrolle zu bekommen. Ein solches Vorgehen könnte aber sehr schnell die Grundlage, auf der die Überlegenheit der kroatischen Seite beruht, nämlich die finanzielle Abstützung des Staatshaushaltes durch ausländische Zuflüsse, in Frage stellen. Ohne die Zuwendungen des Auslandes würde sich die kroatische Nationalgarde, die heute ansatzweise einer regulären Armee ähnelt, sofort in eine Marodeur-Truppe wie jede andere in Ex-Jugoslawien zurückverwandeln. Allein der Zwang, auf die öffentliche Meinung im Ausland Rücksicht zu nehmen, kann die bislang »gemäßigte« Politik des Tudjman-Regimes erklären. Vier Jahre lang wartete der kroatische Staatspräsident geduldig auf den (gemessen an den zu erwartenden Reaktionen im Westen) idealen Zeitpunkt für die Rückeroberung der Krajina. Erst als sich die Möglichkeit bot, den selbstlosen Beschützer der von der UNO aufgegebenen »Schutzzone Bihac« zu mimen, nutzte er die Gunst der Stunde eiskalt und machte der Serbenrepublik auf kroatischem Territorium den Garaus.

In der Presse tauchen immer wieder Randberichte über andere neue, teilweise etwas abseitig anmutende Zweige von nichtmilitärischer Plünderungsökonomie auf. Im Frühjahr 1994 etwa berichtete die Belgrader Nachrichtenagentur Tanjug über systematische Raubgrabungen an fast sämtlichen antiken und mittelalterlichen Fundorten im Kosovo und im serbischen Kernland. Hunderte von Kriegern, insbesondere Leute des berüchtigten »Arkan«, sollen auf Goldgräberei umgestiegen sein und beschäftigen sich nun damit, das oft beschworene kulturelle Erbe Serbiens auf ihre Weise nutzbar zu machen, sprich es im Westen gegen Devisen zu verhökern. Das Goldfieber hat aber nicht nur verdiente freischaffende Cetniks befallen, es greift auch auf die offiziellen Stellen über. Offenbar hoffen auch diese darauf, die leeren Staatskassen und vor allem wohl ihre Privatschatullen durch einen derartigen Rückgriff auf die glorreiche Vergangenheit zu sanieren. Im Frühjahr 1994 kündigte jedenfalls die von Milosevic kontrollierte »Politika« nicht nur den baldigen Fund der Kronjuwelen des serbischen Königs Stefan Nemanjic aus dem 13. Jahrhundert an, sie vergaß auch nicht, gleich noch den zu erwartenden Verkaufswert mit »mehreren Milliarden Dollar« zu beziffern.[6]

Die Hoffnung, daß die serbische Staatsmaschinerie bis auf weiteres unmittelbar von der goldenen Vorvergangenheit des Landes leben könnte, erfüllte sich allerdings nicht. Im Laufe des Jahres 1995 blieb die monetäre Basis der serbischen Bereicherungswirtschaft äußerst prekär. Dieser Umstand muß das Regime an sich nicht unbedingt gefährden; eine Plünderungsökonomie läßt sich prinzipiell auch auf einem äußerst erbärmlichen Niveau fortschreiben. Eine gewiefte Staatsmafia findet immer noch Mittel und Wege, um zumindest ihren engeren Kreis und eine gesundgeschrumpfte Soldateska auf Kosten der Bevölkerung zu reproduzieren. Von daher gibt es keine absolute Grenze, an der sich die Raubwirtschaft ad absurdum führen würde und zusammenbrechen müßte; für die serbischen Warlords sah die Sache allerdings ein bißchen bedrohlicher aus. Da sie bei ihrer Staatsmimikry im direkten militärischen Wettbewerb mit der bosnischen und kroatischen Konkurrenz stehen, dürfen sie, wenn sie ihre Claims behaupten wollen, in diesem Vergleich nicht allzu sehr ins Hintertreffen geraten. In der bedrängten Situation blieb daher letztlich nur ein halbwegs realistischer Weg offen. Nach territorialen Verlusten und einigen großangelegten letzten Massenmorden gingen die serbischen Kriegsherren auf »Verständigungskurs«, um zumindest eine Atempause zu bekommen oder um sich im Idealfall selber einen direkteren Zugang zu den westlichen Hilfsgeldern zu erschließen.

Dieser Umschwung war natürlich nicht ohne Fraktionskämpfe innerhalb der politisch-kriminellen Klasse möglich, von der die diversen »Serbenstaaten« getragen werden. Insgesamt funktionierte er aber recht reibungslos. Nachdem Milosevic schon im Sommer 1995 »Friedensbereitschaft« signalisiert hatte, fügten sich auch Karadzic und seine genozid-erprobte Marodeurs-Generalität nach kurzem Murren ins Unver-

---

6   Zitiert nach: Nürnberger Nachrichten vom 5.3.94.

meidliche und begannen ebenfalls staatsmännische Mäßigung zu mimen. An dieser Wendung haben die westlichen Vermittler, insbesondere die USA, einen erheblichen Anteil. Es ist zwar vollkommen albern, daß die US-Administration für sich das Verdienst beansprucht, sie habe mit ihren Luftangriffen die serbische Führung endlich zur Vernunft gebombt; dafür trug aber das zähe Festhalten am politischen Vermittlungsgeschäft doch noch Früchte. Seit dem Beginn des jugoslawischen Bürgerkrieges hatten nacheinander Owen, Stoltenberg und ihre Nachfolger beharrlich die Galionsfiguren der konkurrierenden Plündererverbände als Staatschefs hofiert, zu den Verhandlungstischen getrieben und an und mit den »Konfliktparteien« ihren gewohnten diplomatischen Geschäftsbetrieb abgespult.

Obwohl die »Vermittler« die gewaltsam geschaffenen Fakten weitgehend anerkannten und bereit waren, 49 Prozent der Fläche von Bosnien-Herzegowina Karadzic und Co zu überlassen, liefen die untauglichen Versuche, die bewährten Böcke, die sich in den Trümmern der jugoslawischen Modernisierungsruine räuberisch tummelten, auf Staats-Gärtner umzuschulen, ein ums andere Mal ins Leere. Die serbischen Warlords machten bei diesem Theater jahrelang nur pro forma und ablenkungshalber mit, um im Windschatten der Konferenzauftriebe ungestört ihr mörderisches Geschäft zu betreiben. Im Laufe des Jahres 1995 trat jedoch eine Situation ein, in der es im wohlverstandenen Eigeninteresse der post-etatistisch organisierten serbischen Mafia lag, sich erst einmal mehr auf den Diplomatenfasching und seine merkwürdigen Spielregeln einzulassen. Der Weg nach Dayton stand offen.

Nicht nur die offizielle Politik pries die im November 1995 von den Kriegsparteien unterzeichnete Übereinkunft von Dayton als Meilenstein hin zum Frieden; auch große Teile der westlichen Öffentlichkeit, die des Jugoslawienkonflikts längst überdrüssig geworden war, stimmten in diesen Choral ein, schwadronierten vom Wiederaufbau des geschundenen Landes und begrüßten vorab schon, insbesondere im bekanntlich äußerst fremdenfreundlichen Deutschland, die alsbaldige »Rückführung« der lästigen Flüchtlingsmassen in ihre Herkunftsgebiete.

All diese Hoffnungen beruhen allerdings auf purem Wunschdenken und auf dem Bedürfnis, den unerfreulichen Gegenstand aus den Schlagzeilen zu bekommen. Dayton liefert nicht den Schlüssel zur Lösung der nachjugoslawischen Misere, das Abkommen markiert lediglich eine neue Etappe der Modernisierungs-Katastrophe. Im Prozeß der Barbarisierung bedeutet es aller Wahrscheinlichkeit nur eine vorübergehende Unterbrechung. Der Westen könnte lediglich auf eine einzige Weise dazu beitragen, daß die Bewohner Bosnien-Herzegowinas und der anderen Nachfolge-Gebilde des Titostaates in die Lage versetzt würden, sich aus ihrer prekären Situation zu befreien: Er müßte mit der zum Gesamtkriminellen mutierten politischen Klasse des ehemaligen Jugoslawien insgesamt brechen, statt sie beständig als einzig möglichen Ansprechpartner moralisch aufzuwerten, direkt oder indirekt finanziell zu sponsern und die Ergebnisse ihrer Vertreibungsaktionen vertraglich zu sanktionieren. Er müßte die schwachen Ansätze gesellschaftlicher Selbstorganisation in Jugoslawien bei der

Neugestaltung eines nachstaatlichen gesellschaftlichen Lebens und der Organisation der alltäglichen Reproduktion unterstützen und ihnen helfen, sich gegen das uniformierte Marodeurswesen zu schützen. Nichts liegt den westlichen Regierungen aber ferner als eine solche Art von Engagement. Sie halten stattdessen an der Fiktion fest, auf dem Territorium des ehemaligen Jugoslawien ließe sich noch einmal, diesmal unter dem Vorzeichen demokratischer Kleinstaaten, die zerfallene nationalökonomisch-etatistische Ordnung reinstallieren, und stellen den Warlords (alias Staatschefs) dafür, daß sie an der Aufrechterhaltung dieser Illusion mitbasteln, finanzielle Unterstützung in Aussicht.

Diese ganze Vorgehensweise ist in hohem Maße grotesk und unrealistisch. Schon die Beträge, die als westliche Wiederaufbauhilfe gehandelt werden, sprechen dem verkündeten Zweck Hohn. Mit den 1,7 Mrd. Dollar, über die derzeit auf diversen Geberkonferenzen verhandelt werden soll, ließen sich vielleicht in Bosnien-Herzegowina und den anderen kriegsverwüsteten Regionen einige der allerschlimmsten infrastrukturellen Schäden beheben; um die völlige zerrüttete Produktion und Weltmarkt-Teilnahme wieder einigermaßen in Gang zu setzen, würde aber selbst eine kompetente Expertokratie mindestens die zweihundertfache Anschubfinanzierung benötigen. Weder die bankrotte UNO noch irgendwelche westlichen Länder werden jemals auch nur einen Bruchteil der Mittel bereitstellen, die erforderlich wären, um die basalen Voraussetzung für konkurrenzfähige Nationalökonomien zu legen; und auf private Investoren, die eher aus Mildtätigkeit denn aus betriebswirtschaftlicher Vernunft sich im ehemaligen Jugoslawien engagieren, wird man vergeblich warten.[7] Noch weniger steht aber zu erwarten, daß ausgerechnet die amtierende, im Bürgerkrieg hochgekommene Personage dafür geeignet sein wird, das Wunderwerk einer auch nur bescheidenen marktwirtschaftlichen Erneuerung in den Nachfolgestaaten anzuleiten. Wer ernsthaft damit rechnet, daß das ausgiebige Händeschütteln mit ausländischen Diplomaten für die Repräsentanten der Ausschlachtungsregimes zum Pauluserlebnis wird und sie künftig als bescheidene und uneigennützige Modernisierer wirken könnten, muß sich schon willentlich naiv zeigen.

Es ist leider absehbar, welchem Drehbuch die weitere Entwicklung tatsächlich folgen wird. Dayton bleibt aller Wahrscheinlichkeit nach eine Episode. Die unter dem Titel »Wiederaufbauhilfe« in die postjugoslawischen Operettenstaaten fließenden Mittel werden vorzugsweise der Finanzierung der pseudodemokratisch legitimierten Staatsmafia dienen. Solange umfängliche amerikanische Truppen und Aufbauhelfer im Land stehen und die Kriegsverbrecher international finanzierte Ruhegelder beziehen, dürften die Kriegsherren ihrer jeweiligen lokalen Soldateska eine gewisse

---

7 Das Schicksal der ersten Vorab-Expedition amerikanischer Investoren hat hier schon symbolischen Charakter. Beim Landeanflug auf den infrastrukturell mangelhaft ausgestatteten Flughafen von Dubrovnik zerschellte die US-Militärmaschine, mit der die Dollarbringer in spe unterwegs waren, und alle Passagiere (unter ihnen der US-Handelsminister Brown) kamen ums Leben. Allzuviele Interessenten dürften nicht nachkommen.

Zurückhaltung auferlegen. Sie werden sich wohl erst einmal darauf konzentrieren, im verbalen Herumstreiten mit der Konkurrenz und den internationalen Nothelfern Gelder für ihre Klientel zu usurpieren. Sobald die GIs das ehemalige Jugoslawien verlassen haben – Präsident Clinton hat der interventionsunlustigen amerikanischen Öffentlichkeit versprochen, daß dies nach einem Jahr geschehen soll – fällt jedoch jeder Grund für einen Gewaltverzicht weg. Dann ist es nur mehr eine Frage der Zeit, bis der Verteilungskampf wieder bewaffnete Formen annimmt. Somalia und Liberia lassen grüßen.

Bei allen Abweichungen und Besonderheiten ist und bleibt die Geschichte Tito-Jugoslawiens ein integraler Bestandteil der Geschichte der Modernisierung. Das gilt aber nicht nur für die nachholende Entwicklung der Tito-Ära, sondern auch für ihr Scheitern. Der Bürgerkrieg in diesem fernen-nahen Land macht allgemeine Tendenzen sichtbar, die auch andernorts die weitere Entwicklung bestimmen werden. Er kündet vom Ende des Zeitalters moderner Staatlichkeit. Politik und Etatismus haben weltweit ihre zivilisatorische Mission ausgespielt, letzten Endes auch im Westen. Das jugoslawische Exempel zeigt auf seine Weise an, was aus dem Medium der Staatlichkeit im Kollaps der Modernisierung wird.

Der politischen Öffentlichkeit hierzulande ist das alles völlig fremd. Sie will im ehemaligen Jugoslawien irrationale, letztlich nicht erklärbare Kräfte am Werk sehen. So schwachbrüstig diese Interpretation ist, so leicht ist sie zu erklären. Hinter dem lauthals bekundeten Unverständnis verbirgt sich pure Leugnung der Tatsachen. Die westlichen Verdrängungskünstler können das Geschehen in Jugoslawien nur deshalb nicht einordnen, weil sie sich partout weigern, ihr eigenes häßliches Spiegelbild zu erkennen.

Es bedarf keiner besonderen Phantasie, um das Endergebnis dieser untergründigen Abwehrstrategie zu antizipieren. Die Politiker-Gilde wird den Weg gehen, den die Massenstimmung schon lange vorgezeichnet hat. Nach dem Scheitern aller halbherzigen Pseudoaktivitäten kann sich die westliche Selbstgefälligkeit nur noch auf offenes Desengagement zurückziehen. Die westliche Politik wird sich vor der balkanischen Zumutung retten, indem sie den gesamten Balkanraum als ein von einer rätselhaften Seuche befallenes Gebiet abschreibt und aus den Landkarten der One World streicht. Je mehr die Nachfahren der westeuropäischen Welteroberer und Welterklärer angesichts der vom Prozeß der Moderne geschaffenen globalen Katastrophen-Realität erschaudern müßten, desto weniger nehmen sie auch geographisch von der globalisierten Wirklichkeit mehr wahr. Wer diese Art von Realitätsflucht nicht mitmachen will, muß zur Kenntnis nehmen, was in großen Lettern als Quintessenz über der jugoslawischen Tragödie steht und in vergleichbaren zeitgenössischen Menetekeln zum Ausdruck kommt: »De te fabula narratur«.

krisis – beiträge zur kritik der warengesellschaft

Die Krisis-Guppe versucht seit ca. 10 Jahren – abseits des versiegenden akademischen Mainstreams und des paralysierten bewegungslinken Diskurses –, eine Position zu entwickeln, die den Arbeiterbewegungs-Marxismus überwindet, ohne affirmativ »realistisch« zu werden. Dieses Projekt einer Erneuerung radikaler Gesellschaftskritik ist nun reif, um über bloße Selbstverständigungsdebatten hinaus »eingreifend« wirksam zu werden.

Die Zeitschrift KRISIS versucht sich daher, einer breiteren Debatte zu öffnen. Die Frage der Überwindung des modernen Ware-Geld-Systems, der damit zusammenhängenden politischen Sphäre und der geschlechtlichen »Abspaltung« ist zur Überlebensfrage geworden. Die KRISIS gibt nicht vor, alleinseligmachende Antworten auf diese Fagen zu haben, bemüht sich aber, einen Diskurs zu eröffnen, der dem Epochenbruch seit 1989 Rechnung trägt und das alte »Linkssein« transformiert. Empirische Krisenanalyse und Kritik des modernen »Arbeits«-Fetischismus sollen dabei ebenso thematisiert werden wie Geschlechterverhältnis, Medien- und Kulturtheorie. Die KRISIS will aber auch eine Verbindung zwischen bisher disparaten Ansätzen, Sektoren und Formen einer neuen »unideologischen« und »antipolitischen« Gesellschaftskritik entwickeln.

Dieser Anspruch wird sich allerdings nur dann wirklich einlösen lassen, wenn die KRISIS stärker als bisher inhaltliche, organisatorische und auch finanzielle Unterstützung von ihren Leserinnen und Lesern erfährt. Davon wird nicht zuletzt auch abhängen, ob sich ein häufigeres Erscheinen auf Dauer durchhalten läßt. Darüberhinaus streben wir den Aufbau eines Instituts an, um unsere »Infrastruktur« zu verbessern (Bibliothek, Archiv, Räumlichkeiten, technische Hilfsmittel etc.) und zugleich die Kontinuität der theoretischen und publizistischen Arbeit zu sichern, indem einzelne Leute für bestimmte Zeiträume oder Projekte »freigestellt« werden können.

Träger des Projekts KRISIS ist der FÖRDERVEREIN KRISIS E.V. (gemeinnützig anerkannt), der Seminare, Diskussionsveranstaltungen, Arbeitstreffen und -projekte im
Umfeld der KRISIS organisiert, zu denen alle Interessierten eingeladen sind.
Darüberhinaus strebt er den Aufbau eines Instituts an, um zum einen die »Infrastruktur« (Bibliothek, Archiv, technische Hilfsmittel etc.) zu verbessern und zum anderen
die theoretische und publizistische Arbeit finanziell abzusichern und systematischer
vorantreiben zu können.

Wer über ein mögliches Abonnement hinaus die KRISIS unterstützen möchte, kann
dies durch ein Förderabo oder durch eine einmalige oder regelmäßige Spende an den
Föderverein tun oder Mitglied in diesem werden.

- -

An den FÖRDERVEREIN KRISIS E.V., Postfach 2111, 91011 Erlangen

O   Ich werde den FÖRDERVEREIN KRISIS E.V. durch eine einmalige Spende von
    DM .... auf das Konto 1 066 627 bei der Stadtsparkasse Nürnberg (BLZ
    760 501 01) unterstützen. Bitte schickt mir eine Spendenbescheinigung.

O   Ich möchte den FÖRDERVEREIN KRISIS. E.V. regelmäßig durch einen Betrag von
    DM .... monatlich / quartalsweise auf das Konto 300 114 859 bei der
    Postbank Nürnberg (BLZ 760 100 85) unterstützen. Dafür erhalte ich regelmä-
    ßig die KRISIS sowie alle Publikationen der Edition KRISIS und werde über die
    Aktivitäten des Vereins informiert.

O   Ich möchte Mitglied im FÖRDERVEREIN KRISIS E.V. werden und werde regel-
    mäßig einen Beitrag von DM ...... monatlich / quartalsweise (mind. DM 12 im
    Monat, DM 6 für Geringverdienende) auf das Konto 300 114 859 bei der
    Postbank Nürnberg (BLZ 760 100 85) überweisen. Dafür erhalte ich regelmä-
    ßig die KRISIS sowie alle Publikationen der Edition KRISIS und werde über die
    Aktivitäten des Vereins informiert.

O   Bitte schickt mir (erst einmal) die Satzung des FÖRDERVEREIN KRISIS E.V. zu.

*Spenden und Mitgliedsbeiträge sind steuerlich abzugsfähig. Die entsprechenden Beschei-
nigungen werden nach Jahresende verschickt.*

Name: _____

Adresse: _____

Unterschrift: _____